中華文化促進會主持編纂

國家“十一五”重點圖書出版規劃項目

中國社會科學院哲學社會科學創新工程學術出版資助項目

出品人 王石 段先念

今注本二十四史

金史

一七

傳〔八〕

元 脱脱等 撰

張博泉 程妮娜 主持校注

中国社会科学出版社

金史　卷一一九

列傳第五十七

粘葛奴申　劉天起附　完顏婁室　烏古論鎬　張天綱
完顏仲德

粘葛奴申，[1]由任子入官，[2]或曰策論進士。[3]天興初，[4]倅開封府，[5]以嚴幹稱。其年五月，擢爲陳州防禦使。[6]時兵戈搶攘，道路不通，奴申受命，毅然策孤騎由間道以往。[7]陳自兵興，軍民皆避遷他郡，奴申爲之擇官吏，明號令，完城郭，立廬舍，實倉廩，備器械。未幾，聚流亡數十萬口，米一斛直白金四兩，[8]市肆喧閧如汴之闤闠，[9]京城危困之民望而歸者不絶，遂指以爲東南生路。

[1]粘葛奴申：女真人。亦作“粘割奴申”“粘哥奴申”。

[2]任子入官：亦稱“門廕入仕”。即官僚貴族子弟靠其祖、父居官而直接入政府任官職，是古代社會官僚貴族在政治上享有的一種特權。

［3］策論進士：金朝科舉科目名。是專門選拔女真族文士的進士科，故又稱女真進士科。始創於金世宗大定十三年（1173），與漢進士科並行至金末。考試時衹試策論題一道，應考者用女真文字答卷，録取時别爲一榜。該科殿試取中者稱女真進士，或稱策論進士。

［4］天興：金哀宗年號（1232—1234）。

［5］倅（cuì）開封府：擔任開封府副職。倅，副職。開封府治所在今河南省開封市，時亦爲金朝南京路治所。

［6］陳州防禦使：陳州軍政長官。掌防捍不虞，防禦盜賊，主治州事。從四品。治所在今河南省淮陽縣。

［7］間道：小路。

［8］斛（hú）：古代量器和容量單位。古人以十斗爲一斛，宋代改爲五斗。　白金：指白銀。

［9］汴之闤（huán）闠（huì）：汴，即汴京，金之南京，今河南省開封市。闤闠，街市。

明年，哀宗走歸德，[1]改陳州爲金興軍，[2]馳使褒諭，[3]以奴申爲節度使。[4]俄拜參知政事，[5]行尚書省于陳。[6]於是，奴申立五都尉以將其兵，[7]建威來豬糞、虎威蒲察合達、振武李順兒、振威王義、果毅完顔某，[8]凡招撫司至者皆使隸都尉司。[9]

［1］哀宗：廟號。金朝末代皇帝完顔守緒，本名寧甲速。1224年至1234年在位。本書卷一七至卷一八有紀。　歸德：府名。治所在今河南省商丘市。

［2］改陳州爲金興軍：陳州原爲刺史州，至此升爲節鎮，改爲金興軍節度使。

［3］褒諭：嘉獎告諭。

［4］節度使：節度州長官。掌諸軍防刺，總判本鎮兵馬，兼本州管内觀察使。從三品。

［5］參知政事：金尚書省執政官。掌佐治省事。正員二人，從二品。

［6］行尚書省：官署名。是金後期在地方上設立代行尚書省職權的機構，簡稱行省。

［7］都尉：金末招募義軍，以四萬户爲一副統，兩副統爲一都統。除設都統官之外又設總領官，爲從五品。金哀宗正大二年（1225），改總領爲都尉，升爲正四品。四年，又升爲從三品。都尉有時亦稱元帥。

［8］建威、虎威、振武、振威、果毅：皆爲都尉名號。金哀宗時共封十二都尉之號。1978 年，在今山東省蒼山縣出上一方金代"虎威副都尉印"；1984 年 5 月，在今河北省任城縣出土一方"安平都尉之印"（見景愛《金代官印集》，文物出版社 1991 年版，第 179 頁）。 來豬糞、蒲察合達、李順兒、王義、完顏某：蒲察合達與完顏某二者是女真人。姓完顏者失其名，故稱完顏某。其他不詳。

［9］招撫司：官署名。掌招徠降附，安撫流亡，其長官爲招撫使。出土的金末官印有"招撫司印"和"招撫使印"（見景愛《金代官印集》，第 38、41 頁）。 都尉司：官署名。即都尉的辦公官署。

是時，交戰無虚日，州所屯軍十萬有餘。奴申與官屬謀曰："大兵日至，而吾州糧有盡，奈何？"乃減軍所給，月一斛五斗者作一斛，又作八斗，又作六斗。將領則不給。人心稍怨。故李順兒、崔都尉因而有異志，［1］劉提控及完顏不如哥提控者預焉。［2］

[1]崔都尉：即都尉崔某，失其名。此人應即下文中所叙的副都尉崔某。

[2]劉提控：即提控劉某，失其名。提控爲領兵官名，相當於總領。　完顔不如哥：女真人。生平不詳。

奴申知其謀，常以兵自防。及聞大元兵往朱仙鎮市易，[1]奴申遣五都尉軍各二百人，以李順兒、副都尉崔某將之，[2]襲項城寨。[3]令孫鎮撫者召順兒議兵事，[4]孫至其家，順兒已擐甲，[5]孫欲觀其刀，順兒拔示之，孫色動，即出門奔去。順兒追殺之，乃上馬，引兵二百人入省，説軍士曰："行省克減軍粮，汝輩欲飽食則從我，不欲則從行省。"於是，省中軍士皆坐不起。[6]奴申聞變走後堂，追殺之。提控劉某加害，解其虎符以與順兒，[7]并殺其子姪壻及鄉人王都尉。順兒令五都尉軍皆甲，守街曲。自稱行省，署元帥，都尉。以劉提控語不順，斬之坐中。明日，遂遣尅石烈正之送款于汴。[8]崔立乃遣其弟倚就加順兒淮陽軍節度使，[9]行省如故。

[1]大元：元朝的國號。當時蒙古國尚未稱大元，後來元朝人修《金史》，故稱蒙古國爲"大元"。　朱仙鎮：在今河南省開封市西南。

[2]副都尉崔某：應即前文所記的"崔都尉"。副都尉爲都尉之副。

[3]項城寨：寨堡名。在項城縣附近，項城縣治所在今河南省沈丘縣。

[4]孫鎮撫：其他事迹不詳。

[5]擐（huàn）甲：穿甲，披甲。

［6］省：此指行省。

［7］虎符：虎形兵符。金章宗承安年間，參照漢、唐舊制，制虎形兵符，爲五左一右。左者留皇帝處，右者授予各路領兵官掌之。如欲徵發兵員，將帥易人，皇帝派專使持左符馳送軍中。左、右符勘合，則統兵長官奉詔而行。

［8］尅石烈正之：女真人。“尅石烈”即女真姓氏紇石烈的異寫。

［9］崔立：將陵人。哀宗東狩，崔立留守汴京，爲西面元帥，在汴京發動政變降蒙，後被李伯淵等所殺。本書卷一一五有傳。淮陽軍：軍州名。治所在今河南省淮陽縣。按，金陳州爲防禦州，並無淮陽軍之號，崔立叛變後，沿用原北宋淮陽郡舊稱，僭立陳州爲淮陽軍節鎮。

未幾，虎威都尉蒲察合達與高元帥者盡殺順兒之徒，[1]舉城走蔡州。[2]大兵覺，[3]追及孫家林，[4]老幼數十萬少有脱者。

［1］高元帥：失其名，其他事迹不詳。

［2］蔡州：治所在今河南省汝南縣。

［3］大兵：指蒙古軍隊。《金史》爲元朝人所修，故稱蒙古兵爲“大兵”“大軍”。

［4］孫家林：地名。所在地不詳。

初，奴申聞崔立之變，遣人探其事情，而順兒、崔都尉亦密令人結構崔立，[1]適與奴申所遣者同往同還。順兒懼其謀泄，故發之益速。奴申亦知其謀，故遣襲項城，欲因其行襲殺之，然已爲所先。

[1]結構：勾結。

劉天起者起於匹夫，[1]初甚庸鄙。汴京戒嚴，嘗上書以干君相，[2]願暫假一職以自効。每言戰國兵法，平章白撒等信之，[3]令景德寺監造革車三千兩。[4]天興元年，授都招撫使，[5]佩金符。[6]召見，乞往陳州運糧，上從之，一時皆竊笑其僥倖。及至陳，行軍殊有方略，[7]每出戰數有功，陳人甚倚重之。順兒之變，天起偃蹇不從，[8]爲所殺。同時一唐括招撫者亦不屈而死。[9]

[1]匹夫：平民百姓。

[2]上書以干君相：即給皇帝和宰相上書。"干"意爲冒犯，因以平民身份直接給君相上書，有以下犯上之嫌。

[3]平章：即平章政事。金尚書省宰相之一，掌丞天子，平章萬機。正員二人，從一品。　白撒：女真人。即完顏承裔，本名白撒。本書卷一一三有傳。

[4]景德寺：佛寺名。時在汴京城中。

[5]都招撫使：招撫使爲招撫司長官，掌招納降附，安置流亡。其官名前加"都"字，意爲"總"。此官名本書《百官志》失載，出土的金代官印中有"招撫司印"和"招撫使印"（見景愛《金代官印集》，第38、41頁）。

[6]金符：金制兵符。

[7]殊有方略：很有計謀策略。

[8]偃蹇（jiǎn）：傲慢。

[9]唐括招撫：唐括爲女真人姓氏，失其名。招撫爲官名。

完顏婁室三人，皆内族也，[1]時以其名同，故各以長幼別之。

[1]内族：指皇族完顔氏成員。金初稱宗室，章宗明昌年間以後，爲避世宗父宗輔（一名宗堯）名諱，改稱“内族”。

正大八年，[1]慶山奴棄京兆，[2]適鷹揚都尉大婁室運軍器至白鹿原，[3]遇大兵與戰，兵刃既盡，以絛繫掉金牌，[4]力戰而死。

[1]正大：金哀宗年號（1224—1232）。

[2]慶山奴：女真人。即完顔承立，本名慶山奴，時爲元帥右都監，行省事於京兆。本書卷一一六有傳。　京兆：府名。治所在今陝西省西安市，時亦爲陝西東路治所。

[3]鷹揚都尉：爲金哀宗時所封的十三都尉名號之一。　白鹿原：地名。即霸上，在今陝西省西安市東。在南山之麓，霸水行於原上至於霸陵。

[4]金牌：即金制兵符，亦稱信牌。金初信牌有金、銀、木牌之分，金牌授萬户，銀牌授猛安，木牌授謀克和蒲里衍。

九年正月，大兵至襄城，[1]元帥中婁室、小婁室以馬軍三千遇之於汝墳。[2]時大兵以三四十騎入襄城，驅驛馬而出，[3]又入東營，殺一千夫長，[4]金人始覺之。兩婁室以正旦飲將校，皆醉不能軍，遂敗，退走許州。[5]會中使召入京師。[6]天興二年正月，河朔軍潰，[7]哀宗走歸德，中婁室爲北面總帥，小婁室左翼元帥，收潰卒及將軍夾谷九十奔蔡州。[8]蔡帥烏古論栲栳知其跋扈不納，[9]遂走息州，[10]息帥石抹九住納之。[11]

[1]襄城：縣名。治所在今河南省襄城縣。

[2]汝墳：原爲縣名。即今河南省葉縣北十五里的汝墳店。

[3]驛馬：驛站裏用於傳遞官府文書而飼養的官馬，供人騎乘或傳郵之用。

[4]千夫長：亦稱千户，女真語爲猛安。金末招募義軍，以三十人爲一謀克，五謀克爲一千户，千户變成無品級的流外官。

[5]許州：治所在今河南省許昌市。

[6]中使：皇帝内宫派出的使者。

[7]河朔：地區名。泛指黄河以北廣大地區。

[8]夾谷九十：女真人。生平不詳。

[9]烏古論栲栳（kǎolǎo）：女真人。即烏古論鎬。栲栳是女真語“籮圈”之意。

[10]息州：治所在今河南省息縣。

[11]石抹九住：契丹人。生平不詳。

時白華以上命送虎符於九住爲息州行帥府事。[1]九住出近侍，好自標致，騶從盈路。[2]三人者妬之，各以招集勤王軍士爲名，[3]得五六百人，州以甲仗給之。久之，漸生猜貳，[4]九住亦招負販牙儈數百人爲“虎子軍”，[5]夜則擐甲爲備。一日，九住使一萬户巡城，[6]三帥執而駈之，使大呼云“勿學我欲開西門反”，即斬之。乃召九住，九住欲不往，懼州人及禍，及從三百卒以往。三帥令甲士守街曲，九住從者過，處處執之。九住獨入，三帥問汝何爲欲反，九住曰：“我何緣反。”[7]三帥怒，欲殺者久之，小婁室意稍解，頗爲救護得不殺，使人鎖之。以夾谷九十爲帥，兼權息州。

[1]白華：陝州人。宣宗貞祐三年（1215）進士，哀宗時官至樞密院判官。隨哀宗出奔歸德，天興二年（1233），在鄧州與移剌瑗一起投宋，後又降蒙。本書卷一一四有傳。　行帥府事：即代行都元帥府的職權。其官署稱行元帥府，簡稱"行府"。

[2]好自標致，騶（zōu）從（zòng）盈路：好講排場，出行時護衛侍從車馬盈路。

[3]勤王：臣子統兵赴君王之難。

[4]猜貳：猜忌。

[5]負販牙儈：市井商販和掮客。

[6]萬户：金末招募義軍，以四千户爲一萬户，萬户官僅爲正九品。

[7]我何緣反：意爲"我爲什麽要造反"。

蔡帥㮰㮁聞九住爲三帥所誣，上奏辨之，三帥亦捃摭九住之過上聞。朝廷主㮰㮁之辨，且不直三帥。六月，赦至蔡，㮰㮁懼九住爲三帥所誅，遣二卒馳送詔書於息，乃得免。及上將幸蔡，密召中婁室引兵來迓，婁室遲疑久之，乃率所招卒奉迎。七月，上遣近侍局使入息州括馬，[1]即召九住。九住至，與中婁室辨於上前。時中婁室已授同簽樞密院事，[2]上不欲使之終訟，乃罷九住帥職，授户部郎中，[3]以烏古論忽魯爲息州刺史。[4]

[1]近侍局使：近侍局提點副佐。從五品。　括馬：强行徵集馬匹。

[2]同簽樞密院事：樞密院屬官。正四品。

[3]户部郎中：户部屬官。分掌天下户籍、物力、婚姻、賦税

等。正員三人，從五品。

[4]以烏古論忽魯爲息州刺史：據中華點校本本卷校勘記，本書卷一八《哀宗紀下》，天興二年（1233）七月，“左右司郎中烏古論蒲鮮兼息州刺史”。王鶚《汝南遺事》卷一所記與《哀宗紀下》同。本卷《烏古論鎬傳》記有“直學士烏古論蒲鮮”。疑烏古論忽魯是烏古論蒲鮮的别名，存之待考。烏古論忽魯是女真人。息州刺史，息州軍政長官，正五品。

時有土豪劉禿兒、馬安撫者自蔡朝還，[1]以軍儲不給叛入宋，州之北關爲所焚毁。是時，城中軍無幾，日有叛去者，且覘知宋人有窺息之意，息帥懼，上奏請益兵爲備。朝廷以參知政事抹撚兀典行省事于息州，[2]中婁室以同簽樞密院事爲總帥，小婁室以副點檢爲元帥，[3]王進爲彈壓帥，[4]夾谷九十爲都尉，以忠孝馬軍二百、步軍五百屬之，[5]行省、院於息。將行，上諭之曰：“北兵所以常取全勝者，[6]恃北方之馬力，就中國之技巧耳。[7]我實難與之敵，至於宋人，何足道哉。朕得甲士三千，縱横江、淮間有餘力矣。卿等勉之。”

[1]劉禿兒、馬安撫：人名。生平俱不詳。

[2]抹撚兀典：女真人。生平不詳。

[3]副點檢：即殿前副都點檢，爲殿前都點檢司屬官。有左、右副都點檢各一員，並爲都點檢副佐，兼侍衛親軍副都指揮使，掌宫掖及行從。從三品。

[4]彈壓帥：簡稱彈壓。本書《百官志》失載。金世宗大定年間有彈壓謀克。出土的金代官印中有“忠孝軍彈壓印”和“都彈壓所之印”（見景愛《金代官印集》，第183、184頁）。

[5]忠孝：軍名。本書卷四四《兵志》，“復取河朔歸正人，不問鞍馬有無、譯語能否，悉送樞密，增月給三倍它軍，授以官馬得千餘人，歲時犒燕，名曰忠孝軍”。卷一二三《完顏陳和尚傳》，“忠孝一軍皆回紇、乃滿、羌、渾及中原被俘避罪來歸者”。由於待遇優厚，戰鬭力很强。其人數一度達一萬八千人。

[6]北兵所以常取全勝者：“全”，原作“金”，中華點校本據《汝南遺事》卷二相關記載，改“金勝”爲“全勝”。今據改。

[7]中國：指中原地區。

八月壬辰，行省遣人奏中渡店之捷。[1]初，兀典等赴息，既至之夜，潛遣忠孝軍百余騎襲宋營於中渡。我軍皆北語，[2]又散漫似之，[3]宋人望之駭愕奔潰，斬獲甚衆。復奏元帥張閏不遵約束，[4]失亡軍士，乞正典刑。婁室表閏無罪，上遣人赦之，比至，已死獄中。盖閏爲婁室腹心，九住之獄皆閏發之，[5]兀典廉得其事，[6]因其失律而誅之也。[7]九月，以忽魯退縮，[8]不能撫御，民多叛去，奪其職，以夾谷九十權息州事。

[1]行省遣人奏中渡店之捷：“捷”，原作“楚”，中華點校本據殿本改“楚”字爲“捷”，甚是。中渡店，地名。在今河南省光山縣北，淮水之側。

[2]我軍皆北語：爲了迷惑宋人，金兵皆學説蒙古語。

[3]散漫似之：陣容隊伍無拘無束像蒙古軍隊。

[4]張潤：時爲振威都尉。

[5]九住之獄：“住”，原作“十”，中華點校本據殿本改。

[6]廉：調查，考察。

[7]失律：不遵法律。

[8]忽魯：應即前文的烏古論忽魯。

十一月，宋人以軍二萬來攻。城中食盡，乃和糴，[1]既而括之，[2]每石止留一斗，并括金帛衣物，城中皆無聊矣。前兩月，蔡州以軍護老幼萬口來就食，北兵覺之，追及於二十里之外，至息者才十餘人。至是，蔡問不通。行省及諸帥日以歌酒爲事，聲樂不絶。下及軍士强娶寡婦幼女，絶滅人理，無所不至。

[1]和糴：以公平的價格購買糧食。
[2]括：强行徵調。

三年甲午正月，蔡凶問至，[1]諸帥殺之以滅口，然民間亦頗有知者。初，諸帥欲北降，[2]而遞相猜忌，無敢先發者。數日，蔡信閧然，諸帥屏人聚議，[3]皆言送款南中爲便。[4]時李裕爲睦親府同僉桓端國信使下經歷官，[5]乃使送款于宋。遂發喪設祭，謚哀宗曰昭宗。[6]州民奉行省爲領省，丞相、總帥、左平章皆娶婦。[7]十三日，舉城南遷，宋人焚州樓櫓。州人老幼渡淮南行，入羅山，[8]委曲之信陽。[9]北兵見火起，追及之，無有免者，且誅索行省已下官屬于宋。宋人令官屬入城，托以犒賞，從萬户以上六七百人皆殺之，軍中亦有奪命死敵者。宋人諭諸軍，行省已下有罪已處置，汝等就迷魂寨安屯，[10]遂以軍防之。既而與北軍接，南軍斂避，一軍悉爲所殺。

［1］蔡凶問：蔡州城破、哀宗死難的消息。

［2］北降：指投降蒙古政權。

［3］屏人：退避左右之人。

［4］送款南中：指投降南宋。

［5］李裕爲睦親府同簽桓端國信使下經歷官：李裕，生平不詳。睦親府同簽，官名。爲大睦親府（原名大宗正府，章宗泰和以後爲避世宗父宗輔名諱，改稱大睦親府）屬官，亦稱同簽大睦親府事，皆以宗室成員充任。桓端，女真人。國信使，官名。爲出使外國的使者。經歷官，行院、行府皆有此官。

［6］謚哀宗曰昭宗：謚，追封。哀宗、昭宗，廟號。《汝南遺事》記哀宗另一個廟號爲義宗。

［7］左平章：即左平章政事。本書卷五五《百官志一》記，平章政事二員，並無左、右之分，此記“左平章”，當是按左右丞相的習慣分法加以稱呼。

［8］羅山：縣名。治所在今河南省羅山縣，時爲南宋轄領。

［9］信陽：縣名。治所在今河南省信陽市，時爲南宋轄領。

［10］迷魂寨：所在地不詳。

烏古論鎬本名栲栳，東北路招討司人。[1]由護衛起身，累官慶陽總管。[2]天興初，遷蔡、息、陳、潁等州便宜總帥。[3]二年，哀宗在歸德，蒲察官奴、國用安欲上幸海州，[4]未决。會鎬餫米四百餘斛至歸德，[5]且請幸蔡，上意遂决。先遣直學士烏古論蒲鮮如蔡，[6]告蔡人以臨幸之意。六月，徵蔡、息軍馬來迓，以蔡重鎮，且慮有不測，詔鎬勿遠迎。

［1］東北路招討司：金地方軍政官署名。治所在金舊泰州。舊泰州治所目前有兩説，一曰在今吉林省洮南市的城四家子古城，一

曰在今黑龍江省泰賚縣塔子城。1980年，在内蒙古自治區科右中旗出土一方金代“西北路招討司印”，印背刻小字爲“正隆元年九月，内少府監造”（見景愛《金代官印集》，第45頁）。

[2]慶陽總管：即慶原路兵馬都總管，爲總管府長官，由慶陽府尹兼任。正三品。治所在今甘肅省慶陽市。

[3]潁：州名。治所在今安徽省阜陽市。　便宜總帥：本書卷四四《兵志》，“及南遷，河北封九公，因其兵假以便宜從事，沿河諸城置行樞密院元帥府，大者有‘便宜’之號，小者有‘從宜’之名”。便宜加在官名之前，是賦予該官職有相應的自决權。

[4]蒲察官奴：王鶚《汝南遺事》卷一記，官奴原是契丹人，賜姓蒲察。隨哀宗東狩，在歸德發動政變，後被哀宗殺死。本書卷一一六有傳。　國用安：淄州人。紅襖軍楊安兒、李全的部下。曾降蒙古，爲都元帥、行山東路尚書省事。再歸金朝，被哀宗封爲兖王。後又附宋。係一反復無常之輩。本書卷一一七有傳。　海州：治所在今江蘇省連雲港市西南。

[5]餫：運糧饋之。

[6]直學士：翰林院屬官。不限員，從四品。　烏古論蒲鮮：疑即本卷《完顔婁室傳》所記的烏古論忽魯，詳見該傳注解。

辛卯，車駕發歸德，時久雨，朝士扈從者徒行泥水中，掇青棗爲糧，數日足脛盡尰，[1]參政天綱亦然。[2]壬辰，至亳，[3]上黄衣皂笠金兔鶻帶，[4]以青黄旗二導前，黄繖擁後，從者二三百人，馬五十餘匹而已。行次城中，僧道父老拜伏道左，上遣近侍諭以“國家涵養汝輩百有餘年，今朕無德，令爾塗炭。朕亦無足言者，汝輩無忘祖宗之德可也”。皆呼萬歲，泣下。留一日。進亳之南六十里，避雨雙溝寺中，[5]蒿艾滿目，無一人跡，上太息曰："生靈盡矣。"爲之一慟。是日，小婁室自息來迓，[6]得馬二百。己亥，入蔡。蔡之父老千人羅拜於道，見上儀衛蕭條，莫不感泣，上亦歔欷者久之。

[1]尰：同"腫"。

[2]天綱：即本卷所記的張天綱。

[3]亳：州名。治所在今安徽省亳州市。

[4]黄衣皂笠金兔鶻帶：黄衣，古代衹有帝王纔著黄衣。皂笠，黑色斗笠。金兔鶻帶，亦作"金吐鶻帶"，一種有鷹鶻雕紋的名貴金帶。本書卷四三《服輿志下》，"吐鶻，玉爲上，金次之，犀象骨角又次之"。

[5]雙溝寺：佛寺名。

[6]小婁室自息來迓：據中華點校本本卷校勘記，本卷《完顔婁室傳》，"及上幸蔡，密召中婁室引兵來迎"，此作"小婁室"似誤。

七月，以鎬爲御史大夫，[1]總帥如故。初，鎬守蔡，門禁甚嚴，男女樵采必以墨識其面，[2]人有以錢出者，十取一分有半以贍軍。上至蔡，或言其非便，即弛其禁。時大兵去遠，商販頗集，小民鼓舞以爲復見太平，公私宿釀一日俱盡。[3]

[1]御史大夫：御史臺長官。掌糾察朝儀，彈劾官邪，審斷内外重大疑獄。金初爲正三品，世宗大定十二年（1172）升爲從二品。

[2]男女樵采必以墨識其面：意爲男女出城打柴或采集糧菜，用墨在臉上作記號，回城時驗看記號纔放其入城。

[3]公私宿釀：公家和私人家裏素來所藏的酒。

郾城土豪盧進殺其長吏，[1]自稱招撫使，以前關、陝帥府經歷范天保爲副。[2]至是，天保來見，進麥三百石及獐鹿脯、茶、蜜等物，遂賜進金牌，加天保官，自是進物者踵至。既而，遣内侍殿頭宋珪與鎬妻選室女備後宫，[3]已得數人，右丞忽斜虎諫曰：[4]"小民無知，將謂陛下駐蹕以來不聞恢復遠略，[5]而先求處女以示久居。民愚而神不可不畏。"上曰："朕以六宫失散，左右無人，故令采擇。今承規誨，敢不敬從。止留解文義者一人，餘皆放遣。"

[1]郾城：縣名。治所在今河南省郾城縣。

[2]帥府經歷：都元帥府屬官中有經歷，爲正七品。此帥府經歷應爲行府屬官。本書卷五五《百官志一》，"行臺官品下中臺一等"，故行府經歷應爲從七品。

[3]内侍殿頭：内侍寄禄官。從七品。　宋珪：本書卷一二四《完顔絳山傳》記爲"内侍局殿頭宋珪"。宋珪於天興三年（1234）正月死於蔡州之難。　室女：未出嫁的女子。

[4]右丞：即尚書省執政官，爲副宰相之一，佐治尚書省事。正二品。　忽斜虎：女真人。即完顔仲德。

[5]駐蹕：皇帝鑾駕所在地。

是時，從官近侍率皆窮乏，悉取給於鎬，鎬亦不能人滿其欲，日夕交譖於上，甚以尚食闕供爲言。[1]上怒，雖擢拜大夫，而召見特疏。小婁室之在息州也，與石抹九住有隙，怨鎬爲九住辨曲直。及上幸蔡，婁室見於雙溝，因厚誣鎬罪，[2]上頗信之。鎬自知被譏，憂憤鬱抑，常稱疾在告。[3]會前參知政事石盞女魯懽姪大安來，[4]以女魯懽無反狀，爲官奴所殺，白尚書省求改正，[5]尚書省以聞。上曰："朕嘗謂女魯懽反邪，而無跡可尋。謂不反邪，朕方暴露，[6]遣人徵援兵，彼留精鋭自防，發其羸弱者以來。既到睢陽，[7]彼厚自奉養，使朕醯醬有闕。朕爲人君，不當語此細事，但四海郡縣孰非國家所有？坐保一城，臣子之分，彼乃自負而有驕君上之心，非反而何。然朕方駕馭人材以濟艱難，録功忘過此其時也，其釐正之。"[8]群臣知上意之在鎬也，數爲右丞仲德言之。仲德每見上必稱鎬功業，宜令預參機務，又薦以自代，上怒少解。及參政抹撚兀典行省息州，鎬遂以御史大夫權參知政事。

[1]尚食闕供：尚食即掌管皇帝御膳的尚食局，闕供即缺乏供給。

[2]厚誣鎬罪：拼命羅致罪名誣陷烏古論鎬。

[3]稱疾在告：稱病告假。

[4]石盞女魯懽：女真人。"石盞"亦作"赤盞"。本書卷一一六有傳。

[5]尚書省：官署名。金前期中央設中書、門下、尚書三省。海陵王即位，罷中書、門下兩省，中央祇置尚書省，爲國家最高政務機關。

[6]暴露：此喻哀宗流亡在外。

[7]睢陽：縣名。時爲歸德府依郭縣，原名宋城縣，金章宗承安五年（1200）改名睢陽縣，治所在今河南省商丘市。

[8]釐正：改正。釐，是"厘"的異體字。

九月，大兵圍蔡，鎬守南面，忠孝軍元帥蔡八兒副之。[1]未幾，城破被執，以招息州不下，殺之。[2]

[1]蔡八兒：金末爲忠孝軍元帥，天興二年（1233），自息州勤王至蔡州，城破戰死。本書卷一二四有傳。

[2]城破被執，以招息州不下，殺之：《宋史》卷四一二《孟珙傳》，"降其丞相烏古論栲栳"，所記不實。

烏古論先生者，[1]本貴人家奴，爲全真師。[2]佯爲狂態，裸顛露足，綴麻爲衣，人亦謂之"麻帔先生"。[3]宣宗嘗召入宫，問以祕術。[4]因出入大長主家，[5]殊有穢跡，[6]上微聞之，勑有司掩捕，已逃去。正大末，從鎬來官汝南，[7]人皆知與其妻通，而鎬不知。生不自安，求出，鎬爲營道宇，[8]親率僧道送使居之。車駕將至蔡，生欲遁無所往，因自言能使軍士服氣不費糧。右丞仲德知其妄，乃奏："欲如田單假神師退敵之意，[9]授一真人之號，旋出奇計，北兵信巫必駭異之，或可以有成功。"參政天綱以爲不可，遂止。復求入見，言有詭計可以退敵。及見，長揖不拜，且多大言，欲出說大帥噴盞爲脱身計。[10]時郎中移剌克忠、員外郎王鶚具以向者"麻帔"爲言，[11]上怒殺之。

[1]烏古論先生：女真人。

[2]全真師：全真教長老。全真教是道教的一種，流行於當時金朝統治的北方地區，其創始人爲王喆。

［3］麻帔先生：綽號。其意是披麻於肩。

［4］宣宗：廟號。金朝第八代君主完顔珣，本名吾睹補。1213年至1223年在位。本書卷一四至卷一六有紀。　祕術：隱秘之術。祕是“秘”的異體字。

［5］大長主：此處缺字，大長主應爲大長公主。大長公主爲公主封號。按古代社會勅封公主的慣例，皇帝的姑母才能得封大長公主。

［6］穢跡：指見不得人的醜事。

［7］汝南：地區名。指今河南省汝河以南地區。

［8］道宇：道觀。

［9］田單假神師退敵：田單是戰國時齊國的王族。時燕昭王以樂毅爲將，大舉伐齊，連陷齊國七十餘城，殺齊湣王於莒，齊國衹剩即墨與莒兩城未破。燕軍圍攻即墨，田單收城中牛千頭，使裹紅繒衣，上畫五彩龍紋，縛利刃於牛角，繫引火之物於牛尾。夜黑由城穴驅牛出，點燃引火物。群牛狂奔，直衝燕軍營地，齊軍隨其後，遂大破燕軍，收復全部失地，使齊國復興。詳見《史記》卷八二《田單列傳》。

［10］大帥嘖盞：蒙古人。《元史》作“倴盞”，即蒙古元帥塔察兒，姓許兀慎氏。時隨元太宗伐金，爲行省兵馬都元帥。《元史》卷一一九有傳。

［11］郎中：金尚書省左右司和六部皆有郎中官。檢有關史料知此郎中爲左右司郎中，左右司長官，正五品。　移剌克忠：契丹人。　員外郎：即尚書省左右司員外郎。左右司屬官。掌本司奏事付事。正六品。　王鶚：曹州東明縣（今山東省東明縣）人。金哀宗正大元年（1224）殿試詞賦進士第一（狀元），金亡入元，元世祖時官至翰林學士承旨。《元史》卷一六〇有傳。

贊曰：晋劉越石長於撫納，[1]短於駕馭，以故取敗。

粘葛奴申陳州之事，殆類之矣。三婁室皆金内族，唯大婁室死得其所，其兩婁室讒賊人也，襄城事急，醉不能軍，乃逭一死，[2]金失政刑一至於是。烏古論鎬幸蔡之請，雖非至謀，區區効忠以讒見忌，哀宗之明蓋可知矣。

[1]劉越石：即劉琨，字越石，晋朝中山魏昌人，漢中山靖王劉勝之後。西晋永嘉元年（307）劉琨爲並州刺史，時值“八王之亂”後，天下板蕩，並州受禍尤深，哀鴻遍野。劉琨招集離散，安置流亡，政績卓著。至湣帝時，拜司空。後因不善駕馭部下，被石勒所敗。其部將匹磾囚劉琨，王敦指使匹磾縊殺之。詳見《晋書》卷六二《劉琨傳》。

[2]逭（huàn）：逃脱。

張天綱字正卿，霸州益津人也。[1]至寧元年詞賦進士。[2]性寬厚端直，論議醇正，造次不少變。[3]累官咸寧、臨潼令，[4]入補尚書省令史，[5]拜監察御史，[6]以鯁直聞。陞户部郎中，[7]權左右司員外郎。[8]哀宗東幸，遷左右司郎中，扈從至歸德，改吏部侍郎。[9]知元帥官奴有反狀，屢爲上言之，上不從，官奴果變，遂擢天綱權參知政事。及從上遷蔡，留亳州，適軍變，天綱以便宜授作亂者官，州賴之以安。及蔡，轉御史中丞，[10]仍權參政。

[1]霸州益津：霸州治所在今河北霸州市。益津，縣名。霸州依郭縣，治所與州同。

[2]至寧：金衛紹王年號（1213）。　詞賦進士：科舉科目名。

金進士有三科，詞賦、經義爲漢進士科，策論爲女真進士科。

[3]造次不少變：意爲遇到突發事件不慌亂。

[4]咸寧、臨潼：縣名。咸寧爲京兆府依郭縣，治所在今陝西省西安市。臨潼縣治所在今陝西省臨潼县。

[5]尚書省令史：尚書省屬官。正員七十人，漢、女真各三十五人。

[6]監察御史：御史臺屬官。掌糾察内外非違、檢查官署賬目並監祭禮及出使之事。由不同民族出身的人擔任，正員十二人，正七品。

[7]户部郎中：户部屬官。正員三人，從五品。

[8]左右司員外郎：尚書省左右司屬官。正六品。

[9]吏部侍郎：吏部尚書副佐。正四品。

[10]御史中丞：御史臺屬官。御史大夫副佐。從三品。

扶溝縣招撫司知事劉昌祖上封事，[1]請大舉伐宋，其略云："官軍在前，饑民在後，南踐江、淮，西入巴、蜀。"頗合上意。上命天綱面詰其藴藉，[2]召與語無可取者，然重違上命，且恐閉塞言路，奏以爲尚書省委差官。[3]

[1]扶溝縣招撫司知事：扶溝縣治所在今河南省扶溝縣。招撫司知事，招撫司屬官。本書《百官志》失載。　劉昌祖：生平不詳。

[2]面詰其藴藉：當面詢問其所有想法。

[3]尚書省委差官：尚書省屬官。本書《百官志》失載。

護衛女奚烈完出、近侍局直長粘合斜烈、奉御陳謙、權近侍局直長内族泰和四人,[1]以食不給出怨言,乞往陳州就食。天綱奏令監之出門任所往。才出及汝南岸,[2]遇北兵皆見殺,時人快之。

[1]護衛:皇帝的衛士。由殿前都點檢司左、右衛將軍總領。選年二十以上四十以下功臣子孫,有門第才行及善射者充之,十年出爲五品職官。　女奚烈完出:女真人。生平不詳。　近侍局直長:近侍局屬官。正八品。　粘合斜烈:女真人。生平不詳。　奉御:皇帝身邊的近侍,隸近侍局。本書卷五六《百官志二》,"奉御十六人,舊名入寢殿小底"。　陳謙:生平不詳。　内族泰和:女真人。即完顏泰和。

[2]汝:河名。即今河南省境内的汝河。發源於河南嵩縣之南,蜿蜒南流入淮。

妖人烏古論先生者自言能使軍士服氣,可不費糧。右丞仲德援田單故事,欲假其術以駭敵,語在《烏古論傳》。[1]上頗然之,天綱力辨以爲不可,遂止,且曰:"向非張天綱,幾爲此賊所誑。"軍吏石抹虎兒者求見仲德,[2]自謂有奇計退敵,出馬面具如獅子狀而惡,别制青麻布爲足、尾,因言:"北兵所恃者馬而已,欲制其人,先制其馬。如我軍進戰,尋少却,彼必來追。我以馴騎百餘皆此狀,仍繫大鈴於頸,壯士乘之,以突彼騎,騎必驚逸,我軍鼓譟繼其後,此田單所以破燕也。"天綱曰:"不可。彼衆我寡,此不足恃,縱使驚去,安保其不復來乎。恐徒費工物,秖取敵人笑耳。"[3]乃罷之。

[1]《烏古論傳》：中華點校本據本書其他相關記載，改爲《烏古論鎬傳》。

[2]石抹虎兒：契丹人，生平不詳。

[3]秖：按，此爲錯字，應爲"衹"，是"只"的異體字。

蔡城破，爲宋將孟拱得之，[1]檻車械至臨安，[2]備禮告廟。[3]既而，命臨安知府薛瓊問曰：[4]"有何面目到此?"天綱對曰："國之興亡，何代無之。我金之亡，比汝二帝何如?"[5]瓊大叱曰："曳去。"明日，遂奏其語，宋主召問曰："天綱真不畏死耶?"對曰："大丈夫患死之不中節爾，[6]何畏之有。"因祈死不已。宋主不聽。初，有司令供狀必欲書虜主，[7]天綱曰："殺即殺，焉用狀爲。"有司不能屈，聽其所供，天綱但書故主而已。聞者憐之。後不知所終。

[1]孟拱：中華點校本據殿本改爲"孟珙"。孟珙，南宋隨州棗陽（今湖北省棗陽市）人。宋理宗紹定年間，孟珙爲京西兵馬鈐轄，率兵駐棗陽。端平元年（金天興三年，1234）正月孟珙率宋軍與蒙古聯合破蔡滅金。《宋史》卷四一二有傳。

[2]臨安：府名。即當時南宋的都城，治所在今浙江省杭州市。

[3]告廟：獻俘於皇帝祖廟。

[4]臨安知府：爲南宋京府長官，兼浙西同安撫使，主治臨安府事。　薛瓊：生平不詳。

[5]二帝：指北宋末年亡國皇帝宋徽宗、宋欽宗。

[6]死之不中節：死得没有氣節。

[7]有司令供狀必欲書虜主：審訊俘虜的主管部門要求被俘者在寫供詞時，必須把金朝皇帝寫爲"虜主"。

完顏仲德本名忽斜虎，合懶路人。[1]少穎悟不群，讀書習策論，有文武才。初試補親衛軍，雖備宿衛而學業不輟。中泰和三年進士第，[2]歷仕州縣。貞祐用兵，[3]辟充軍職，嘗爲大元兵所俘，不踰年盡解其語，尋率諸降人萬餘來歸。宣宗召見，奇之，授邳州刺史、兼從宜。[4]增築城壁，匯水環之，[5]州由是可守。哀宗即位，遥授同知歸德府事，[6]同簽樞密院事，行院於徐州。[7]徐州城東西北三面皆黄河而南獨平陸，仲德疊石爲基，增城之半，復浚隍引水爲固，[8]民賴以安。

[1]合懶路：隸屬上京路，治所在今朝鮮的吉州，或鏡城附近，屬於相當於節度州一級的低級路。

[2]泰和：金章宗年號（1209—1211）。

[3]貞祐：金宣宗年號（1213—1217）。

[4]邳州刺史：邳州軍政長官。正五品。治所在今江蘇省邳州市西南的古下邳城。

[5]匯水環之：城外壕中放滿水以環繞之。

[6]遥授同知歸德府事：遥授，授官而因故不能到職視事。同知歸德府事，爲歸德府尹副佐，正四品。

[7]行院於徐州：行院，即行樞密院的簡稱，爲中央樞密院在地方的派出機構。徐州治所在今江蘇省徐州市。

[8]浚隍：疏通無水的城壕。

正大五年，詔關陝以南行元帥府事，以備小關及扇車回。[1]時北兵叩關，仲德適與前帥奥屯阿里不酌酒更代，[2]而兵猝至，遂驅而東。阿里不素無守禦之策，爲有司所劾，罪當死。仲德上書引咎，以謂“北兵越關之際，符印已交，安得歸罪前帥，臣請受戮”。上義之，止杖阿里不而貰其死。[3]

[1]小關及扇車回：小關，亦稱小潼關，在今陝西省境内。扇車回，一作“倒回谷”，在今陝西省藍田縣東南。

[2]奥屯阿里不：女真人。本書卷一一一《紇石烈牙吾塔傳》作“提控奥屯吾里不”，卷四四《兵志》天興元年有“建威都尉奥屯斡里不”，當爲同一女真人名的異譯。

[3]貰（shì）：赦免。

六年，移知鞏昌府，[1]兼行總帥府事。時陝西諸郡已殘，仲德招集散亡，得軍數萬，依山爲栅，屯田積穀，人多歸焉。一方獨得小康，號令明肅，至路不拾遺。八年四月，詔授仲德鞏昌行省及虎符、銀印。

[1]鞏昌府：正大中改鞏州置，治所在今甘肅省隴西縣。

天興元年九月，拜工部尚書、參知政事，[1]行尚書省事於陝州。[2]時兀典新敗，[3]陝州殘破，仲德復立山寨，安撫軍民。會上以蠟丸書徵諸道兵入援，[4]行省院帥府往往觀望不進，[5]或中道遇兵而潰，惟仲德提孤軍千人，歷秦、藍、商、鄧，擷果菜爲食，[6]間關百死至汴。[7]至之日，適上東遷。妻子在京師五年矣，仲德不入其家，趨見上於宋門，[8]問東幸之意。知欲北渡，力諫云：“北兵在河南，而上遠徇河北，萬一無功，得完歸乎。國之存亡，在此一舉，願加審察。臣嘗屢遣人奏，秦、鞏之間山巖深固，糧餉豐贍。不若西幸，依險固以居，命帥臣分道出戰，然後進取興元，[9]經略巴蜀，[10]此萬全策也。”上已與白撒議定，不從，然素重仲德，且嘉其赴難，進拜尚書省右丞，兼樞密副使，[11]軍次黄陵。[12]

[1]工部尚書：尚書省工部長官。掌修建營造法式、諸作工匠、屯田、山林川澤之禁、江河堤岸、道路橋樑之事。正三品。

[2]陜州：治所在今河南省陜縣。

[3]兀典：女真人。即徒單兀典。本書卷一一六有傳。

[4]臘丸書：將書信封在臘丸裹，目的是防止傳送途中被敵人發現。

[5]行省院帥府：指行尚書省、行樞密院、行元帥府。

[6]秦、藍、商、鄧：州縣名。秦州治所在今甘肅省天水市。藍，即藍田縣，治所在今陜西省藍田縣。商州治所在今陜西省商洛市，鄧州治所在今河南省鄧州市。

[7]間關百死至汴：崎嶇輾轉百死一生來到汴京。

[8]宋門：汴京城門名。

[9]興元：南宋府名。治所在今陜西省漢中市。

[10]巴蜀：地區名。指今四川省轄地。

[11]尚書省右丞：金尚書省副宰相之一。佐治尚書省事。正二品。　樞密副使：樞密使副佐。從二品。

[12]軍次黄陵：中華點校本據本書卷一八《哀宗紀下》的相關記載，於句末補一“崗”字。黄陵崗，一作“黄陵堈”，在今山東省曹縣黄河故道上。

二年正月，車駕至歸德，以仲德行尚書省于徐州。

既至，遣人與國用安通問。沛縣卓翼、孫璧冲者初投用安，[1]用安封翼爲東平郡王，[2]璧冲博平公，[3]升沛縣爲源州。已而，翼、璧冲來歸，仲德畀之舊職，令統河北諸砦，[4]行源州帥府事。用安累檄王德全入援，[5]不赴，仲德至徐，德全大恐，求赴歸德。仲德留之，遣人納奏帖云：[6]“徐州重地，德全不宜離鎮。”仲德虚州廨不居，[7]亦無兵衛自防，日以觀書爲事，而德全自疑益甚。

[1]沛縣卓翼、孫璧冲：沛縣治所在今江蘇省沛縣。卓翼，沛縣人，原爲紅襖軍首領，爲國用安的部下。孫璧冲，沛縣人，原爲紅襖軍首領。

[2]東平郡王：封爵名。郡王封號。正、從一品。

[3]博平公：封爵名。郡公封號。正、從二品。

[4]砦：同“寨”。

[5]檄：官府用於徵召、曉諭或聲討的文書。　王德全：原爲紅襖軍首領，天興元年（1232）六月爲徐州總帥，殺宿州元帥紇石烈阿虎，遂占據徐州。後隨國用安歸金，被國用安封爲郡王。與國用安不合，歸金朝，但仍心懷疑貳，割據徐州。天興二年三月，被完顔仲德殺死。

[6]奏帖：奏章。

[7]州廨：州署衙門。

二月，魚山總領張瓛作亂，[1]殺元帥完顔胡土降北。[2]仲德累議討之，德全不從，即領麾下十許人，親勸民兵得三百人，徑往魚山，而從宜巖禄已誅瓛反正，[3]仲德撫慰軍民而還。有曹總領者，[4]盗御馬東行，[5]制旨諭行省討之，仲德既殺賊，德全欲功出己，殺曹黨四十八人。

[1]魚山總領張瓛（huán）：魚山，即魚條山，古亦稱吾山，在今山東省東阿縣西八里。張瓛，時爲魚山總領，故稱之。

[2]完顏胡土：女真人。一作“完顏忽土”。

[3]從宜：加在官名前的號，即從宜總帥。　巖禄：生平不詳。

[4]曹總領：失其名，待考。

[5]御馬：皇帝乘駕的馬匹。

三月，阿术魯攻蕭縣，[1]游騎至徐，德全馬悉爲所邀。仲德時往宿州，[2]德全以失馬故始議救蕭縣，遣張元哥、苗秀昌率騎八百以往。[3]未及交戰，元哥退走，北兵掩之，皆爲所擒殺之，蕭縣遂破。四月，仲德陽以關粮往邳州，[4]州官出迎，就執德全並其子殺之，餘黨之外一無所問，闔郡稱快。

[1]阿术魯：蒙古人。時爲蒙古軍帥，隨元太宗攻金。《元史》卷一二三有傳。　蕭縣：治所在今安徽省蕭縣。

[2]宿州：治所在今安徽省宿州市。

[3]張元哥、苗秀昌：二人皆爲王德全部下。

[4]陽以關粮往邳州：表面上以發放糧餉爲名至邳州。

初，完顏胡土以遥授徐州節度，[1]往帥嚴禄軍於永州北保安鎮。[2]時禄已爲從宜，在碭山數年，[3]又得士心。忽土到，[4]軍士不悦，二月辛卯夜，遂爲總領張瓛、崔振所害。[5]吏部郎中張敏修，[6]忽土下經歷官，[7]乃以軍變脅嚴禄降北。禄佯應之，陰召永州守陳立、副招撫郭昇，會諸義軍赴保安鎮誅作亂者。[8]軍夜至，禄遣敏修召瓛、振計事，二人不疑，介胄而至，[9]及其黨與皆爲禄所殺。徐州去保安百里，行省聞之來討，會禄已反正，乃以便宜授禄行元帥左都監，[10]就佩忽土虎符。朝廷復授禄遥領歸德知府、兼行帥府事。未幾，大元將阿术魯兵至保安，禄夜遁。後禄聞官奴變，一軍頓徐、宿間幾一月，[11]遂投漣水，[12]敏修入徐。

[1]節度：節制，統轄。

[2]永州北保安鎮：永州原爲亳州永城縣，金宣宗興定五年（1221）十二月升爲永州，治所在今河南省永城縣。保安鎮在今永城縣東北。

[3]碭山：縣名。治所在今河南省虞城縣東。

[4]忽土：即前文所記的完顔胡土。

[5]崔振：生平不詳。

[6]吏部郎中：吏部屬官。正員二人，從五品。　張敏修：生平不詳。

[7]經歷官：爲行府屬官。從七品。

[8]義軍：金末招募的軍隊，以兩河地區逃亡者爲主體所組成的軍隊。

[9]介胄：披甲戴盔。

[10]元帥左都監：都元帥府屬官。掌征伐之事。從三品。

[11]頓：與“屯”字通。意爲駐扎。

[12]漣水：縣名。治所在今江蘇省漣水縣。

五月，詔仲德赴行在。時官奴已變，官屬懼爲所紿，勸勿往。仲德曰：“君父之命，豈辨真僞耶，死爲當行。”尋使者至，果官奴之詐。六月，官奴誅，詔仲德議遷蔡，仲德雅欲奉上西幸，[1]因贊成之。及蔡，領省院，事無鉅細率親爲之，選士括馬，繕治甲兵，未嘗一日無西志。近侍左右久困睢陽，幸即汝陽之安，[2]皆娶妻營業不願遷徙，日夕爲上言西行不便。未幾，大兵梗路，[3]竟不果行。仲德每深居燕坐，瞑目太息，以不得西遷爲恨。

[1]雅：平素，平常。

[2]汝陽：縣名。蔡州依郭縣，與蔡州同治，今河南省汝南縣。

[3]梗路：阻斷前進之路。

是月，上至蔡，命有司修見山亭及同知衙，[1]爲游息之所。仲德諫曰：“自古人君遭難，播越于外，必痛自刻苦貶損，然後可以克復舊物。況今諸郡殘破，保完者獨一蔡耳。蔡之公廨固不及宫闕萬一，[2]方之野處露宿則有加矣。且上初行幸已嘗勞民葺治，今又興土木之役以求安逸，恐人心解弛，不足以濟大事。”上遽命止之。

[1]見山亭及同知衙：見山亭，亭名。同知衙，蔡州同知的官署。

[2]公廨：指官署。

八月，定進馬遷賞格，[1]每甲馬一匹或二匹以上，遷賞有差。自是，西山帥臣范真、姬汝作等各以馬進，[2]凡得千餘匹，以抹撚阿典領之。[3]又遣使分詣諸道徵兵赴蔡，得精鋭萬人。又以器甲不完，命工部侍郎术甲咬住監督修繕，[4]不踰月告成。軍威稍振，扈從諸人苟一時之安，遂以蔡爲可守矣。

[1]八月，定進馬遷賞格：中華點校本據本書卷一八《哀宗紀下》的相關記載，改“八月”爲“七月”。進馬遷賞格，對向朝廷進獻馬匹者進行遷官和賞賜的條文規定。

[2]西山：所指不詳。　范珍：生平不詳。　姬汝作：汝陽縣人。金末組織鄉兵自保，哀宗授其汝州防禦使之官。天興二年(1233）八月，蒙古軍隊攻汝州，汝作被内部反叛者所殺。本書卷一二三有傳。

[3]抹撚阿典：女真人。金末大臣。本書卷一八《哀宗紀下》作“抹撚兀典”。

[4]工部侍郎：爲工部尚書副佐，協助工部尚書治工部之事。正四品。　术甲咬住：女真人。生平不詳。

魯山元帥元志領軍千餘來援。[1]時諸帥往往擁兵自固，志獨冒險數百里，且戰且行，比至蔡幾喪其半。上表異之，賜以大信牌，[2]升爲總帥。息州忠孝軍帥蔡八兒、王山兒亦來援。

[1]魯山元帥元志：魯山，縣名。治所在今河南省魯山縣。元志，生平不詳。

[2]大信牌：亦稱遞牌。本書卷五八《百官志四》，“大定二十九年，制緑油紅字者，尚書省文字省遞用之。朱漆金字者，勅遞用之。並左右司掌之，有合遞文字，則牌送各部，付馬鋪轉遞，日行

二百五十里。如臺部别奉聖旨文字，亦給如上制”。

壬午，忠孝軍提控李德率十餘人乘馬入省大呼，[1]以月糧不優，幾於罵詈。[2]郎中移剌克忠白之仲德，仲德大怒，縛德堂下，杖之六十。上諭仲德曰：“此軍得力，方欲倚用，卿何不容忍，責罰乃爾。”仲德曰：“時方多故，録功隱過自陛下之德。至於將帥之職則不然，小犯則决，大犯則誅，强兵悍卒不可使一日不在紀律。蓋小人之情縱則驕，驕則難制，睢陽之禍豈獨官奴之罪，亦有司縱之太過耳。今欲更易前轍，不宜愛克厥威，[3]賞必由中，[4]罰則臣任其責。”軍士聞之，至于國亡不敢有犯。

[1]忠孝軍提控：提控相當於總領。　李德：生平不詳。

[2]罵詈（lì）：罵人，責備人。

[3]不宜愛克闕威：不應衹愛惜其能作戰取勝的優點而忽略其缺乏治軍威嚴的缺點。

[4]賞必由中：賞賜一定要出於皇帝和朝廷。

九月，蔡城戒嚴。行六部尚書蒲察世達以大兵將至，[1]請諭民併收晚田，[2]不及者踐毀之，毋資敵，[3]制可。[4]丙辰，詔裁冗員，[5]汰冗軍，[6]及定官吏軍兵月俸，自宰執以下至于皂隸，[7]人月支六斗。初，有司定減粮，人頗怨望。上聞之，欲分軍爲三，上軍月給八斗，中七斗，下六斗，人復怨不均。乃立射格，[8]而上中軍輒多受賞，連中者或面賜酒，人益爲勸，且陰有所增而人不知，[9]仲德之謀也。甲子，分軍防守四面。

[1]行六部尚書：即代行六部尚書的職權。　蒲察世達：女真人。金章宗泰和三年（1203）中進士。哀宗出奔歸德，世達到陳州督糧支運。陳州軍變，世達脅從叛黨，後逃回汴京，又從汴京携其家屬逃到蔡州。哀宗既往不咎，重新録用之。

[2]晚田：田裏晚收的莊稼。

[3]資敵：資助敵人。

[4]制：皇帝的勑命。

[5]冗員：多餘的官員。

[6]冗軍：指無戰鬭力的閑散兵員。

[7]宰執：指宰相（尚书令，左、右丞相和平章政事）和執政官（左、右丞和参知政事）。　皂隸：官府的役員，因其衣黑衣，故稱“皂隸”。

[8]立射格：設立射箭比武的規定，射中者賞較高額的食糧，連中者還能得到皇上賜酒。

[9]陰有所增：暗中增加賞賜之數而不爲公衆所知。

十月壬申朔，[1]大兵壕壘成，耀兵城下，旗幟蔽天。城中駭懼，及暮，焚四關，[2]夷其牆而退。十一月辛丑，大兵以攻具傅城，[3]有司盡籍民丁防守，不足則括婦女壯健者，假男子衣冠使運木石。蔡既受圍，仲德營晝禦備，未嘗一至其家，拊存軍士，[4]無不得其懽心，將校有戰亡者，親爲賻祭，[5]哭之盡哀。己丑，西城破，城中前期築栅浚濠爲備，雖克之不能入也。但於城上立栅，南北相去百餘步而已。仲德摘三面精鋭日夕戰禦，終不能拔。

［1］十月壬申朔：十月初一。

［2］焚四關：放火焚燒四面城門。

［3］以攻具傅城：用攻城器械逼近城邊。

［4］拊存：撫慰。

［5］賻（fù）祭：贈送財物助其辦理喪葬之事。

三年正月庚子朔，大兵以正旦會飲，[1]鼓吹相接，城中饑窘愁歎而已。[2]圍城以來，戰殁者四帥、三都尉，其餘總帥以下，不可勝紀。[3]至是，盡出禁近，至於舍人、牌印、省部掾屬，[4]亦皆供役。戊申，大兵鑿西城爲五門，整軍以入，督軍鏖戰及暮乃退，聲言來日復集。

［1］正旦：農曆正月初一。

［2］城中饑窘：據《宋史》卷四一二《孟珙傳》記，時蔡州城中已絶糧三月，以至於“鞍韉敗鼓皆糜煮，且聽以老弱互食，諸軍日以人畜和芹泥食之”。

［3］紀：與“記”字通。

［4］舍人、牌印、省部掾（yuàn）屬：舍人，宋元以來對貴族子弟的俗稱，類似“公子”。牌印，官名。金初稱“牌印祗侯”，世宗大定二年（1162）改稱“符寶祗侯”。又稱符寶郎，替皇帝掌御璽及金銀牌等。省部掾屬，指尚書省及各部的下級屬吏。

己酉，大兵果復來，仲德率精兵一千巷戰，[1]自卯及巳，俄見子城火起，[2]聞上自縊，謂將士曰：“吾君已崩，[3]吾何以戰爲。吾不能死於亂兵之手，吾赴汝水，從吾君矣。諸君其善爲計。”言訖，赴水死。將士皆曰：“相公能死，吾輩獨不能耶。”於是參政孛术魯婁室、兀林荅胡土，[4]總帥元志，元帥王山兒、紇石烈栢壽、烏古論桓端及軍士五百餘人，[5]皆從死焉。

［1］巷戰：在街巷中短兵相接作戰。

［2］子城：内城。

［3］崩：古代天子去世稱爲“崩”。

［4］參政：即參知政事。　孛术魯婁室：女真人。時與完顏承麟領兵同守蔡州東面。　兀林荅胡土：女真人。時爲參政、殿前都點檢，領兵守蔡州西面。本書卷一一一有傳。

［5］王山兒、紇石烈栢壽、烏古論桓端：後二人爲女真人。紇石烈栢壽，本書卷一八《哀宗紀下》作“紇石烈柏壽”，時與王山兒領兵守蔡州北面。本書卷一〇七《張行信傳》記，宣宗興定二年有“平凉府判官烏古論桓端”，疑與本卷所記烏古論桓端應是同一人。

仲德狀貌不踰常人，平生喜怒未嘗妄發，聞人過，常護諱之。[1]雖在軍旅，手不釋卷，門生故吏每以名分教之。家素貧，敝衣糲食，終其身晏如也。[2]雅好賓客，及薦舉人材，人有寸長，極口稱道。其掌軍務，賞罰明信，號令嚴整，故所至軍民爲用，至危急死生之際，無一士有異志者。南渡以後，將相文武，忠亮始終無瑕，仲德一人而已。

［1］護諱：避諱不談而掩護之。

［2］晏如：安然自得之狀。

贊曰：金之亡，不可謂無人才也。若完顔仲德、張天綱，豈非將相之器乎。昔者智伯死又無後，其臣豫讓不忘國士之報，[1]君子謂其無所爲而爲之，真義士也。[2]金亡矣，仲德、天綱諸臣不變所守，豈愧古義士哉。

[1]智伯死又無後，其臣豫讓不忘國士之報：智伯，爲春秋時晉國六卿之一。豫讓，春秋時晉國人。曾事范氏和中行氏，後事智伯，深受寵信。趙襄子與韓、魏聯合滅智伯，豫讓改名换姓，潛入宫中行刺趙襄子，被擒，襄子義而釋之。豫讓又自毁面容，吞炭使嗓子變啞，伏在趙襄子車馬經過的橋下，想尋機再刺之，又一次被擒。趙襄子責問他爲什麽非要替智伯報仇不可，豫讓回答："范氏、中行氏以衆人待我，我以衆人報之；智伯以國士待我，故我以國士報之。"豫讓自知不免，乃請趙襄子將外衣脱下，允其刺外衣三劍，算是替智伯報了仇，然後伏劍自殺。詳見《史記》卷八六《刺客列傳》。

[2]無所爲而爲之，真義士也：意爲明知不能成功，出於大義而爲之，纔是真正的義士。此喻指完顔仲德等金死節之臣，明知金必亡却能盡忠於國家，是大義凜然的忠義之士。

金史　卷一二〇

列傳第五十八

世戚

石家奴　裴滿達　忽覩　徒單恭　烏古論蒲魯虎　唐括德温　烏古論粘没曷[1]　蒲察阿虎迭　烏林荅暉　蒲察鼎壽　徒單思忠　徒單繹　烏林荅復　烏古論元忠　子誼　唐括貢　烏林荅琳　徒單公弼　徒單銘　徒單四喜

[1]烏古論粘没曷：原作“烏古論粘没合”，北監本、局本作“烏古論粘没曷”，本卷傳文作“烏古論粘没曷”，同音異譯，亦爲與傳文統一，今據改。

金昭祖娶徒單氏，[1]后妃之族自此始見。世祖時，烏春爲難，世祖欲求昏以結其歡心，[2]烏春曰：“女直與胡里改豈可爲昏。”[3]世宗時，[4]賜夾谷清臣族同國人。[5]清臣，胡里改人也。然則四十七部之中亦有不通昏因者矣，[6]其故則莫能詰也。有國家者，昏因有恒族，能使風氣淳固、親義不渝，而貴賤等威有别焉，蓋良法也歟。作《世戚傳》。

［1］昭祖：廟號。即完顔石魯。本書卷一有紀。　徒單氏：活剌渾水敵魯鄉徒單部人。名烏古論都葛。本書卷六三有傳。

［2］世祖：廟號。即完颜劾里鉢。本書卷一有紀。　烏春：阿跋斯水温都部人。本書卷六七有傳。　昏：婚的本字。

［3］女直與胡里改豈可爲昏：是烏春拒婚的借口。據本書卷六七《烏春傳》，景祖族人盆德爲烏春之甥，即表明胡里改女真與女真宗室已有聯姻。胡里改，地域名稱。其地居民是女真人的一支。

［4］世宗：據本書卷九四《夾谷清臣傳》，"世宗"爲"章宗"之誤。

［5］夾谷清臣：胡里改路桓篤人。本書卷九四有傳。　國人：《夾谷清臣傳》稱"本朝人"。在此，"國人"或"本朝人"乃與"胡里改人"對稱，皆指居地而言，絶非族别。

［6］四十七部之中亦有不通昏因者：除"后不娶庶族""娶后尚主"及盛行交錯從表婚外，本書不見有關女真各部間不得通婚的禁忌或禁令。四十七部，即本書卷六七《留可傳》所言的完顔部之黨十二、徒單部之黨十四、烏古論部之黨十四、蒲察部之黨七，包括了所有的女真人。據本書卷一《世紀》與《大金集禮》卷三，其分布地區，在穆宗時，東南至於乙離骨、曷懶、耶懶、土骨論，東北至於五國、主隈、秃荅。當然也包括胡里改在内。昏因，即"婚姻"。

石家奴，蒲察部人，[1]世居案出虎水。[2]祖斛魯短。世祖外孫。[3]桓赧、散荅之亂，昭肅皇后父母兄弟皆在敵境，斛魯短以計迎還之。[4]

[1]石家奴，蒲察部人：施國祁《金史詳校》卷九謂，《紀》《傳》所載，多稱蒲察，不稱石家奴。此論與所見事例不合，且自相抵牾。

[2]案出虎水：河名。又書作按出虎、阿术滸。即今黑龍江省阿城市境内的阿什河。

[3]世祖外孫：施國祁《金史詳校》卷九謂，“世”當作“景”。中華點校本斷句爲“祖斛魯短，世祖外孫”。按，度其年輩世次、女真習俗，當指石家奴爲世祖外孫，而非斛魯短爲世祖外孫。

[4]桓赧、散荅：二人皆國相雅達之子，居完顔部邑屯村。本書卷六七有傳。散荅，又作散達。　昭肅皇后：景祖后，姓唐括氏，名多保真，帥水隈雅村唐括部人。本書卷六三有傳。

石家奴自幼時撫養于太祖家，[1]及長，太祖以女妻之。年十五，從攻寧江州，[2]敗遼主親軍，[3]攻臨潢府皆有功，[4]襲謀克。[5]其後，自山西護齊國王謀良虎之喪歸上京，[6]道由興中。[7]是時，方攻興中未下，石家奴置柩于驛，率其所領猛安兵助王師，遂破其城。[8]

[1]撫養于太祖家：石家奴爲世祖外孫，太祖爲其舅，撫養於舅家。太祖，廟號。即完顔阿骨打，漢名旻。1115年至1123年在位。本書卷二有紀。

[2]寧江州：州名，治所在今何地説法甚多。高士奇《扈從東巡日録》認爲在大烏拉，即今吉林省永吉縣烏拉街；楊賓《柳邊紀略》認爲在厄黑木站，即今吉林省蛟河天崗；《吉林通志》卷一一認爲在石頭城子，即今吉林省松原市三岔河鄉石頭城子；日人池内宏《遼代混同江考》認爲在今吉林省松原市榆樹溝；日人三上次男《金史研究（一）》認爲在今吉林省松原市小城子或五家站；李健

才《東北史地考略》認爲在今吉林省松原市伯都訥古城；紹維、志國《榆樹大坡古城調查——兼論遼寧江州治地望》認爲在今吉林省榆樹縣大坡古城。

[3]遼主：指遼天祚帝。

[4]臨潢府：治所在今内蒙古自治區巴林左旗林東鎮南波羅城故址。

[5]謀克：女真行政建置與長官的名稱。謀克爲世襲職。熙宗以後，謀克相當於縣。長官掌撫輯軍户，訓練武藝，按察所部，勸課农桑，平理獄訟，捕除盗賊，禁止游惰。從五品。

[6]山西：此指歸化州。治所在今河北省宣化縣。　齊國王：封國名。天眷格，《大金集禮》爲大國封號第八位，《金史・百官志》爲第七。　謀良虎：本名宗雄，康宗長子。天眷中封太師、齊國王。本書卷七三有傳。　上京：金舊土海古之地，天眷元年（1138）始號上京。此乃以後來之號稱之。

[7]興中：府名。治所在今遼寧省朝陽市。

[8]猛安：女真軍事組織。本書卷七三《宗雄傳》謂，時石家奴爲“合扎千户”，即親管猛安。

從宗望討張覺，[1]再從宗翰伐宋。[2]宗翰聞宗望軍已圍汴，[3]遣石家奴計事，抵平定軍。[4]遇敵兵數萬，敗之，遂見宗望。已還報，宗翰聞其平定之戰，甚嘉之。

[1]宗望：太祖第二子。本書卷七四有傳。　張覺：平州義豐（今河北省灤縣）人。本書卷一三三有傳。

[2]宗翰：國相撒改子。本書卷七四有傳。

[3]汴：指宋京師東京開封府。國初曰汴京，治所在今河南省開封市。

[4]平定軍：軍州名。治所在今山西省平定縣。

明年，[1]復伐宋，石家奴隸婁室軍。[2]婁室討陜西未下，[3]石家奴領所部兵援之。既而，以本部屯戍西京，[4]會契丹大石出奔，[5]以余睹爲元帥，[6]石家奴爲副，襲諸部族以還。未幾，有疾，退居鄉里。

[1]明年：當指天會六年（1128）。

[2]婁室：完顔部人。本書卷七二有傳。

[3]討陜西未下：指婁室再攻晋寧軍，其守徐徽言固守，不能克。

[4]西京：西京大同府。治所在今山西省大同市。

[5]契丹大石：契丹，族名。大石，人名，遼太祖八代孫。本書卷一二一《粘割韓奴傳》有較詳記載，《遼史》卷三〇有紀。

[6]余睹：即耶律余睹，遼主近族。本書卷一三三、《遼史》卷一〇二皆有傳。

天眷間，[1]授侍中、駙馬都尉。[2]再以都統定邊部，熙宗賜御書嘉獎之。[3]封蘭陵郡王，[4]除東京留守，[5]以病致仕。卒，年六十三，[6]加贈鄖王。[7]正隆奪王爵，[8]封魯國公。[9]

[1]天眷：金熙宗年號（1138—1140）。

[2]侍中：門下省長官。　駙馬都尉：原爲近侍官，魏晋以後，皇帝女婿照例加此官號。金亦承是制，石家奴妻太祖女，因而熙宗授予其駙馬都尉稱號。

[3]熙宗：廟號。即完顔亶。1136 年至 1149 年在位。本書卷四有紀。

［4］蘭陵郡王：封號。郡王正一品。

［5］東京留守：官名。帶本府尹兼本路兵馬都總管。正三品。東京治所在今遼寧省遼陽市。

［6］卒，年六十三：按，石家奴"年十五，從攻寧江州"，當生於1100年。"卒，年六十三"當死於大定二年（1162），此與下文"正隆奪王爵"相矛盾。"年六十三"有誤，"六"似爲"五"。

［7］鄖王：封國名。天眷格，小國封號第十七。

［8］正隆：金海陵王年號（1156—1161）。

［9］魯國公：封國名。天眷格，大國封號第十四。據本書卷八〇《阿离補傳》，此下當加"大定間定爲衍慶亞次功臣"。

裴滿達本名忽撻，[1]婆盧木部人。[2]爲人淳直孝友。天輔六年，[3]從蒲家奴追叛寇於鐵吕川，[4]力戰有功。熙宗娶忽撻女，是爲悼平皇后。[5]天眷元年，授世襲猛安。[6]明年，以皇后父拜太尉，[7]封徐國公。[8]皇統元年，[9]除會寧牧。[10]居數歲，以太尉奉朝請。[11]

［1］忽撻：又作忽達、胡撻、胡塔。

［2］婆盧木部：雖部姓裴滿氏，却以水名部。婆盧木，又作蒲盧買。《黑龍江志稿》謂，蒲盧買即今黑龍江省木蘭縣的布雅密河，土人稱爲白楊木河。張博泉據本書卷六七《臘醅傳》考訂，謂婆盧木部在烏拉渾河略近之地（張博泉《金史論稿》第一卷，吉林文史出版社1986年版，第68－69頁）。

［3］天輔：金太祖年號（1117—1123）。

［4］蒲家奴：漢名昱。景祖孫，劾孫子。本書卷六五有傳。　叛寇：據本書卷六五《蒲家奴傳》，此指毗室部。　鐵吕川：地名。似在遼之南境應州一帶。

［5］悼平皇后：裴滿氏。世宗時加謚悼平皇后。本書卷六三

有傳。

［6］世襲猛安：女真世爵，猛安相當於防禦州，受封者有领地、封户。

［7］太尉：三公之首。論道經邦，燮理陰陽。正一品。

［8］徐國公：封國名。天眷格，《大金集禮》爲次國封號第十三，《百官志》爲第十一。

［9］皇統：金熙宗年號（1141—1149）。

［10］會寧牧：京府官名。會寧，府治在今黑龍江省阿城市南白城。牧，唐宋時，京師或陪都的地方長官以親王充任，稱爲牧。金海陵遷都前，以皇親國戚爲京師會寧之長官者，亦稱牧。

［11］以太尉奉朝請：奉朝請之制，始於漢，宋、金襲其制。裴滿達爲會寧牧數歲，退職後仍可以太尉參加例行朝會。

九年，悼后死。無何，海陵弑熙宗，[1]欲邀衆譽，揚熙宗過惡，以悼后死非罪，於是封忽撻爲王。[2]天德三年，[3]薨。子忽覩，[4]爲燕京留守，[5]以罪免，居中都，海陵命馳驛赴之。及葬，使祕書監納合椿年致祭，[6]賻銀五百兩。

［1］海陵：封號。即完顔亮。1149年至1161年在位。本書卷五有紀。

［2］封忽撻爲王：據本書卷八〇《濟安傳》，早在熙宗皇統二年（1142），忽撻已被封爲王。此所謂“封忽撻爲王”，當是進其封王的爵號，並非其封王之始。

［3］天德：金海陵王年號（1149—1153）。

［4］忽覩：又作忽土，悼后弟。本卷有傳。

［5］燕京留守：京官名。燕京，金初因遼燕京舊名。海陵貞元元年（1153）遷都燕京，改爲中都。治所在今北京市。本卷《忽覩

傳》作“留守中京”。施國祁《金史詳校》卷九謂，“燕”當作“中”。如《忽覩傳》無誤，則下文“中都”亦當爲“中京”之訛。

［6］祕書監：官名。秘書監長官。通掌經籍圖書。從三品。　納合椿年：本名烏野。本書卷八三有傳。

忽覩，天眷三年權猛安，[1]皇統元年爲行軍猛安。[2]歷横海、崇義軍節度使，[3]以后戚怙勢贓污不法。其在横海，拜富人爲父，及死，爲之行服而分其資。[4]在崇義，諷寺僧設齋而受其施。[5]及留守中京，[6]益驕恣，苟可以得財無不爲者。選諸猛安富人子弟爲扎野，[7]規取財物，時號“閑郎君”。[8]朝廷以忽覩與徒單恭等污濫至甚，[9]命秉德黜陟天下官吏，[10]忽覩以贓罷。海陵以忽覩所至縱家奴擾民，乃定禁外官任所閑雜人條約。[11]天德三年，復起爲鄭州防禦使，[12]改安國軍節度使。[13]卒，年三十九。

［1］權猛安：女真官名。權爲代理之意。

［2］行軍猛安：女真軍官名。統兵千人左右，是戰時授予的官職。

［3］横海軍：置滄州，治所在今河北省滄州市。　崇義軍：置義州，治所在今遼寧省義縣。　節度使：掌鎮撫諸軍防刺，總判本鎮兵馬之事，兼本州管内觀察使事。從三品。

［4］行服：服喪，守孝。　資：家産，財物。

［5］諷寺僧設齋：原脱“齋”字，從殿本補。

［6］留守中京：遼中京，金初因之，海陵貞元元年（1153）更爲北京，置留守司。治所大定府，在今内蒙古自治區寧城縣西大明城。本卷《裴滿達傳》作“燕京留守”，與此異。

[7]扎野：也作札也，爲軍帥的隨從官員。自太祖至宣宗，祇見有如宗輔、宗弼、婁室、大臭、徒單克寧這樣的高級軍帥，才可從軍中選取年輕勇健有才有智的人作爲自己麾下的札野。承應諸事，使於四方，深入偵伺，間道救急，隨從攻戰，追襲逃敵，是其職事。雖起身細微，深得賞識。外出爲官，往往可升爲四、五品刺史或防禦使。忽覩以規取財物爲目的，選諸富人子弟爲扎野，則屬違規特例。

[8]閑郎君：郎君，爲貴家子弟的通稱。女真宗室及貴臣亦有稱爲郎君者。

[9]徒單恭：海陵后徒單氏之父。本卷有傳。

[10]秉德：宗翰孫。本書卷一三二有傳。

[11]定禁外官任所閑雜人條約：似即本書卷五《海陵紀》天德二年（1150）十一月所見，"以十二事戒約官吏"。

[12]鄭州防禦使：州官名。掌防捍不虞，禦制盜賊，餘同府尹。從四品。州治在今河南省鄭州市。

[13]安國軍：置邢州，治所在今河北省邢臺市。

徒單恭本名斜也。[1]天眷二年，爲奉國上將軍。[2]以告吴十反事，超授龍虎衛上將軍。[3]爲户部侍郎，[4]出爲濟南尹，[5]遷會寧牧，封譚國公，[6]復出爲太原尹。[7]斜也貪鄙，使工繪一佛像，自稱嘗見佛，其像如此，當以金鑄之。遂賦屬縣金，而未嘗鑄佛，盡入其家，百姓號爲"金總管"。秉德廉訪官吏，斜也以贓免。

[1]斜也：本書卷六三《海陵后徒單氏傳》謂，世宗憐其女徒單氏無所依，"詔歸父母家于上京"。依例，"斜也"下當補"上京人"三字。

[2]奉國上將軍：武散官。從三品上階。

［3］吴十：契丹人。居東京州縣。太祖收國二年（1116）降金，熙宗天眷二年（1139）以謀反伏誅。　龍虎衛上將軍：武散官。正三品上階。

［4］户部侍郎：尚書户部屬官。協助户部尚書掌户口、錢糧、田土的政令及貢賦出納、金幣轉通、府庫收藏等事。位在户部尚書之下，户部郎中之上。正四品。

［5］濟南尹：府長官，即府尹。掌宣風導俗，肅清所部，總判府事。正三品。府治在今山東省濟南市。

［6］譚國公：封國名。天眷格，小國封號第十八。

［7］太原尹：太原，府名。初爲次府，後爲河東北路兵馬都總管府，治所在今山西省太原市。府尹兼領都總管，掌統諸城隍兵馬甲仗，總判府事。正三品。

海陵篡立，海陵后徒單氏，[1]斜也女，由是復用爲會寧牧，封王。未幾，拜平章政事。[2]海陵獵於胡剌渾水，[3]斜也編列圍場，凡平日不相能者輒杖之。海陵謂宰相曰："斜也爲相，朕非私之。今聞軍國大事凡斜也所言，卿等一無取，豈千慮無一得乎？"他宰相無以對。温都思忠舉數事對曰：[4]"某事本當如此，斜也輒以爲如彼，皆妄生異議，不達事宜。臣逮事康宗，[5]累朝宰相未嘗有如斜也專恣者。"海陵默然。斜也於都堂脊杖令史馮仲尹，[6]御史臺劾之，[7]海陵杖之二十。斜也猛安部人撒合出者，[8]言斜也强率取部人財物，海陵命侍御史保魯鞫之。[9]保魯鞫不以實，海陵杖保魯，而以撒合出爲符寶祗候，[10]改隸合扎猛安。[11]

［1］海陵后徒單氏：本書卷六三有傳。

［2］平章政事：爲宰相，掌丞天子，平章萬機。從一品。

［3］胡剌渾水：又作活剌渾水，今黑龍江省哈爾濱市呼蘭區至鐵力市間的呼蘭河。

［4］温都思忠：即耨盌温敦思忠，時爲左丞相。本書卷八四有傳。

［5］康宗：廟號。名烏雅束，世祖長子。本書卷一有紀。

［6］都堂：尚書省大廳。　令史：尚書省六部及御史臺的吏員。以女真人或漢人充任。　馮仲尹：漢人。後於世宗時嘗任監察御史。

［7］御史臺：官署名。掌糾察朝儀，彈劾官邪，勘鞫官府公事。

［8］斜也猛安：斜也世襲的猛安。其名失載。　撒合出：本書僅見於此。

［9］侍御史：掌奏事，判臺事。時爲正六品，大定十二年（1172）遞升爲從五品。　保魯：另見於本書卷五《海陵紀》。

［10］符寶祗候：殿前都點檢司屬官。時稱牌印祗候，大定二年始改爲符寶祗候，後稱符寶郎。掌御寶及金銀等牌。

［11］合扎猛安：合扎，漢語爲親軍。貞元遷都，更以太祖、遼王宗幹、秦王宗翰之軍爲合扎猛安，謂之侍衛親軍，立侍衛親軍司統之。

斜也兄定哥尚太祖長女兀魯，[1]定哥死無子，以季弟之子查剌爲後。[2]斜也謀取其兄家財，强納兀魯爲室而不相能，兀魯嘗怨詈斜也。斜也妾忽撻與兀魯不叶，[3]乃譖兀魯於海陵后徒單氏曰："兀魯怨上殺其兄宗敏，[4]有怨望語。"會韓王亨改廣寧尹，[5]諸公主宗婦往賀其母，兀魯以言慰亨母，忽撻亦以怨望指斥誣兀魯。海陵使蕭裕鞫之，[6]忽撻得幸于徒單后，左驗皆不敢言，遂殺兀魯，斜也因而盡奪查剌家財。大定間皆追正之。[7]海陵以兀魯有怨望語，斜也不奏，遂杖斜也，免所居官。俄，復爲司徒，[8]進拜太保，[9]領三省事，[10]兼勸農使。[11]再進太師，[12]封梁晋國王。[13]

[1]定哥：另見於本書卷五《海陵紀》。　兀魯：時稱長公主。海陵天德四年（1152）遇害。

[2]查剌：事迹不詳。

[3]强納兀魯爲室：舊俗收繼婚，此時已爲女真人所不取，故云“强納”。　忽撻：斜也妾，得幸於徒單后，以誣兀魯而封莘國夫人。

[4]宗敏：太祖子，兀魯兄。本書卷六九有傳。

[5]韓王亨：韓王，封國名。大定格，《大金集禮》爲次國封號第四，《金史·百官志》爲第三。亨，宗弼子，兀魯侄。大定初追封韓王。本書卷七七有傳。　廣寧：府名。治所在今遼寧省北寧市西南五里的北鎮廟。

[6]蕭裕：奚人。本書卷一二九有傳。

[7]大定：金世宗年號（1161—1189）。

[8]司徒：三公之次。論道經邦，燮理陰陽。正一品。

[9]太保：三師之季。師範一人，儀刑四海。正一品。

[10]領三省事：領尚書、中書、門下三省之事。

[11]勸農使：掌勸課天下力田之事。正三品。

[12]太師：三師之首。

[13]梁晋國王：封國名。天眷格，大國封號，《大金集禮》第三、《金史·百官志》第二爲梁，《大金集禮》第六、《金史·百官志》第五爲晋。

貞元二年九月，斜也從海陵獵于順州。[1]方獵，聞斜也薨，即日罷獵，臨其喪，親爲擇葬地，遣使營治。及葬，賜轀輬車，[2]上及后率百官祭之，賜謚曰忠。正隆間，改封趙國公，再進齊國公。[3]

[1]貞元：金海陵王年號（1153—1156）。　順州：治所在今北京市順義區境，今懷柔區、密雲縣皆屬順州。

[2]轀輬車：喪車。

[3]趙國公：封國名。天眷格，大國封號，《大金集禮》爲第十，《金史·百官志》爲第八。　齊國公：封國名。天眷格，《大金集禮》爲大國封號第八，《金史·百官志》爲第七。

其妻先斜也卒，海陵嘗至其葬所致祭，起復其子率府率吾里補爲諫議大夫。[1]大定間，海陵降爲庶人，徒單氏爲庶人妻，斜也降特進，[2]鞏國公。[3]

[1]率府率：官名。有左、右衛率府率之分，屬東宫宫師府。掌東宫周衛、導從、儀仗。從五品。　吾里補：人名。本書僅此一見。　諫議大夫：爲諫院長官，亦有左、右之分。正四品。

[2]特進：文散官。從一品中次階。

[3]鞏國公：封國名。大定格，小國封號第二十六。

烏古論蒲魯虎。父當海，[1]國初有功。蒲魯虎通契丹大小字，娶宋王宗望女昭寧公主什古。[2]熙宗初，爲護衛，[3]改牌印，[4]常侍左右。轉通進，[5]襲父謀克，再遷臨海軍節度使，[6]改衛州防禦使。[7]海陵賜食内殿，謂之曰："衛州風土甚佳，勿以防禦爲降也。"對曰："頗聞衛州官署不利守者。"即日，改汾陽軍節度使，[8]賜衣服、佩玉、帶劍。入爲太子詹事，[9]卒，年四十一。海陵親臨哭之，后妃皆弔祭，賻贈甚厚。有司給喪事，贈特進、駙馬都尉。正隆例贈光禄大夫。[10]

[1]當海：稱駙馬都尉，亦娶宗室女。國初爲宗望、宗弼麾下軍帥，本書有近十處載其戰績。海陵正隆元年（1156）至三年，嘗任樞密院副使。

[2]宋王：封國名。大定格，大國封號第三。大定三年（1163）改封宗望爲宋王，此乃以後來的封號稱之。　什古：於其夫烏古論蒲魯虎死後，因與海陵有私，由壽寧縣主進封爲昭寧公主。

[3]護衛：有皇帝護衛、東宫護衛、妃護衛、東宫妃護衛之分，均由殿前左、右衛將軍與衛尉司掌領。選取五品至七品官子孫及宗室並親軍、諸局分承應人，有才行及善射者充任。

[4]牌印：即牌印祗候，大定二年改爲符寶祗候。

[5]通進：即御院通進，屬宣徽院閤門，掌諸進獻禮物及薦享編次位序。從七品。

[6]臨海軍：置錦州，治所在今遼寧省錦州市。

[7]衛州：治所在今河南省衛輝市。

[8]汾陽軍：天會六年（1128）置汾州，治所在今山西省汾陽縣。

[9]太子詹事：即詹事院太子詹事。掌總統東宫内外庶務。從三品。

[10]光禄大夫：文散官。從二品上階。

唐括德温本名阿里，上京率河人也。[1]曾祖石古，從太祖平臘醅、麻産，領謀克。[2]祖脱孛魯，領其父謀克，從太祖伐遼，攻寧江、泰州，[3]戰有功。父撻懶，尚康宗女，從宋王宗望以軍二萬收平州，[4]至城東十里許遇敵兵甚衆，戰敗之，太祖賞賚甚厚，授行軍猛安。皇統初，遷龍虎衛上將軍，歷興平、臨海等軍節度使。

[1]率河：亦作帥水。今黑龍江省呼蘭河北支的通肯河與雙陽河。

[2]臘醅、麻產：兄弟二人，爲活剌渾水訶隣鄉紇石烈部人。本書卷六七有傳。　謀克：按，唐括德温領按出虎猛安所管世襲謀克，其父撻懶所授猛安乃是行軍猛安，其祖脱孛魯領其曾祖謀克，其曾祖石古所領謀克，當即按出虎猛安所管謀克。

[3]泰州：此指舊泰州。其治所主要有兩説。一説在今黑龍江省泰來縣的塔子城；一説在今吉林省洮南市舊城東二十里的城四家子古城。

[4]平州：即興平軍節度使，治所在今河北省盧龍縣。

德温善射，尚睿宗皇帝女楚國長公主。[1]天眷三年，授宣武將軍。[2]皇統元年，從都元帥宗弼南征，[3]以善突戰遷廣威將軍。[4]六年，遷定遠大將軍。[5]七年，授殿前右副都點檢。[6]天德初，改殿前左副都點檢，遷兵部尚書。[7]出爲大名尹兼本路兵馬都總管，改横海軍節度使、延安尹兼鄜延路兵馬都總管。[8]世宗即位，[9]封道國公，[10]爲殿前都點檢、駙馬都尉。[11]大定二年，以父祖功授按出虎猛安所管世襲謀克。三年九月九日，世宗以故事出獵，[12]謂德温曰："扈從軍士二千，飲食芻秣能無擾百姓乎。"嚴爲約束，仍以錢一萬貫分給之。四年，爲勸農使，出爲西京留守，賜犀弓玉帶，召入爲皇太子太傅，[13]卒。上輟朝，親臨喪奠祭，賻贈甚厚。

［1］睿宗：廟號。名宗輔，太祖子，世宗父。本書卷一九有紀。　楚國長公主：公主封號。金承唐制，皇帝姊妹封長公主。楚國，封爵名。大定格，大國封號第十一。

［2］宣武將軍：武散官。從五品下階。

［3］都元帥：都元帥府長官。太宗天會二年（1124）十月伐宋始設，至海陵天德二年（1150）十二月改制之前，都元帥府既是王朝最高軍事決策與統帥機構，也是中原地區最高軍政機構，具有任免各級軍官和漢地樞密院官員的權力。　宗弼：本名兀朮，太祖第四子。本書卷七一有傳。

［4］廣威將軍：武散官。正五品上階。

［5］定遠大將軍：武散官。從四品中階。

［6］殿前右副都點檢：兼侍衛親軍副都指揮使。掌宮掖及行從。從三品。

［7］殿前左副都點檢：兼侍衛親軍副都指揮使。從三品。　兵部尚書：尚書兵部長官。掌兵籍、軍器、城隍、鎮戍、厩牧、鋪驛、車輅、儀仗、郡邑圖志、險阻、障塞、遠方歸化等事。正三品。

［8］大名尹兼本路兵馬都總管：府官名。大名府正隆二年（1157）升爲總管府，治所在今河北省大名縣。　延安尹兼鄜延路兵馬都總管：府官名。鄜延路延安府，皇統三年（1143）置彰武軍總管府，治所在今陝西省延安市。

［9］世宗：廟號。名雍。1161年至1189年在位。本書卷六至八有紀。

［10］道國公：封國名。大定格，小國封號第三。

［11］殿前都點檢：兼侍衛親軍都指揮使。掌行從宿衛，關防門禁，督攝隊仗，總判殿前都點檢司事。正三品。

［12］以故事出獵：重九出獵，行拜天禮，爲女真國朝舊俗。

［13］皇太子太傅：東宮宮師府三師之次。掌保護東宮，導以德

義。正三品。

十八年，追録其父撻懶并德温前後功，授其長子駙馬都尉鼎世襲西北路没里山猛安，[1]徙隸泰州。

[1]駙馬都尉鼎：尚世宗女蜀國公主。嘗入爲宣徽使，出爲武定軍節度使。　没里山猛安：初隸桓州，屬西北路。後隸泰州，屬東北路。

烏古論粘没曷，[1]上京胡剌温屯人也，[2]移屯河間。[3]祖唤端，太祖伐遼常侍左右，追遼主延禧，[4]却夏人援兵皆有功，授世襲謀克。父歡覩，官至廣威將軍。

[1]烏古論粘没曷：《宋史》作烏古論忠弼。

[2]胡剌温屯：當在胡剌温水附近。胡剌温水又作活剌渾水，今黑龍江省哈爾濱市呼蘭區至鐵力市間的呼蘭河。

[3]河間：府名。治所在今河北省河間市。

[4]遼主延禧：即遼天祚帝，名耶律延禧。保大五年（金天會三年，1125）爲金所獲，在位二十四年。

粘没曷尚睿宗女冀國長公主。[1]初爲護衛，天德二年襲謀克。海陵伐宋，爲押軍猛安。[2]世宗即位，軍還，授侍衛親軍步軍都指揮使，[3]加駙馬都尉。歷左副點檢，[4]禁直被酒不親視扃鐍，杖四十。遷右宣徽使、勸農使，[5]出爲興平軍節度使。改廣寧尹，賜錢三千貫。

[1]冀國長公主：公主封號。大定格，大國封號第十三爲冀。

[2]押軍猛安：統押或管押猛安軍兵的長官。

[3]侍衛親軍步軍都指揮使：海陵遷都，立侍衛親軍司以統侍衛親軍。正隆五年（1160）罷親軍司，置騎兵都副指揮使隸點檢司，步軍都副指揮使隸宣徽院，大定二年（1162）更名宣徽院拱衛司。都指揮使，掌總統本直，謹嚴儀衛。從四品。

[4]左副點檢：本書卷六《世宗紀上》與卷六一《交聘表中》，皆作殿前"右副都點檢"，"左"或爲"右"之誤。

[5]右宣徽使：宣徽院長官。掌朝會、燕享，凡殿廷禮儀及監知御膳。正三品。

粘沒曷至廣寧，嗜酒不視事。上以兵部員外郎宗安爲少尹，[1]詔宗安戒諭之，上謂宗安曰："汝能繼修前政，朕不忘汝，勉之。"[2]大定中，粘沒曷卒。上聞之，遣其子駙馬都尉公説馳驛奔喪，[3]賜錢三千貫，沿路祭物並從官給。

[1]兵部員外郎：尚書兵部屬官。協助兵部尚書掌兵籍、軍器、城隍、廄牧、鋪驛、車輅、儀仗、郡邑圖志、險阻、障塞、遠方歸化等事。從六品。　宗安：宗室子，與海陵所殺撒离喝子宗安同名。　少尹：此指廣寧府少尹，掌同同知，通判府事。正五品。

[2]汝能繼修前政，朕不忘汝，勉之：此爲世宗詔宗安戒諭烏古論粘沒曷之語。

[3]公説：此稱駙馬都尉，公説亦尚宗室女。

蒲察阿虎迭，[1]初授信武將軍，尚海陵姊遼國長公主迪鉢，[2]爲駙馬都尉。遼國薨，繼尚鄧國長公主崔哥。[3]皇統三年，爲右副點檢。五年，使宋爲賀正旦使，[4]改左副點檢，禮部、工部尚書，[5]廣寧、咸平、臨潢尹，[6]武定軍節度使，[7]封葛王。[8]薨，年二十八。海陵親臨葬，贈譚王。[9]正隆例贈特進、楚國公。[10]

[1]蒲察阿虎迭：本書卷六四《章宗欽懷皇后傳》稱，“祖阿胡迭，官至特進，贈司徒、譙國公”。本書卷六九《元傳》稱，“左副點檢蒲察阿虎特”。《宋史》卷三〇及《建炎以來繫年要録》卷一五四稱，“驃騎上將軍、殿前右副都點檢富察説”。

[2]信武將軍：武散官。從五品上階。　遼國長公主：公主封號。天眷格，大國封號第一。　迪鉢：宗幹女。本書僅此一見。

[3]鄧國長公主：公主封號。天眷格，次國封號，《大金集禮》第二十二、《金史·百官志》第二十。　崔哥：女真人有姊死續妹之俗。此稱長公主，亦當是宗幹女，海陵姊妹。

[4]五年，使宋爲賀正旦使：本書卷四《熙宗紀》與《交聘表》皆失載。據前引《宋史》及《建炎以來繫年要録》所載，十二月丁卯至宋，賀明年正旦。

[5]禮部尚書：禮部長官。掌禮樂、祭祀、燕享、學校、貢舉、儀式、制度、符印、表疏、圖書、册命、祥瑞、天文、漏刻、國忌、廟諱、醫卜、釋道、四方使客、諸國進貢、犒勞張設等事。正三品。　工部尚書：工部長官。掌修造營建法式、諸作工匠、屯田、山林川澤之禁、江河堤岸、道路橋梁等事。正三品。

[6]咸平：府名。治所在今遼寧省開原市老城鎮。

[7]武定軍節度使：遼奉聖州，武定軍節度，金初因之。大安元年（1209）升爲府，名德興。治所在今河北省涿鹿縣。

[8]葛王：封國名。天眷格，小國封號第二十七。

[9]譚王：封國名。天眷格，小國封號第十八。

[10]楚國公：封國名。本書卷六四《章宗欽懷皇后傳》則謂，贈司徒譙國公。按，天眷格有“楚”無“譙”，楚爲大國封號第十

三。明昌格有"譙"無"楚"，譙爲大國封號第十。知兩傳所載皆不誤。本傳應在"正隆例贈特進楚國公"之後，補加"章宗即位，改贈司徒、譙國公"。又據《章宗欽懷皇后傳》與本卷《蒲察鼎壽傳》，在此之後，依例應加"子鼎壽"。並將《蒲察鼎壽傳》移置於本傳之後。

烏林荅暉本名謀良虎，明德皇后兄也。[1]天眷初，充護衛，以捕宗磐、宗雋功授忠勇校尉，遷明威將軍。[2]從宗弼北征，遷廣威將軍，賞以金幣、尚厩擊毬馬。久之，除殿中侍御史，[3]再除蒲速碗群牧使，[4]謹畜牧，不事游宴，孳産蕃息。進秩，改特滿群牧使。[5]

[1]明德皇后：世宗后烏林荅氏。本書卷六四有傳。

[2]宗磐：太宗嫡長子。本書卷七六有傳。　宗雋：太祖子。本書卷六九有傳。　忠勇校尉：武散官。正八品上階。　明威將軍：武散官。正五品下階。

[3]殿中侍御史：御史臺屬官。每遇朝，對立於龍墀之下，專劾朝者儀矩。凡百僚假告事，具奏目進呈。正七品。

[4]蒲速碗群牧：又作蒲速斡群牧，在西京路。大定前，屬斡獨碗群牧。　群牧使：女真言作"烏魯古使"。掌檢校群牧畜養蕃息之事。從四品。

[5]特滿群牧：亦爲西京路十二群牧之一。

世宗即位，召見行在，除中都兵馬都指揮使。[1]世宗至中都，將遣使於宋，以暉爲使。世宗曰："暉嘗私用官錢五百貫。"迺數其罪而罷之，遣高忠建往。[2]因謂宰臣曰："朕於賞罰，豪髮無所假借。果公廉辦治，雖素所不喜必加升擢，若抵冒公法，雖至親不少恕。”遷都點檢、兼侍衛親軍副都指揮使，[3]卒。遣官致祭，皇太子諸王百官會喪，賻銀千兩、重綵四十端、絹四十匹。詔以暉第三子天錫世襲納鄰河猛安親管謀克。[4]

[1]中都兵馬都指揮使：中都兵馬司長官。掌巡捕盗賊，提控禁夜，糾察諸博徒屠宰牛馬，總判司事。正四品。

[2]高忠建：正隆末爲南征萬户，大定初爲元帥左監軍。

[3]都點檢、兼侍衛親軍副都指揮使：金制。此句有誤，應爲“都點檢兼侍衛親軍都指揮使”，或“左右副都點檢、兼侍衛親軍副都指揮使”（見本書卷五六《百官志中》）。

[4]天錫：亦稱駙馬都尉，尚宗室女。大定間，嘗任尚書刑部侍郎、大理卿及點檢司點檢等官職。　納鄰河猛安親管謀克：女真世爵名。納鄰河，即松花江支流拉林河。猛安以在此水附近得名。

蒲察鼎壽本名和尚，上京曷速河人，[1]欽懷皇后父也。[2]賦性沉厚有明鑒，通契丹、漢字，長於吏事。尚熙宗女鄭國公主。[3]貞元三年，以海陵女弟慶宜公主子加定遠大將軍，[4]爲尚衣局使，[5]累官器物局使。[6]大定二年，加駙馬都尉，職如故。歷符寶郎、蠡州刺史、浚州防禦使，[7]有惠政，兩州百姓刻石紀之。遷泰寧軍節度使，[8]歷東平府、横海軍，[9]入爲右宣徽使，改左宣徽，授中都路昏得渾山猛安曷速木單世襲謀克。[10]

[1]上京曷速河：疑即下文的“曷速木單”，所在地無考。

[2]欽懷皇后：章宗后。本書卷六四有傳。

[3]鄭國公主：公主封號。天眷格，《大金集禮》次國封號第

三，《金史·百官志》爲第二。帝王之女爲公主。據本書卷六九《元傳》，鼎壽尚鄭國公主，時在皇統七年（1147）。

[4]海陵女弟慶宜公主：施國祁《金史詳校》卷九謂，本書卷六三《海陵諸嬖傳》，“蒲察阿虎迭女叉察，海陵姊慶宜公主所生”。疑，“女弟”爲“姊”之誤，慶宜公主似爲海陵姊遼國長公主迪鉢前封，“即《阿虎迭傳》之鄧國長公主崔哥”。

[5]尚衣局使：掌御用衣服冠帶等事。從五品。

[6]器物局使：掌進御器械、鞍轡諸物。從五品。

[7]符寶郎：掌御寶及金銀等牌。　蠡州刺史：州官名。刺史州長官。掌宣風導俗，肅清所部，總判州事。正五品。蠡州治在今河北省蠡縣。　浚州：治所在今河南省浚縣。

[8]泰寧軍節度使：原爲兖州，大定十九年（1179）更泰定軍節度使，治所在今山東省兖州市。

[9]東平府：治所在今山東省東平縣。

[10]中都路胥得渾山猛安曷速木單世襲謀克：女真世爵名。胥得渾山猛安，本卷《徒單銘傳》作“中都路渾特山猛安”，本書卷一三二《徒單貞傳》作“臨潢府路胥斯魯猛安”，日本學者三上次男謂與“咸平路窟吐忽河有關”，其最初的居住地不可確指（三上次男《金代女真研究》，金啓孮譯，黑龍江人民出版社1984年版，第501頁）。曷速木單或曷速河謀克，原當在上京，後南遷中都路。

改河間尹，號令必行，豪右屏跡。有宗室居河間，侵削居民，鼎壽奏徙其族于平州，郡内大治。卒官。上聞之，深加悼惜。喪至香山，[1]皇太子往奠，百官致祭，賻銀綵絹。[2]明昌三年，以皇后父贈太尉、越國公。[3]

[1]香山：在今北京市西北郊二十餘公里的西山。

[2]賻：原作“睤”，從南監本、北監本、殿本改。

[3]明昌：金章宗年號（1190—1196）。　越國公：封國名。明昌格，大國封號第九。

鼎壽既世連姻戚，女爲皇后，長子辭不失凡三尚定國、景國、道國公主。[1]其寵遇如此，未嘗以富貴驕人，當時以爲外戚之冠云。

[1]辭不失：似即本書卷五四《選舉志四》所見“深州同知辭不習”。　道國、定國、景國公主：三個公主封號，僅此一見。“道”“定”“景”，依次見於天眷格與大定格，小國封號第三、第四、第五。明昌格却不見“景”。當爲大定間宗室之女封號。

徒單思忠字良弼，本名寧慶。曾祖賽補，[1]尚景祖女。[2]從太祖伐遼，戰歿于臨潢之渾河。[3]父賽一，尚熙宗妹。[4]正隆末，爲乣椀群牧使，契丹賊窩斡擾北邊，[5]賽一與戰，死之。大定初，贈金吾衛上將軍。[6]

[1]賽補：本書僅此一見。

[2]景祖：廟號。名烏古迺。本書卷一有紀。

[3]臨潢之渾河：在臨潢府境内。或謂即今内蒙古自治區科爾沁右翼中旗附近的呼林河。金代尚有二渾河與此同名，故稱此爲臨潢之渾河。

[4]賽一：又作賽里。　熙宗妹：宗峻女。

[5]乣椀群牧：本書卷二四《地理志上》作乣斡群牧，卷一二一《温迪罕蒲覩傳》與卷一三三《移剌窩斡傳》作迪斡群牧。爲西京路十二群牧之一。　窩斡：西北路契丹人。即移剌窩斡。本書卷一三三有傳。

[6]金吾衛上將軍：武散官。正三品中階。

思忠通敏有才，頗通經史。世宗在潛邸，撫養之。賦性寬厚。十有二歲從上在濟南，[1]一日，與姻戚公子出游近郊，有醉人腰弓矢策馬突過，諸公子怒，欲鞭之，思忠曰："醉人昏昧，又何足責。"遂釋之。其人行數十步，忽執弓矢，思忠恐欲傷人，速馳至其傍，奪其弓，弛而還之。上聞之，嘉有識量，由是常使侍側。尚皇弟二女唐國公主。[2]

[1]濟南：府名。治所在今山東省濟南市。

[2]皇弟二女唐國公主：世宗有女多人，本書皆以次第稱之。前五女依次封爲豫國、唐國、兖國、吴國、蜀國公主。唐國公主正居其次，爲第二女。皇，指思忠從舅世宗。"弟"與"第"字通。

大定初，世宗使思忠迎南征萬户高忠建、完顔福壽于遼口，[1]察其去就。思忠知其誠意，乃與俱至東京。[2]世宗即位，如中都，思忠從行，軍國庶事補益弘多。大定元年十月，拜殿前左衛將軍。[3]二年，加駙馬都尉。卒，上爲輟朝，即喪所臨奠，命有司備禮葬之，營費從官給。

[1]大定初：據本傳及卷六《世宗紀上》、卷八六《完顔福壽傳》，其時，世宗既未即位，也未改元。應改"正隆末"爲是。　完顔福壽：曷速館人。本書卷八六有傳。　遼口：一指今遼河入海口；一指瀋州章義縣之"遼河大口"，即今遼寧省遼陽市西太子河與遼河合流之處。此處所説的"遼口"當指後者。

［2］東京：東京遼陽府。治所在今遼寧省遼陽市。

［3］殿前左衛將軍：掌宫禁及行從宿衛警嚴，仍總領護衛。

十九年，上追念思忠輔立功，贈驃騎衛上將軍。[1]仍授其子鐸武功將軍、世襲中都路烏獨渾謀克。[2]

［1］驃騎衛上將軍：武散官。正三品下階。

［2］鐸：據本書卷一二《章宗紀四》載，其於泰和六年（1206）已累官至“河南路副統軍”。又本書卷一〇〇《孟鑄傳》所見的徒單繹，與本卷《徒單繹傳》不符，疑“繹”爲“鐸”之誤，乃是徒單思忠子徒單鐸。 武功將軍：武散官。從六品下階。章宗即位避顯宗諱更爲武略將軍。 中都路烏獨渾謀克：本書僅此一見，其初地無考。

徒單繹本名朮輩，其先上京按出虎達阿人。[1]祖撒合懣，國初有功，授隆安府路合扎謀克、奪古阿隣猛安。[2]

［1］按出虎達阿：地名。按出虎，今黑龍江省阿城市境内阿什河。達阿，即《女真館雜字》方隅門的“荅勒巴剌”，意爲“傍”。

［2］隆安府路：遼之黄龍府，金初因之，後改爲濟州、隆州，貞祐初復升爲隆安府。治所在今吉林省農安縣城。金初以萬户所在稱路，太祖曾置萬户守黄龍府，因而本傳稱黄龍府爲隆安府路。 合扎謀克：即“親管謀克”。 奪古阿隣猛安：猛安名。女真語謂山爲“鄰阿”。張博泉謂“奪古”當是“大黑”的音轉，奪古阿隣，即今吉林省公主嶺市西、長春市南的大黑山（張博泉等《金史論稿》第一卷，吉林文史出版社1986年版，第289頁）。依例，“奪古阿隣猛安”六字，當移置於“合扎謀克”之前。

繹美姿儀，通諸國語。尚熙宗第七女瀋國公主。[1]充符寶祗候，遷御院通進，授符寶郎。歷宣德、泰安、淄州刺史，[2]有廉名。改同知廣寧府事，[3]以母鄂國公主憂，[4]不赴。世宗特許以憂制中襲父封。服闋，授同知濟南府事。二十六年，遷棣州防禦使，[5]以政迹聞，升臨海軍節度使，卒。

繹家世貴寵，自曾祖照至繹尚公主者凡四世云。

[1]瀋國公主：公主封號。天眷格，次國封號。《大金集禮》第九、《金史·百官志》第七爲瀋，《大金集禮》第三、《金史·百官志》第二爲鄭。以此推之，嫁於蒲察鼎壽的熙宗女鄭國公主，當爲長女，至瀋國公主正爲第七。

[2]宣德：州名。治所在今河北省宣化縣。　泰安：州名。治所在今山東省泰安市。　淄州：治所在今山東省淄博市。

[3]同知廣寧府事：同知府事，即府同知。爲府尹佐貳，掌通判府事。正四品。

[4]鄂國公主：公主封號。明昌格，大國封號第十七爲鄂，當爲章宗時的改封。《大金集禮》謂“武靈皇帝妹鄂國公主”，應是熙宗之妹。

[5]棣州：防禦州。治所在今山東省惠民縣。

烏林荅復本名阿里剌，東平人也。[1]奉御出身，[2]大定七年尚世宗第七女宛國公主，[3]授駙馬都尉。改引進使、兼符寶郎，[4]出爲蠡州刺史，三遷歸德軍節度使。[5]明昌三年，轉知興中府事，久之，爲曷懶路兵馬都總管。[6]承安四年，[7]拜絳陽軍節度使，[8]卒。

[1]東平：府名。治所在今山東省東平縣。

[2]奉御：隨朝承應人。同九品官。

[3]宛國公主：公主封號。明昌格，大國封號第十九爲宛，當爲章宗時改封。

[4]引進使：宣徽院引進司長官。掌進外方人使貢獻禮物之事。正五品。

[5]歸德軍節度使：置瑞州，治所在今遼寧省綏中縣境西南。

[6]曷懶路兵馬都總管：曷懶路爲上京路下二級路，置總管府，貞元元年（1153）改總管爲尹，仍兼本路兵馬都總管。治所在今朝鮮咸鏡南道咸興城五里處。

[7]承安：金章宗年號（1196—1200）。

[8]絳陽軍節度使：原爲絳州，天會六年（1128）置絳陽軍節度使，治所在今山西省絳縣。

烏古論元忠本名訛里也，其先上京獨拔古人。[1]父訛論，[2]尚太祖女畢國公主。[3]元忠幼秀異，世宗在潛邸，以長女妻之，後封魯國大長公主。[4]正隆末，從海陵南伐。世宗即位遼陽，時太保昂爲海陵左領軍大都督，[5]遣元忠朝于行在，遂授定遠大將軍，擢符寶郎。諭之曰："朕初即位，親密無如汝者，侍從宿衛宜戒不虞。"大定二年，加駙馬都尉，除近侍局使，[6]遷殿前左衛將軍。從世宗獵，上欲射虎，元忠諫止之。進殿前右副都點檢，爲賀宋正旦使，還，轉左副都點檢。坐家奴結攬民税，免官。十一年，復舊職。明年，升都點檢。十五年，北邊進獻，命元忠往受之，及還，詔諭曰："朕每遇卿直宿，其寢必安。今夏幸景明宮，[7]卿去久，朕甚思之。”

［1］獨拔古：地名或猛安謀克名。本卷《徒單繹傳》見有奪古阿鄰猛安。又1970年於黑龍江省巴彥縣松花江鄉，出土東夏天泰時奪與古阿鄰謀克印。“奪古”“奪與古”與“獨拔古”是否有關，待考。

［2］詆論：本書僅此一見。

［3］畢國公主：公主封號。僅見於此。天眷格，次國封號《大金集禮》第二十一、《金史·百官志》第十九爲畢。

［4］魯國大長公主：公主封號。明昌格，大國封號第十二爲魯。本書卷八四《張景仁傳》，“元忠尚豫國公主”，帝女曰公主，帝姑曰大長公主，豫國公主當爲世宗時封號，魯國大長公主則是章宗時加封。據本書卷一三《衛紹王紀》，魯國大長公主卒於大安元年（1209）。

［5］昂：本名奔睹，景祖弟孛黑孫，斜斡子。本書卷八四有傳。與世祖幼子鄆王昂同名。　左領軍大都督：官名。海陵南伐，立三道都統制府及左右領軍大都督，以將三十二軍。

［6］近侍局使：隸殿前都點檢司，掌侍從，承勅令，轉進奏帖。從五品。

［7］景明宮：避暑行宮。在桓州凉陘，即今河北省沽源縣閃電河上源。

會大興府守臣闕，[1]遂以元忠知府事。有僧犯法，吏捕得寘獄，皇姑梁國大長公主屬使釋之，[2]元忠不聽，主奏其事，世宗召謂曰：“卿不徇情，甚可嘉也，治京如此，朕復何憂。”秩滿，授吏部尚書。[3]以其子誼尚顯宗長女薛國公主。[4]

［1］大興府：金初承遼爲析津府，貞元元年（1153）改名中都永安府，二年又更名爲中都大興府。治所在今北京市。

［2］梁國大長公主：公主封號。據本書卷一三二《徒單貞傳》、卷六四《顯宗孝懿皇后傳》、卷八《世宗紀下》，當是宗幹女，海陵同母女弟，徒單貞之妻。其封號，歷海陵、世宗、章宗三朝多有更改，其號梁國大長公主，乃章宗時追封。

［3］吏部尚書：尚書省吏部長官。掌文武選授、勛封、考課、出給制誥之政。正三品。

［4］以其子誼尚顯宗長女薛國公主：本卷《誼傳》，“大定二十一年尚顯宗女廣平郡主”，“章宗即位，廣平郡主進封鄴國長公主”。當世宗時不得有“顯宗”“公主”等稱，此蓋修史者追記。中華點校本認爲，“薛”字當是“鄴”字之誤。是。又，誼尚顯宗女在大定二十一年（1181），不當載於下文“十八年”之前。誼，本卷有傳。顯宗，廟號。名允恭，世宗嫡子。本書卷一九有紀。

十八年，擢御史大夫，[1]授撒巴山世襲謀克。[2]世宗問左丞相紇石烈良弼孰可相者，[3]良弼以元忠對，乃拜平章政事，封任國公，[4]進尚書右丞相。策論進士之科設，[5]元忠贊成之。世宗將幸會寧，[6]元忠進諫不聽，出知真定府，[7]尋復詔爲右丞相。

［1］御史大夫：御史臺長官。掌糾察朝儀，彈劾官邪，勘鞫官府公事。從二品。

［2］撒巴山世襲謀克：女真世爵名。本書僅此一見，其地無考。

［3］紇石烈良弼：回怕川人。本書卷八八有傳。　相：爲宰相，掌丞天子，平章萬機。左丞相、右丞相各一員，從一品；平章政事二員，從一品。

［4］任國公：封國名。大定格，小國封號第二十四。

［5］策論進士之科：即選女真人之科。詳見本書卷五一《選舉一》。

［6］會寧：府名。即上京會寧府。金之舊土，治所在今黑龍江省阿城市白城。

［7］真定府：治所在今河北省正定縣。

世宗欲甓上京城，元忠曰："此邦遭正隆軍興，百姓凋弊，陛下休養二十餘年，尚未完復。況土性疏惡，甓之恐難經久，風雨摧壞，歲歲繕完，民將益困矣。"駕東幸久之未還，元忠奏曰："鑾輿駐此已閱歲，倉儲日少，市買漸貴，禁衛暨諸局署多逃者，有司捕置諸法恐傷陛下仁愛。"世宗嘉納之。尋出爲北京留守，[1]責諭之曰："汝强悍自用，顓權而結近密。汝心叵測，[2]其速之官。"後左丞張汝弼奏事，[3]世宗惡其阿順，謂左右曰："卿等每事依違苟避，不肯盡言，高爵厚禄何以勝任。如烏古論元忠爲相，剛直敢言，義不顧身，誠可尚也。"於是，改知真定府事，移知河間。

［1］北京留守：官名。留守司置臨潢府，在今内蒙古自治區巴林左旗林東鎮波羅城。

［2］汝心叵測：指其與左衛將軍僕散揆等燕集竊議之事。見本書卷七三《宗道傳》與卷九三《僕散揆傳》。

［3］左丞：爲執政官，宰相之貳，佐治省事。從二品。　張汝弼：渤海人。本書卷八三有傳。

明昌二年，知廣寧府。以河間修築毬場擾民，會赦下，除順義軍節度使。[1]乞致仕，不許，特加開府儀同三司、北京留守。[2]徙知濟南府，過闕令預宴，班平章政事之上。承安二年，[3]移守南京，[4]尋改知彰德府。[5]卒。訃聞，上遣宣徽使白琬燒飯，[6]賻物甚厚。元忠素貴，性麁豪而内深忌，世宗嘗責之。又所至不能戢奴僕，世以此爲訾云。子誼。

[1]順義軍節度使：置朔州，治所在今山西省朔縣。

[2]開府儀同三司：文散官。從一品上階。

[3]承安二年：《大金故開府儀同三司判彰德尹附馬都尉任國簡定公墓志銘》（烏古論元忠），“越九月丙辰薨，乃泰和元年”。又本卷《誼傳》，“泰和元年，遇父元忠憂”。知“承安二年”（1197）爲“泰和元年”（1201）之誤，或有脱文。

[4]守南京：即南京留守。南京治所在今河南省開封市。

[5]知彰德府：府官。知府，又作知府事，本書《百官志》不載。世宗大定年間始設，官品高於同知，或低於府尹。章宗朝及以後，不授府尹，以知府事代之。掌宣風導俗，肅清所部，總判府事。官品或與府尹同，正三品。彰德府治所在今河南省安陽市。

[6]白琬：明昌二年（1191）嘗以西上閤門使爲夏國生日使。燒飯：女真人祭奠死者的儀式。其祀祭，飲食之物盡焚之。烏古論元忠的家族墓地在大興府良鄉縣西北鄉永安村，今北京市豐台區，這裏出土了烏古論元忠的墓志。

誼本名雄名。大定八年，尚海陵女。宴宗室及六品以上官，命婦預焉，上曰：“此女亦太祖之曾孫，猶朕之女，乃父廢亡，非其女之罪也。”海陵女卒，大定二十一年，尚顯宗女廣平郡主。[1]誼歷仕宫衛，爲人麁豪類其父。二十六年，上謂原王曰：[2]“元忠勿望其可復相也。雄名又不及乃父，朕嘗宥待，殊不知恩，汝宜知其爲人。”謂平章政事襄曰：[3]“雄名可令補外。自今宫掖官已有旨補外者，比及庭授，即毋令入宫。”於是，誼除同知澄州軍州事。[4]章宗即位，[5]廣平郡主進封鄴國長公主，[6]誼改順天軍節度副使，[7]加駙馬都尉。承安元年，累遷祕書監兼吏部侍郎，[8]改刑部，[9]遷工部尚書。泰和元年，[10]遇父元忠憂。二年，以本官起復。三年，知東平府事，改知真定府事。六年，伐宋，遷元帥左都監。[11]七年，轉左監軍。[12]八年，拜御史大夫。大安中，[13]知大名府。[14]至寧初，[15]以謀逆伏誅。

[1]廣平郡主：據本書卷六九《爽傳》，其爲“顯宗長女”。當時女真婚俗重表親聯姻而不重婚輩，誼先尚海陵女與其父所尚世宗女爲從姊妹，又尚顯宗女爲海陵女從侄女。

[2]原王：封國名。此指世宗嫡孫完顏璟。大定格，《大金集禮》爲次國封號第十六，《金史·百官志》爲第十五。

[3]襄：昭祖五世孫。本書卷九四有傳。

[4]同知澄州軍州事：軍州長官副貳，通判軍州事。正七品。澄州，南海軍，治所在今遼寧省海城市。

[5]章宗：廟號。名完顏璟。1189 年至 1208 年在位。

[6]鄴國長公主：公主封號。明昌格，鄴爲小國封號十一。

[7]順天軍節度副使：州軍官名。置保州，治所在今河北省保定市。節度副使，位在節度使與同知節度使之下。從五品。

[8]吏部侍郎：吏部屬官。佐掌文武選授、勳封、考課、出給制誥等政事。正四品。

[9]刑部：即刑部侍郎，刑部屬官。佐掌律令、刑名、監户、官户、配隸、功賞、捕亡等事。正四品。

[10]泰和：金章宗年號（1201—1208）。

[11]元帥左都監：元帥府官名。掌統兵征討之事。從三品。

[12]左監軍：元帥府官名。即元帥左監軍。正三品。

[13]大安：金衛紹王年號（1209—1211）。

[14]大名府：治所在今河北省大名縣。

[15]至寧：金衛紹王年號（1213）。

唐括貢本名達哥，太傅阿里之子也。[1]尚世宗第四女吴國公主，[2]授駙馬都尉，充奉御。特授拱衛直副都指揮使，[3]五遷刑部侍郎。坐擅離職削官一階，出爲德州防禦使。[4]升順天軍節度使，移鎮横海。召爲左宣徽使，遷兵部尚書，改吏部，轉禮部尚書、兼大理卿。[5]

[1]太傅：據前《唐括德温傳》，應爲"太子太傅"。　阿里：唐括德温本名。本卷有傳。

[2]吴國公主：唐括德温之子唐括所尚世宗第五女蜀國公主之姊。大定格，大國封號第十七爲吴。

[3]拱衛直副都指揮使：宣徽院拱衛直使司官名。都指揮使佐貳，掌總統本直，謹嚴儀衛。從五品。

[4]德州：防禦州。治所在今山東省陵縣。

[5]大理卿：掌審斷天下奏案，詳讞疑獄。正四品。

先是，大理卿闕，世宗命宰臣選可授者，左丞張汝弼舉西京副留守楊子益法律詳明。[1]上曰："子益雖明法，而用心不正，豈可任之以分别天下是非也。大理須用公正人。"右丞粘割斡特剌舉貢可任，[2]以閑簡部分而兼領是職，遂以貢爲之。

[1]副留守：帶本府少尹，兼本路兵馬副都總管。從四品。楊子益：本書僅此一見。

[2]粘割斡特剌：蓋州别里賣猛安奚屈謀克人。本書卷九五有傳。

二十八年，拜樞密副使。[1]章宗立，爲御史大夫。會貢生日，右丞相襄、參知政事劉瑋、吏部郎中奮、中都兵馬都指揮使和喜，[2]爲貢壽，遂犯夜禁，和喜遣軍人送襄至第。監察御史徒單德勝劾其事，[3]下刑部逮奮等問狀。上以襄、瑋大臣釋之，而貢等各解職。

[1]樞密副使：樞密院屬官。參掌武備機密之事。從二品。

[2]劉瑋：咸平（今遼寧省開原縣）人。本書卷九五有傳。奮：宗室子。本書卷六六有傳。　和喜：本書卷一〇〇《完顔伯嘉傳》，見有貞祐間"前韓州刺史合喜"，不知是否爲一人，待考。

[3]監察御史：掌糾察内外非違，刷磨諸司察帳，並監祭禮及出使之事。正七品。　徒單德勝：本書僅此一見。

尋知大興府事，復爲樞密副使。[1]乞致仕不許，進樞密使，封莘國公，[2]改封蕭。[3]復上表乞退，上曰："向已嘗告，續知意欲外除，今之告將復若何。"遂優詔許之。尋起知真定府事。泰和二年，薨。

[1]樞密使：掌凡武備機密之事。從一品。

[2]莘國公：封國名。明昌格，小國封號第二十九。

[3]蕭：封國名。明昌格，小國封號第二十八。

烏林荅琳，本名留住。尚鄯國公主，[1]加駙馬都尉。貞祐元年爲静難軍節度使，[2]夏人犯邠州，琳降。會延安府遣通事張福孫至夏國，[3]夏人使福孫見琳。時已中風，公主令人以狀付福孫，屬以懇禱朝廷，[4]冀早太平得還鄉之意。福孫具以聞，詔賜以藥物。

[1]鄯國公主：公主封號。明昌格，小國封號第十二爲鄯。

[2]静難軍節度使：置邠州，治所在今陝西省彬縣。

[3]延安府：治所在今陝西省延安市。　通事：始見於五代時契丹，以熟曉華俗和華語者任之。金於諸府亦置通事一人。　張福孫：本書僅此一見。

[4]屬：通“囑”。

徒單公弼本名習烈，河北東路算主海猛安人。[1]父府君奴，尚熙宗女，加駙馬都尉，終武定軍節度使。公弼初充奉御，大定二十七年，尚世宗女息國公主，[2]加定遠大將軍、駙馬都尉。改器物局直長，[3]轉副使、兼近侍局直長。[4]丁父憂，起復本局副使。章宗秋山射中虎，虎怒突而前，侍衛皆避去，公弼不動，虎亦隨斃。詔責侍衛而慰諭公弼。除濱州刺史，[5]再遷兵部侍郎，累除知大名府事。

[1]河北東路算主海猛安：女真行政建置名。猛安相當於防禦州。即本書卷一一《章宗紀三》泰和元年（1201）所見河間府路算注海（算术海）猛安。該猛安當爲南徙河北東路河間府境内猛安。

[2]息國公主：公主封號。大定格，小國封號第九爲息。

[3]器物局直長：殿前都點檢司下屬機構器物局屬官。掌進御器械鞍轡諸物。正八品。

[4]副使：指器物局副使，爲提點的副貳。從六品。　近侍局直長：殿前都點檢司下屬機構近侍局屬官。掌侍從，承勅令，轉進奏帖。正八品。

[5]濱州：刺史州。治所在今山東省濱州市濱城。

是時，[1]伐宋軍興，有司督逋租及牛頭税甚急。[2]公弼奏："軍士從戎，民亦疲弊，可緩徵以紓民。"朝廷從之。大安初，知大興府事，讞武清盜，[3]疑其有冤，已而果獲真盜。歲餘，拜參知政事，進右丞，轉左丞。至寧初，拜平章政事，封定國公。[4]

[1]是時：指泰和五六年間。

[2]逋租：指非猛安謀克户漢人等所欠的租税。　牛頭税：也稱牛具税，爲猛安謀克户女真人等所輸之税。金制，每一耒牛三頭爲一具，依牛具多少受田輸粟。太宗天會三年（1125），每一牛具賦粟一石。次年（一説在五年），内地諸路每具賦粟五斗。世宗大定二十一年（1181），令各輸三斗。

[3]武清：大興府屬縣。治所在今天津市武清區。

[4]定國公：封國名。明昌格，小國封號第四。據本書卷一六《宣宗紀下》，此上當加"崇進"二字。

貞祐初，[1]進拜右丞相，罷知中山府事。[2]是時，中都圍急不可行。圍解，宣宗曰："中山新被兵，不如河中善。"[3]乃改知河中府。歷定國軍節度使事、太孫太師、同判大睦親府事。[4]興定五年薨，宣宗輟朝，[5]賻贈，謚恪愿。

[1]貞祐：金章宗年號（1213—1217）。

[2]中山府：治所在今河北省定州市。

[3]河中：府名。治所在今山西省永濟市西。

[4]定國軍：置同州，治所在今山西省大荔縣。　太孫太師：太孫，指冲懷太孫完顔鏗。　同判大睦親府事：泰和六年（1206）避睿宗諱，改大宗正府爲大睦親府。同判大睦親府事，爲判大睦親府事的佐貳。由宗室充任，協助判大睦親事，負責敦睦糾率宗屬欽奉王命。從二品。

[5]興定：金宣宗年號（1217—1222）。　宣宗：廟號。名完顔珣。1113年至1223年在位。本書卷一四至一六有紀。

徒單銘字國本，顯宗賜名重泰。祖貞，[1]别有傳。父特進，[2]涇國公。[3]性重默寡言，[4]粗通經史，事母盡孝。大定末，充奉御。章宗即位，特勅襲中都路渾特山猛安。[5]明昌五年，授尚醖署直長。[6]累遷侍儀司令、宿直將軍、尚衣局使、兵部郎中。[7]與大理評事孫人鑑爲采訪使，[8]覆按提刑司事。[9]改右衛將軍，轉左衛。[10]出爲永定軍節度使。[11]移河東北路按察使、轉運使。[12]大安三年，改知大名府，就陞河北東西大名路安撫使。[13]大名荐饑重困，銘乞大出交鈔以賑之。崇慶初，[14]移知真定府，復充河北東西大名路宣撫使。至寧元年九月，[15]奉迎宣宗于彰德府，俄拜尚書右丞，出爲北京留守，以路阻不能赴。貞祐二年，卒。

［1］貞：即徒單貞，娶宗幹女，其女爲章宗母顯宗孝懿皇后。本書卷一三二有傳。

［2］父：名失載。徒單貞有子陁補火、慎思、十六，三人。陳述《金史拾補五種》認定慎思爲涇國公，尚待考。

［3］涇國公：封國名。明昌格，次國封號第一。係章宗時追封。

［4］性重默寡言：中華點校本認爲此下敘徒單銘事，此前闕一“銘”字。

［5］渾特山猛安：世襲猛安名。即本卷《蒲察鼎壽傳》所見的中都路昏得渾山猛安。

［6］尚醞署直長：宣徽院屬官。掌進御酒醴。正八品。

［7］侍儀司令：宣徽院所屬侍儀司長官。掌侍奉朝儀，率捧案、擎執、奉輦各給其事。從六品。　宿直將軍：殿前都點檢司置有左右宿直將軍，掌總領親軍，凡宫城諸門衛禁並行從宿衛之事。從五品。　兵部郎中：兵部屬官。協助兵部尚書掌兵籍、軍器、城隍、鎮戍、厩牧、鋪驛、車輅、儀仗、郡邑圖志、險阻、障塞、遠方歸化等事。從五品。

［8］大理評事：即大理寺之評事。掌同司直，參議疑獄，披詳法狀。正八品。　孫人鑑：本書僅此一見。

［9］提刑司：章宗即位，初置九路提刑司，提刑使兼勸農采訪之官。

［10］右衛將軍，轉左衛：殿前都點檢司置有左、右衛將軍及左、右衛副將軍，掌宫禁及行從宿衛警嚴，仍總領護衛。

［11］永定軍節度使：置雄州，治所在今河北省雄縣。

［12］河東北路按察使、轉運使：此句似有錯落。《大金國志》卷三八謂，提刑司九處，“河東南北路汾州置司”；轉運司十三處，“河東北路太原置司”。提刑司後改爲按察使。據此，本句應爲“移河東南北路按察使，河東北路轉運使”。按察使，掌審察刑獄，照刷案牘，糾察濫官污吏豪猾之人、私鹽酒麴並應禁之事，兼勸農桑。與副使、簽事更出巡案。正三品。轉運使，掌税賦錢穀、倉庫

出納、權衡度量之制。正三品。又，按泰和八年（1208）按察司官員兼任轉運司官，合稱“按察轉運使”，此處或衍一“使”字，爲河東北路按察轉運使。

[13]河北東西大名路安撫使：置司河間府，今河北省河間市。安撫使，掌鎮撫人民，譏察邊防軍旅，審録重刑事。

[14]崇慶：金衛紹王年號（1209—1221）。

[15]九月：本書卷一四《宣宗紀上》作八月。當以“八月”爲正，此誤。

贊曰：天子娶后，王姬下嫁，豈不重哉。秦、漢以來，無世世甥舅之家。《關雎》之道缺，[1]外戚驕盈，《何彼襛矣》不作，[2]王姬肅雝之義幾希矣。[3]蓋古者異姓世爵公侯與天子爲昏因，他姓不得參焉。女爲王后，己尚王姬，而自貴其貴，富厚不加焉，寵榮不與焉。使漢、唐行此道，則無吕氏、王氏、武氏之難，[4]公主下嫁各安其分、各得其所矣。金之徒單、拏懶、唐括、蒲察、裴滿、紇石烈、僕散皆貴族也，天子娶后必于是，公主下嫁必于是，[5]與周之齊、紀無異，[6]此昏禮之最得宜者，盛於漢、唐矣。

[1]《關雎》：見《詩經·國風·周南》。

[2]《何彼襛矣》：見《詩經·國風·召南》。

[3]肅雝：整齊和諧。《何彼襛矣》曰：“曷不肅雝，王姬之車。”

[4]吕氏：指漢高祖皇后吕雉。　王氏：指漢成帝生母，漢元帝皇后王政君。　武氏：指唐高宗皇后武則天。

[5]“金之徒單”至“公主下嫁必于是”：本書卷六四《章宗

元妃李氏傳》則謂：“國朝故事，皆徒單、唐括、蒲察、拏懶、僕散、紇石烈、烏林荅、烏古論諸部部長之家，世爲姻婚，娶后尚主。”

[6]與周之齊、紀無異：周，指周朝姬姓王室。齊，指分封於齊的姜姓諸侯。紀，指分封於紀的姜姓諸侯，後爲齊所滅。姬、姜兩姓世爲甥舅之家，即本書卷六三《后妃傳》所云：“金代，后不娶庶族，甥舅之家有周姬、齊姜之義。”

徒單四喜，哀宗皇后之弟也。[1]天興二年正月辛酉夜，[2]四喜、内侍馬福惠至自歸德。[3]時河朔已失利，京城猶未知，二人被旨迎兩宫，[4]遂托以報捷，執小黄旗以入，至則奏兩宫以奉迎之意。是日，召二相入議，二相及烏古孫奴申諫不可行。[5]四喜作色曰：“我奉制旨迎兩宫，有敢言不行者當以别勅從事矣。”二相不復敢言，行議遂决。制旨所取兩宫、柔妃裴滿氏及令人張秀蕤、都轄、承御、湯藥、皇乳母鞏國夫人等十餘人外，[6]皆放遣之。又取宫中寶物，馬蹄金四百枚、大珠如栗黄者七千枚、生金山一、龍腦板二及信瑞御璽。[7]仍許賜忠孝軍以兩宫隨行物之半。[8]

[1]哀宗皇后：徒單氏。本書卷六六有傳。

[2]天興二年正月辛酉夜：原作“正大九年正月丁酉夜”，局本作“天興二年正月辛酉夜”。本書卷一八《哀宗紀下》，哀宗於天興元年（1232）十二月離汴京，二年正月辛酉至歸德，即“遣奉御术甲塔失不、后弟徒單四喜往汴京奉迎兩宫”。又本書卷六四《后妃傳》記此事亦在天興二年正月。《殿本考證》，“以干支推之，月内並無‘丁酉’，蓋‘丁酉’即‘辛酉’之訛”。《金史詳校》

卷九，“‘正大九’作‘天興二’，‘丁’作‘辛’”。中華點校本據改，今從之。

[3]内侍：海陵天德創制，自從四品以下凡二十五階。　馬福惠：宦官。本書僅此一見。　歸德：府名。治所在今河南省商丘市。

[4]兩宫：即稱爲太后的宣宗皇后王氏與哀宗皇后徒單氏。

[5]二相：參知政事兼樞密院副使完顏奴申與樞密副使兼知開封府、權參知政事完顏習揑阿不。　烏古孫奴申：時爲諫議大夫、近侍局使、行省左右司郎中，兼知宫省事，留汴居守。本書卷一二四有傳。

[6]柔妃裴滿氏：哀宗妃。正一品。　令人張秀蘂：哀宗御妻。爲正五品。　都轄：當指殿前都點檢司所屬尚厩局屬官。掌厩都轄。正九品。或尚輦局典輿都轄。從九品。　承御：係指御妻，當列於都轄之前。正五品。　湯藥：汴京置湯藥局。掌進御湯藥，以親信内侍人充任提點或直長。湯藥，當即指此。　皇乳母鞏國夫人：姓名不詳。本書卷一四《宣宗紀上》有鞏國公按辰，按辰乃衛紹王永濟子出繼鄭王永蹈後者，乳母鞏國夫人或爲其妻。

[7]生金山：未經冶煉的金礦石稱生金。　龍腦板：龍腦是一種産於南方的香樹，其樹膏可治香料。

[8]忠孝軍：宣宗末年，即有以脅從人號忠孝軍者。哀宗時，取河朔諸路歸正人送樞密院，以藝優者充忠孝軍。增月給三倍於他軍，進征則令居前。

壬寅，[1]太后御仁安殿，[2]出錠金及七寶金洗分賜忠孝軍。是夜，兩宫騎而出，至陳留，[3]見城外二三處火起，疑有兵。遲回間，奴申初不欲行，即承太后旨馳還。癸卯，[4]入京頓四喜家，少頃，還宫。復議以是夜再往，太后憊於鞍馬，不能動，遂止。

［1］壬寅：局本作“丙寅”。《金史詳校》卷九與中華點校本，皆謂“壬寅”當是“丙寅”之誤。丙寅爲正月二十一日，在崔立之變前二日。

［2］仁安殿：位汴京宫城内，正寢純和殿與正殿大慶殿之間。

［3］陳留：縣名。在今河南省開封市東南。

［4］癸卯：局本作“丁卯”。《金史詳校》卷九與中華點校本，皆謂“癸卯”當作“丁卯”。丁卯，爲正月二十二日。

明日，崔立變。[1]四喜、术甲塔失不及塔失不之父咬住、四喜妻完顏氏，[2]以忠孝卒九十七騎奪曹門而出，[3]將往歸德，不得出，轉陳州門，[4]亦爲門卒所止。門帥裕州防禦使阿不罕斜合已遁去，[5]經歷官完顏合住權帥職，[6]麾門卒放塔失不等去，且曰：“罪在我，非汝等之過。”明日，立以數十騎召合住，合住自分必死，易衣冠而往。立左右扼腕欲加刃。立遥見，問：“汝是放忠孝軍出門者耶？”合住曰：“然。天子使命，某實放之，罪在某。”立忽若有所省，顧群卒言：“此官人我識之，前築裏城時與我同事。我所部十餘卒盗官木，罪當死，此官人不之問，但笞數十而已。此家能殺人，能救人。”因好謂合住曰：“業已放出，吾不汝罪也。”

［1］明日：據本書卷一八《哀宗紀下》，即戊辰日，正月二十三日。　崔立：將陵人。本書卷一一五有傳。

［2］术甲塔失不：時爲奉御，與徒單四喜同往汴京奉迎二宫者。咬住：時爲汴京外城南面元帥。

［3］曹門：汴京東門，在教場外。

[4]陳州門：汴京南門。

[5]裕州：泰和八年（1208）置，初爲刺史州，後改防禦州。治所在今河南省方城縣。　阿不罕斜合：本書僅此一見。

[6]經歷官：天興元年（1232）四月，並樞密院歸尚書省，以宰相兼院官，左右司首領官兼經歷官。　完顏合住：大定明昌間，嘗任通事舍人與侍儀司令。

四喜等至歸德，上驚問兩宮何如，二人奏京城軍變，不及入宮。上曰："汝父汝妻獨得出耶。"下之獄，皆斬於市。

贊曰：四喜奉迎兩宮，而值崔立之變，智者居此，與兩宮周旋兵間，以俟事變之定而徐圖之。萬一不然，以一死徇之耳，他無策也。四喜奉其私親以歸，而望人主貸其死，豈非愚乎。

金史　卷一二一

列傳第五十九

忠義一

胡沙補　特虎[1]　僕忽得　粘割韓奴　曹珪　温迪罕蒲覩
訛里也　納蘭綽赤　魏全　鄯陽　夾谷守中　石抹元毅
伯德梅和尚　烏古孫兀屯　高守約　和速嘉安禮
王維翰　移剌古與涅　宋扆　烏古論榮祖　烏古論仲温
九住　李演　劉德基　王毅　王晦　齊鷹揚　术甲法心
高錫

[1]特虎：原作“特虎雅”。本卷本傳云：“特虎，雅撻瀾水人”。可知“雅”字爲衍文，中華點校本據删。今從之。

欒共子曰：[1]“民生於三，事之如一，唯其所在則致死焉。”公卿大夫居其位，[2]食其禄，國家有難，在朝者死其官，守郡邑者死城郭，治軍旅者死行陣，市井草野之臣發憤而死，皆其所也。故死得其所，則所欲有甚於生者焉。金代褒死節之臣，既贈官爵，仍録用其子孫。貞祐以來，[3]其禮有加，立祠樹碑，歲時致祭，可謂至矣。聖元詔修遼、金、宋史，[4]史臣議凡例，凡前代之忠於所事者請書之無諱，朝廷從之，烏虖，仁哉聖元之爲政也。司馬遷記豫讓對趙襄子之言曰：[5]“人主不掩人之美，而忠臣有成名之義。”至哉斯言，聖元之爲政足爲萬世訓矣。作《忠義傳》。

[1]欒共子：晋哀侯大夫，名成。語出《國語》卷七。

[2]公卿大夫：這裏泛指官吏。

[3]貞祐：金宣宗年號（1213—1217）。

[4]元：朝代名（1271—1368）。　遼、金、宋史：元至正三年（1341）以丞相脱脱主持，遼、宋、金“三史各與正統，各繫其年號”，分别修三史。至正四年《遼史》《金史》修成，五年《宋史》修成。

[5]司馬遷：西漢人。著有《史記》。《漢書》卷六二有傳。　豫讓：戰國時晋國智伯門客，智伯爲趙襄子所滅，其多次刺殺趙襄子未果，自殺而死。　趙襄子：春秋末年晋國大夫。趙鞅次子。見《史記》卷四三《趙世家》。

胡沙補，完顔部人。[1]年三十五從軍，頗見任用。太祖使僕刮剌往遼國請阿踈，[2]實觀其形勢。僕刮剌還言遼兵不知其數，太祖疑之，使胡沙補往。還報曰：“遼方調兵，尚未大集。”及見統軍，[3]使其孫被甲立於傍，統軍曰：“人謂汝輩且反，故爲備耳。”及行道中，遇渤海軍，[4]渤海軍向胡沙補且笑且言曰：“聞女直欲爲亂，[5]汝輩是邪。”具以告太祖，又曰：“今舉大事不可後時，若俟河凍，則遼兵盛集來攻矣。乘其未集而蚤伐之，可以得志。”太祖深然之。及破寧江州，[6]戰于達魯古城，[7]皆有功，賜以旗鼓并御器械。

[1]完顔部：女真部族名。居地在今黑龍江省阿城市一帶。

[2]太祖：廟號。即完顔阿骨打，漢名旻。金朝創建者。1115年至1123年在位。　僕刮剌：女真人。又作僕聒剌，其他事迹不詳。　遼國：王朝名。爲契丹人所建（916—1125）。　阿踈：女真人。紇石烈部人。本書卷六七有傳。

[3]統軍：遼官名。爲統兵官，具體不詳。

[4]渤海軍：遼朝軍隊名。由渤海族人組成。

[5]女直：即女真。源於唐代黑水靺鞨，遼末處於由原始社會末期向階級社會過渡時期。

[6]寧江州：遼州名。屬東京道管轄，治所在今吉林省松原市境内，《中國歷史地圖集釋名彙編·東北卷》認爲，在今吉林省松原市城東之南小城子古城（譚其驤主編《中國歷史地圖集釋名彙編·東北卷》，中央民族學院出版社1988年版，第156頁）。李健才認爲在松原市城北二十五里的伯都訥古城（李健才《東北史地考略》，吉林文史出版社1986年版，第77頁）。

[7]達魯古城：遼地名。舊説在今吉林省松原市他虎城。譚其驤主編之《中國歷史地圖集釋名彙編·東北卷》認為在今吉林省拉林河以西地區。李健才認爲在今吉林省松原市舊城北十里的土城子（李健才《東北史地考略》，吉林文史出版社1986年版，第92頁）。

高永昌請和，[1]胡沙補往招之，取胡突古以歸。[2]高永昌詐降于斡魯，[3]斡魯使胡沙補、撒八往報。[4]會高楨降，[5]言永昌非真降者，斡魯迺進兵。永昌怒，遂殺胡沙補、撒八，皆支解之。胡沙補就執，神色自若，罵永昌曰："汝叛君逆天，今日殺我，明日及汝矣。"罵不絶口，至死。年五十九。天會中，[6]與撒八俱贈遥鎮節度使。[7]

[1]高永昌：渤海族人。阿骨打起兵後據東京（今遼寧省遼陽市）稱帝，不久爲金朝所滅。

[2]胡突古：遼籍女真人。其他事迹不詳。

[3]斡魯：女真人。姓完顏氏。本書卷七一有傳。

[4]撒八：女真人。其他事迹不詳。

[5]高楨：渤海族人。"楨"，原作"禎"，本書卷八四有《高楨傳》，今據改。

[6]天會：太宗與熙宗初年年號（1123—1137）。

[7]遥鎮節度使：追封官號。非實職。

特虎，雅撻瀾水人。[1]軀幹雄偉，敢戰鬬，達魯古城之役，活女陷敵，[2]特虎救出之。攻照散城，[3]遼兵三千來拒，特虎先登，敗之。攻盧葛營，[4]麻吉墮馬，[5]特虎獨殺遼兵數輩，掖而出之。賞賚逾渥。自臨潢班師，[6]至遼河，[7]余睹來襲，[8]婁室已引去，[9]特虎獨殿，馬憊迺步鬬，婁室與數騎來救，特虎止之曰："我以一死捍敵，公勿來，俱斃無益。"遂没于陣。皇統間，[10]贈明威將軍。[11]

[1]雅撻瀾水：張博泉認爲此水當距今黑龍江省與吉林省之間拉林河不遠（張博泉《金史論稿》第一卷，吉林文史出版社 1986 年版，第 62 頁）。

[2]活女：女真人。姓完顏氏，婁室之子。本書卷七二有傳。

［3］照散城：遼軍事重鎮。《中國歷史地圖集釋名彙編·東北卷》認爲，在遼寧省清原縣南山城（譚其驤主編《中國歷史地圖集釋名彙編·東北卷》，中央民族學院出版社 1988 年版，第 180 頁）。張博泉則認爲在今吉林省輝南縣南一統河附近（張博泉《金史簡編》，遼寧人民出版社 1984 年版，第 81 頁）。

［4］盧葛營：遼地名。當距照散城不遠，具體位置無考。

［5］麻吉：女真人。姓完顔氏。本書卷七二有傳。

［6］臨潢：府名。遼上京，治所在今内蒙古自治區巴林左旗林東鎮古城址。

［7］遼河：即今遼河。

［8］余睹：即耶律余睹，契丹人。遼朝宗室，遼末降金，時任元帥右都監。《遼史》卷一〇二及本書卷一三三有傳。

［9］婁室：女真人。姓完顔氏。本書卷七二有傳。

［10］皇統：金熙宗年號（1141—1149）。

［11］明威將軍：武散官。正五品下階。

僕忽得，宗室子。初事國相撒改，[1] 伐蕭海里有功。[2] 與酬斡俱，[3] 招降爥偎水部族，[4] 酬斡爲謀克，[5] 僕忽得領行軍千户。[6] 從破黄龍府，[7] 戰于達魯古城，皆有功。寧江州渤海乙塞補叛，[8] 僕忽得追復之。天輔五年九月，[9] 酬斡、僕忽得往黳古河籍軍馬，[10] 爥偎水部實里古達等七人殺酬斡、僕忽得，[11] 投其尸水中，俱年四十三。太祖悼惜，遣使弔賻加等。六年正月，[12] 斡魯伐實里古達于石里罕河，[13] 追及於合撻剌山，[14] 殺四人，撫定餘衆。詔斡魯求酬斡、僕忽得尸以葬。天眷中，[15] 贈酬斡奉國上將軍、僕忽得昭義大將軍。[16]

[1]撒改：女真人。姓完顏氏，建國前爲女真部落聯盟的國相。建國後，爲國論忽魯勃極烈。本書卷七〇有傳。

[2]蕭海里：契丹人。即蕭孝先。《遼史》卷一〇二有傳。

[3]酬斡：女真人。姓完顏氏，宗室出身。此傳後附小傳。

[4]燭偎水：《黑龍江志稿》卷三〇《武備兵事》，謂此水爲今黑龍江省蘿北縣佛山鎮附近札伊芬河。《中國歷史地圖集釋名彙編·東北卷》認爲是今黑龍江省嘉廕縣境嘉廕河（譚其驤主編《中國歷史地圖集釋名彙編·東北卷》，中央民族學院出版社 1988 年版，第 183 頁）。

[5]謀克：女真行政建置及長官名稱。金朝初年，以三百户爲一謀克，具有軍政合一的特點。

[6]行軍千户：軍官名。亦稱行軍猛安，爲作戰時專門授予掌管軍務的猛安，統兵約千人。

[7]黄龍府：遼府名。治所在今吉林省農安縣。

[8]乙塞補：渤海族人。其他事迹不詳。

[9]天輔五年九月：天輔，金太祖年號（1117—1123）。本書卷二《太祖紀》記叙此事繫於天輔四年（1120）九月，與此異。

[10]鼈古河：《中國歷史地圖集釋名彙編·東北卷》認爲是今俄羅斯阿莫爾州之比占河（譚其驤主編《中國歷史地圖集釋名彙編·東北卷》，中央民族學院出版社 1988 年版，第 183 頁）。張博泉認爲此水即今合壘必兒忒水，元代稱爲孛苦江，清代地圖作布庫河，流入博朗湖後入黑龍江（張博泉《金史論稿》第一卷，吉林文史出版社 1986 年版，第 73 頁）。

[11]實里古達：燭偎水部人。其他事迹不詳。

[12]六年正月：按本書卷二《太祖紀》載天輔“五年春正月，斡魯敗實里古達於合撻剌山”。所記時間與此異。

[13]石里罕河：漢、魏時謂施奄水，唐稱室建河，即今之黑龍江。

[14]合撻剌山：滿語義爲“七峰”，在今黑龍江省蘿北縣北江

東之那拉合達拉山。

[15]天眷：金熙宗年號（1138—1140）。

[16]奉國上將軍：武散官。從三品上階。　昭義大將軍：武散官名。本書僅僕忽得受此官。《攬轡録》與本書卷五五《百官志》皆無此官，有“昭毅大將軍，正四品中階”。此或爲金前期武散官名。

酬斡，亦宗室子也。年十五隸軍，從太祖伐遼，率濤温路兵招撫三坦、石里很、跋苦三水鱉古城邑，[1]皆降之。敗室韋五百于阿良葛城，[2]獲其民衆。至是死焉。

[1]濤温路：濤温，水名。又作陶温水，即今黑龍江省湯旺河。故此路當在今黑龍江省湯旺河流域。　三坦：河名。《黑龍江輿地圖説》謂“集達河，即《金史》所謂三坦水”。張博泉認爲，三坦水爲《金史》之鑱謀水，即奇木尼河，今之畢拉河，在黑龍江勤得利的對岸（張博泉《金史論稿》第一卷，吉林文史出版社1986年版，第73－74頁）。　石里很：即石里罕河，爲今黑龍江。　跋苦：即鱉古水。《中國歷史地圖集釋名彙編·東北卷》認爲是今俄羅斯阿莫爾州之比占河（譚其驤主編《中國歷史地圖集釋名彙編·東北卷》，中央民族學院出版社1988年版，第183頁）。張博泉《金史論稿》第一卷認爲是今合壘必兒忒水（張博泉《金史論稿》第一卷，吉林文史出版社1986年版，第73頁）。　鱉古：部族名。又作鱉故德部，以鱉古水或跋苦水得名。居地當在合壘必兒忒河及黑、松二江合流處之東北。

[2]室韋：部族名。北魏時始見於史書記載，分布在東北西部草原地帶，唐朝曾設置室韋都督府。在契丹建立遼國過程中，部分被併入遼。本書卷七一《斡魯傳》記此事作“以兵五百，敗室韋，獲其民衆”。與此異。　阿良葛城：疑在松花江以西，地近嫩江流

域，具體位置無考。

粘割韓奴，以護衛從宗弼征伐，[1]賜鎧甲弓矢戰馬。初，太祖入居庸關，[2]遼林牙耶律大石自古北口亡去，[3]以其衆來襲奉聖州，[4]壁于龍門東二十五里，[5]婁室往取之，獲大石并降其衆。宗望襲遼主輜重于青塚，[6]以大石爲鄉導，詔曰："遼趙王習泥烈、林牙大石、北王喝里質、節度使訛里剌、孛堇赤狗兒、招討迪六、詳穩六斤、同知海里及諸官民，[7]並釋其罪。"復詔斡魯曰："林牙大石雖非降附，其爲鄉導有勞，可明諭之。"時天輔六年也。[8]既而亡去，不知所往。

[1]護衛：有皇帝護衛、東宫護衛、妃護衛、東宫妃護衛等類别，由殿前左、右衛將軍與衛尉司掌領。選取五品至七品官子孫及宗室並親軍、諸局分承應人，有才行及善射者充任。　宗弼：女真人。姓完顔氏，本名兀术，太祖子。本書卷七七有傳。

[2]居庸關：地名。在今北京市昌平區西北。

[3]林牙：遼官名。翰林院屬官。爲文翰官，時稱爲學士。耶律大石：契丹人。遼太祖八世孫，西遼政權的創始者。《遼史》卷三〇附紀。　古北口：地名。在今北京市密雲縣東北。

[4]奉聖州：治所在今河北省涿鹿縣。

[5]龍門：遼縣名。治所在今河北省赤城縣西南。

[6]宗望：女真人。姓完顔氏，本名斡离不，太祖子。本書卷七四有傳。　遼主：天祚帝，名耶律延禧。1101年至1125年在位。青塚：地名。在今内蒙古自治區呼和浩特市南。

[7]趙王習泥烈：契丹人。姓耶律氏。天祚帝四子，曾任西京留守，後爲金朝所執。　北王：北院大王，北大王院長官。初名迭

剌夷離堇，遼太祖分北南院，遼太宗會同元年（938）改夷離堇爲大王。　喝里質：契丹人。其他事迹不詳。　節度使：遼州軍官名。掌一州軍政事務。　訛里剌：契丹人。其他事迹不詳。　孛堇：此爲女真人建國前的部族首領名和建國後官名。契丹不見此官。此處當爲部長之意。　赤狗兒：契丹人。姓耶律氏。其他事迹不詳。　招討：遼官名。遼設有西北路招討使司和西路招討使司，或爲招討使司屬官，掌軍馬之事。　迪六：契丹人。其他事迹不詳。　詳穩：遼北面帳官。皇族、國舅及遥輦、諸帳均設詳穩，掌軍馬之事。　六斤：契丹人。其他事迹不詳。　同知：遼官名。但後面官職似有脱落，具體不詳。　海里：其他事迹不詳。

[8]天輔六年：本書卷二《太祖紀》繫俘獲耶律大石等人之事於天輔七年（1123）。

天會二年，遼詳穩撻不野來降，[1]言大石稱王於北方，署置南北面官僚，[2]有戰馬萬匹，畜産甚衆。詔曰："追襲遼主，必酌事宜而行。攻討大石，須俟報下。"三年，都統完顔希尹言，[3]聞夏人與耶律大石約曰：[4]"大金既獲遼主，諸軍皆將歸矣，宜合兵以取山西諸部。"[5]詔答曰："夏人或與大石合謀爲釁，不可不察，其嚴備之。"七年，泰州路都統婆盧火奏：[6]"大石已得北部二營，恐後難制，且近群牧，[7]宜列屯戍。"詔荅曰："以二營之故發兵，諸部必擾，當謹斥候而已。"八年，遣耶律余睹、石家奴、拔离速追討大石，[8]徵兵諸部，諸部不從，石家奴至兀納水而還。[9]余睹報元帥府曰：[10]"聞耶律大石在和州之域，[11]恐與夏人合，當遣使索之。"夏國報曰："小國與和州壤地不相接，且不知大石所往也。"

[1]撻不野：契丹人。姓蕭氏，遼朝國舅詳穩。

[2]南北面官僚：遼朝的中央統治機構中，分别設置了北面官和南面官兩個系統，《遼史·百官志一》載“北面治宫帳、部族、屬國之政，南面治漢人州縣、租賦、軍馬之事”。西遼政權承用了遼朝的南北面制度，對契丹和當地人民分而治之。

[3]都統：統兵官。位居萬户之上。　完顔希尹：女真人。本書卷七三有傳。

[4]夏：西夏。党項人建立的地方王朝名（1038—1227）。

[5]山西：指陰山以西地區。

[6]泰州路都統：金前期路官名。均由女真大奴隸主貴族擔任，掌一路軍政事務。泰州路治所在今吉林省洮南市一帶。　婆盧火：女真人。姓完顔氏。本書卷七一有傳。

[7]群牧：官署名。又稱群牧所，是遼朝官營畜牧業基地，以養馬爲主。

[8]石家奴：女真人。本書卷一二〇有傳。　拔离速：女真人。本書卷七二有傳。

[9]兀納水：具體不詳。

[10]元帥府：官署名。金朝前期最高軍事統帥機構，同時又是中原最高軍政統轄機構，具有軍政合一的特徵。

[11]和州：金朝屬畏兀兒轄地，在今新疆維吾爾自治區吐魯番市東南。

皇統四年，回紇遣使入貢，[1]言大石與其國相鄰，大石已死。詔遣韓奴與其使俱往，因觀其國風俗，加武義將軍，[2]奉使大石。韓奴去後不復聞問。

[1]回紇：古代民族名。始見於北魏，唐時建立政權，唐文宗

開成五年（840）爲黠嘎斯所破，分三支西遷，定居在今新疆一帶。金朝時稱畏兀兒。

[2]武義將軍：武散官。從六品上階。

大定中，[1]回紇移習覽三人至西南招討司貿易，[2]自言："本國回紇鄒括番部，[3]所居城名骨斯訛魯朶，[4]俗無兵器，以田爲業，所獲十分之一輸官。耆老相傳，先時契丹至不能拒，因臣之。契丹所居屯營，乘馬行自旦至日中始周匝。近歲契丹使其女壻阿本斯領兵五萬北攻葉不輦等部族，[5]不克而還，至今相攻未已。"詔曰："此人非隸朝廷番部，不須發遣，可於咸平府舊有回紇人中安置，[6]毋令失所。"

[1]大定：世宗年號（1161—1189），章宗即位後又沿用了一年。

[2]移習覽：回紇人。其他事迹不詳。　西南招討司：官署名。統領當地駐軍，招懷降附，征討携離。西南路，地區級路名。隸屬於西京路，治所在今内蒙古自治區呼和浩特市東。

[3]鄒括番部：即鄒括部，回紇部落名。隸屬於西遼政權，其他情況不詳。

[4]骨斯訛魯朶：又作虎思斡耳朶，西遼都城。治所在今吉爾吉斯斯坦伊塞克湖之西。

[5]阿本斯：人名。其他事迹不詳。　葉不輦：部族名。其他不詳。

[6]咸平府：治所在今遼寧省開原市老城。

是歲，粘拔恩君長撒里雅寅特斯率康里部長孛古及户三萬餘求内附，[1]乞納前大石所降牌印，受朝廷牌印。詔西南招討司遣人慰問，且觀其意。秃里余睹、通事阿魯帶至其國見撒里雅，[2]具言願歸朝廷，乞降牌印，無他意也。因曰："往年大國嘗遣粘割韓奴自和州往使大石，既入其境，大石方適野，與韓奴相遇，問韓奴何人敢不下馬，韓奴曰：'我上國使也，奉天子之命來招汝降，汝當下馬聽詔。'大石曰：'汝單使來，欲事口舌耶。'使人捽下，使韓奴跪，韓奴罵曰：'反賊，天子不忍於爾加兵，遣招汝。爾縱不能面縛請罪闕下，亦當盡敬天子之使，迺敢反加辱乎。'大石怒迺殺之。此時大石林牙已死，子孫相繼，西方諸部仍以大石呼之。"

[1]粘拔恩：部族名。是分布在阿爾泰山一帶的游牧民族。撒里雅寅特斯：人名。其他事迹不詳。　康里部：部族名。其他不詳。　孛古：人名。其他事迹不詳。

[2]秃里：官名。金沿用遼朝官制，爲鎮撫北部邊地游牧民族之官，掌部落詞訟，防察違背等事。從七品。　通事：掌翻譯、文書的小吏。　阿魯帶：人名。其他事迹不詳。

余睹、阿魯帶還奏，并奏韓奴事。世宗嘉韓奴忠節，[1]贈昭毅大將軍，[2]召其子永和縣商酒都監詳古、汝州巡檢婁室諭之曰：[3]"汝父奉使萬里，不辱君命，能盡死節，朕甚閔之。"以詳古爲尚輂局直長，[4]遷武義將軍，婁室爲武器署直長。[5]

[1]世宗：廟號。即完顔烏禄，漢名雍。金朝第五任皇帝。

1161年至1189年在位。

[2]昭毅大將軍：武散官。正四品中階。

[3]永和縣商酒都監：官名。掌簽署文簿，檢視釀造。官品不詳。永和縣治所在今山西省永和縣。　詳古：女真人。即粘割詳古，其他事迹無載。　汝州巡檢：州官。掌管理地方治安的官員。正七品。汝州治所在今河南省汝州市。　婁室：女真人。即粘割婁室，其他事迹不詳。

[4]尚輦局直長：尚輦局屬官。掌管承奉輿輦等事。正八品。

[5]武器署直長：武器署屬官。掌管祭祀、朝會、巡幸及公卿婚葬、鹵簿儀仗、旗鼓笛角之事的官員。正八品。

曹珪，徐州人。[1]大定四年，州人江志作亂，[2]珪子弼在賊黨中，[3]珪謀誅志，并弼殺之。尚書省議，[4]當補二官雜班叙。詔曰："珪赤心爲國，大義滅親，自古罕聞也。法雖如是，然未足以當其功，更進一官，正班用之。"

[1]徐州：治所在今江蘇省徐州市。

[2]江志：其他事迹無考。

[3]弼：即曹弼，其他事迹無考。

[4]尚書省：官署名。金海陵王正隆元年（1156），廢除中書、門下三省，祇存尚書省。是金朝最高權力機構。

温迪罕蒲覩，爲兀者群牧使。[1]西北路契丹撒八等反，[2]諸群牧皆應之。蒲覩聞亂作，選家奴材勇者數十人，給以兵仗，陰爲之備。賊不得發，迺紿諸奴曰："官閲兵器，願借兵仗以應閲。"諸奴以爲實然，遂借與之。明旦，賊至，蒲覩無以禦之。賊執蒲覩而問之曰："今欲反未?"蒲覩曰："吾家世受國厚恩，子姪皆仕宦，不能從汝反而累吾族也。"賊怒，臠而殺之，子與孫皆與害。

[1]兀者群牧使：群牧使，群牧所屬官。掌管檢校群牧蓄養蕃息之事。從四品。兀者群牧所，當在今内蒙古自治區東部草原地帶。

[2]西北路：地區級路名。隸屬於西京路，治所在今内蒙古自治區正藍旗。　撒八：契丹人。海陵正隆年間契丹人起義首領，後兵敗被殺。

是時，迪斡群牧使徒單賽里、副使赤盞胡失荅，[1]耶魯瓦群牧使鶴壽，[2]歐里不群牧使完顏术里骨、副使完顏辭不失，[3]卜迪不部副使赤盞胡失賴，[4]速木典糺詳穩加古買住，[5]胡睹糺詳穩完顏速没葛，[6]轄木糺詳穩高彭祖等皆遇害。[7]

[1]迪斡群牧：治所當在今内蒙古自治區的東部，具體不詳。徒單賽里：女真人。其他事迹不詳。　副使：群牧所屬官。佐掌群牧畜養之事。從六品。　赤盞胡失荅：人名。其他事迹不詳。

[2]耶魯瓦群牧：即耶魯瓦群牧所，又作耶魯碗群牧所，隸屬西京路，治所在今内蒙古自治區南部，山西、河北省北部。　鶴壽：女真人。姓完顏氏。本書本卷有傳。

[3]歐里不群牧使完顏术里骨：原脱"使"字。中華點校本據本書卷五七《百官志》補。今從之。歐里不群牧所，又作歐里本群牧所，隸屬西京路，治所在今内蒙古自治區南部，山西、河北省北

部。　完顔术里骨：女真人。又作完顔术魯古，爲昭武大將軍。其他事迹無考。　完顔辭不失：女真人。其他事迹無考。

[4]卜迪不部副使：部族官名。即節度副使，佐掌部族軍政事務，隸屬於招討司。從五品。卜迪不部，游牧民族部族名。居地當在内蒙古自治區南部偏東草原地區。　赤盞胡失賴：人名。其他事迹無考。

[5]速木典乣詳穩：乣官。掌守戍邊堡，撫輯軍户，訓練武藝，按察所部，平理獄訟，勸課農桑。從五品。速木典乣，西北邊地設置名。本書卷二四西京條下“詳穩九處”中有木典乣，宣宗貞祐四年（1216）改爲抗葛阿隣謀克。居地當在西京路北部，今内蒙古自治區南部地區。　加古買住：女真人。其他事迹無考。

[6]胡睹乣：西北邊地設置名。居地當在西京路北部，今内蒙古自治區南部地區。　完顔速没葛：女真人。其他事迹無考。

[7]轄木乣：西北邊地設置名。居地當在西京路北部，今内蒙古自治區南部地區。　高彭祖：其他事迹無考。

鶴壽，鄆王昂子，[1]本名吾都不。[2]五院部人老和尚率衆來招鶴壽與俱反，[3]鶴壽曰：“吾宗室子，受國厚恩，寧殺我，不能與賊俱反。”遂與二子皆被殺。

[1]鄆王：封爵名。大定格，《大金集禮》爲次國封號第二十二，《金史·百官志》爲第二十一位。　昂：女真人。姓完顔氏，宗室出身。本書卷六五有傳。

[2]本名吾都不：本書卷六五《昂傳》：“鄆王昂，本名吾都補。”此爲昂本名，非鶴壽本名，故此句爲衍文，或有誤。

[3]五院部：契丹部族名。居地當在中國東北西部草原地區。　老和尚：契丹人。其他事迹不詳。

訛里也，契丹人。爲尚厩局直長。[1]大定初，招諭契丹，窩斡叱令訛里也跪見，[2]訛里也不從，謂曰："我朝廷使也，豈可屈節於汝。汝等早降可全性命，若大軍至，汝輩悔將何及。"窩斡怒曰："汝本契丹人，而不我從，敢出是言。"遂害之。從行驍騎軍士閏孫、史大，[3]習馬小底頗荅皆被害。[4]三年，贈訛里也宣武將軍，[5]録其子阿不沙爲外帳小底。[6]閏孫、史大皆贈修武校尉。[7]頗荅贈忠翊校尉。[8]

[1]尚厩局直長：尚厩局屬官。掌司馬牛群。官品不詳。

[2]窩斡：契丹人。即移剌窩斡。本書卷一三三有傳。

[3]驍騎軍士：金代騎兵的一種。　閏孫、史大：人名。其他事迹不詳。

[4]習馬小底：軍隊中低級小吏。　頗荅：人名。其他事迹不詳。

[5]宣武將軍：武散官。從五品下階。

[6]阿不沙：契丹人。其他事迹不詳。　外帳小底：近侍局屬官。舊名不入寢殿小底，世宗大定十二年（1172）更此名。爲吏員。

[7]修武校尉：武散官。從八品上階。

[8]忠翊校尉：武散官。正八品下階。

納蘭綽赤，咸平路伊改河猛安人。[1]契丹括里使人招之，[2]綽赤不從。括里兵且至，綽赤遂團結旁近村寨爲兵，出家馬百餘匹給之，教以戰陣擊刺之法，相與拒括里于伊改渡口，[3]由是賊衆月餘不得進。既而括里兵四萬人大至，綽赤拒戰，賊兵十倍，遂見執，臠而殺之。詔贈官兩階，二子皆得用廕。[4]

[1]咸平路伊改河猛安：女真行政建置名。猛安相當於防禦州。咸平路治所在今遼寧省開原市老城。伊改，本書卷七二《婁室傳》作“益改”“益海”。日本學者松井等謂，伊改河即開原北膽河；日本學者三上次男認爲，伊改河是東遼河，此猛安應在東遼河流域（三上次男《金代女真研究》，黑龍江人民出版社 1984 年版，第 478－480 頁）。張博泉認爲伊改與葉赫音近，伊改河即葉赫河。此猛安當在今開原北葉赫城附近（張博泉《金史論稿》第一卷，吉林文史出版社 1986 年版，第 300 頁）。

[2]括里：契丹人。原爲金咸平謀克，海陵末年世宗初年契丹族反金首領之一。

[3]相與拒括里于伊改渡口：原脱“伊”字。上文已見伊改河名，本書卷九一《温迪罕移室懣傳》，正隆末年契丹反，“移室懣率数千人殺賊萬餘于伊改河”。中華點校本據補。今從之。

[4]用廕：即以廕補爲官。廕補，入仕途經之一，金朝一品至八品官皆用廕。見本書卷五二《選舉志二》。

魏全，壽州人。[1]泰和六年，[2]宋李爽圍壽州，[3]刺史徒單義盡籍城中兵民及部曲厮役得三千餘人，[4]隨機拒守堅甚。義善撫御，得衆情，雖婦人皆樂爲用。同知蒲烈古中流矢卒，[5]義益勵不衰，募人往斫爽營，全在選中，爲爽兵所執。爽謂全曰：“若爲我罵金主，免若死。”全至城下，反罵宋主，爽迺殺之，至死罵不絶口。

[1]壽州：治所在今安徽省鳳臺縣。

[2]泰和：金章宗年號（1201—1208）。

［3］李爽：南宋人。南宋開禧北伐時將領。

［4］刺史：州官。掌一州財政訴訟，宣導風俗等各種政務，獨不領兵。正五品。　徒單羲：其他事迹不詳。

［5］同知：州官。通判州事。正七品。　蒲烈古：其他事迹不詳。

僕散揆遣河南統軍判官乞住及買哥等以騎二千人救壽州，[1]去壽州十餘里與爽兵遇，乞住分兩翼夾擊爽兵，大破之，斬首萬餘級，追奔至城下，拔其三栅，焚其浮梁。羲出兵應之，爽兵大潰，赴淮死者甚衆。爽與其副田林僅脱身去，[2]餘兵脱者十之四。詔遷羲防禦使、乞住同知昌武軍節度使事、買哥河南路統軍判官。[3]

［1］僕散揆：女真人。本書卷九三有傳。　河南統軍判官：統軍司屬官。掌管紀綱庶務，荅判司事。從五品。河南統軍司治所在開封府，今河南省開封市。　乞住：人名。其他事迹不詳。　買哥：人名。其他事迹不詳。

［2］田林：宋人。其他事迹不詳。

［3］防禦使：州官名。掌管防捍不虞，禦制盗賊。從四品。　同知昌武軍節度使事：州軍官名。通判節度使事。正五品。昌武軍，州軍名。治所在今河南省許昌市。　河南路：指南京路。治所在今河南省開封市。

贈蒲烈古昭勇大將軍，[1]官其子圖剌。[2]

［1］昭勇大將軍：武散官。正四品下階。

［2］圖剌：女真人。其他事迹不詳。

贈全宣武將軍、蒙城縣令，[1]封其妻爲鄉君，[2]賜在州官舍三間、錢百萬，俟其子年至十五歲收充八貫石正班局分承應，[3]用所贈官廕，仍以全死節送史館，[4]鏤版頒諭天下。

[1]蒙城縣令：縣官。掌按察所部，勸課農桑，平理獄訟，捕除盗賊，宣導風化，兼管常平倉及通檢推排簿籍等事。正七品。蒙城縣：治所在今安徽省蒙城縣。

[2]鄉君：金朝五品以上文、武散官的母、妻封鄉君。

[3]承應：官名。爲宫中諸局署下吏員，通常收録功臣子孫擔任。

[4]史館：即國史院，掌修國史之事。

鄯陽，宗室子。爲符寶祗候。[1]完顔石古乃爲護衛十人長。[2]至寧元年八月，[3]紇石烈執中作亂，[4]入自通玄門。[5]是日，變起倉猝，中外不知所爲，鄯陽、石古乃往天王寺召大漢軍五百人赴難，[6]與執中戰於東華門外。[7]執中揚言曰："大漢軍反矣，殺一人者賞銀一定。"執中兵衆，大漢軍少，二人不勝而死。須臾，執中兵殺五百人殆盡。

[1]符寶祗候：殿前都點檢司屬官吏，掌御寶及金銀等牌。

[2]護衛十人長：親軍官。隸屬殿前都點檢司左、右衛將軍。

[3]至寧：金衛紹王年號（1213）。

[4]紇石烈執中：女真人。本書卷一三二有傳。

[5]通玄門：中都北面城門之一。

[6]天王寺：當爲中都城内的寺院。　大漢軍：疑"大"爲衍

字。或爲軍名，當由漢人組成的軍隊。

［7］東華門：中都皇城城門。

執中死，詔削官爵。詔曰："宣武將軍、護衛十人長完顔石古乃，修武校尉、符寶祗候鄯陽，忠孝勇果，没于王事。石古乃贈鎮國上將軍、順州刺史，[1]鄯陽贈宣武將軍、順天軍節度副使。[2]嘗從拒戰猛安賞錢五百貫、謀克三百貫、蒲輦散軍二百貫，[3]各遷兩階。戰没者，贈賞付其家。石古乃子尚幼，以八貫石俸給之，俟年十五以聞。"

［1］鎮國上將軍：武散官。從三品下階。　順州：治所在今北京市順義區。

［2］順天軍節度副使：州軍官名。佐掌鎮撫諸軍防刺，判本鎮兵馬之事。從五品。順天軍，州軍名。治所在今河北省保定市。

［3］猛安：軍官名。又稱千夫長。　謀克：軍官名。又稱百夫長。　蒲輦：軍官名。下級軍官。

夾谷守中，咸平人，本名阿土古。大定二十二年進士，歷清池、聞喜主簿，[1]補尚書省令史，[2]除刑部主事、監察御史、修起居注。[3]轉禮部員外郎、大名治中，[4]歷嵩、琢、北京臨洮路按察副使。[5]以憂去官，起復同知曷懶路兵馬都總管府事，[6]坐事謫韓州刺史，[7]尋復同知平凉府事。[8]大安二年，[9]爲秦州防禦使，[10]遷通遠軍節度使。[11]

［1］清池、聞喜主簿：縣官名。縣令的副佐。正九品。清池，縣名。治所在今河北省滄州市東南。聞喜，縣名。治所在今山西省聞喜縣。

［2］尚書省令史：尚書省下屬吏員。

［3］刑部主事：刑部屬官。掌受事付事、檢勾稽失省署文牘，兼知本部宿直、檢校架閣。正員二人，從七品。熙宗皇統四年（1144），主事始用漢族士人。世宗大定三年（1163），用進士，非特旨不得擬用吏人。章宗承安五年（1200），增女真主事一人。　監察御史：御史臺屬官。掌糾察内外官員非違之事。正員十二人，正七品。　修起居注：記注院屬官。掌記帝王言行，一般以他官兼之。

［4］禮部員外郎：禮部屬官。佐掌禮樂、祭祀、學校、貢舉諸事。從六品。　大名治中：府官名。治中，本書《百官志》不見記載。金世宗後期，逐漸以治中取代府少尹，掌通判府事，官品當與少尹同，正五品。大名，府名。治所在今河北省大名縣北。

［5］歷嵩、琢："嵩、琢"，南監本、殿本、局本並作"嵩、涿"。《金史詳校》卷九，"嵩涿安得有按察副使或副使分駐二州耶，疑嵩涿下當有脱文"。金地名無"琢"。中華點校本認爲本書常見"嵩汝"連書，"琢"或"汝"字之誤。從字形看當是"涿"字誤寫。嵩，州名。治所在今河南省嵩縣。琢，或爲"涿"之誤。涿，州名，治所在今河北省涿州市。　北京臨洮路按察副使：按《大金國志》卷三八"提刑司九處"條下有"北京臨潢路"。承安四年改爲"按察司"。此處"臨洮路"當是"臨潢路"之誤。按察副使佐掌審察刑獄，照刷案牘，糾察濫官污吏豪猾之人，私鹽酒麯並應禁之事，兼勸農桑。正四品。北京臨潢路按察司，治於臨潢府，在今内蒙古自治區巴林左旗舊城址。

［6］同知曷懶路兵馬都總管府事：路官。掌通判府事。從四品。曷懶路，上京路下的地區級路，熙宗時設萬户，海陵天德三年（1151）罷世襲萬户官，置總管府。貞元二年（1154），改總管爲

尹，仍兼本路兵馬都總管。這與上京路下其他地區級的路設置節度使不同。治所在今朝鮮咸鏡北道吉州。

[7]韓州：治所在今吉林省四平市。

[8]同知平涼府事：府官名。掌通判府事。正四品。平涼府治所在今甘肅省平涼市。

[9]大安：金衛紹王年號（1209—1211）。

[10]秦州：治所在今甘肅省天水市。

[11]通遠軍節度使：州軍官名。總管一州軍政事務，掌鎮撫諸軍防刺，總判本鎮兵馬之事，兼本州管内觀察使事。從三品。通遠軍，州軍名。治所在今甘肅省隴西縣。

至寧末，移彰化軍，[1]未行，夏兵數萬入鞏州。[2]守中乘城備守，兵少不能支，城陷，官吏盡降，守中獨不屈。夏人壯之，且誘且脅，守中益堅，遂載而西。至平涼，要以招降府人，守中佯許，至城下即大呼曰："外兵矢盡且遁矣，慎勿降。"夏人交刃殺之。

[1]彰化軍：州軍名。治所在今甘肅省涇川縣。"化"，原作"德"。據本書卷二六《地理志下》，"涇州，彰化軍節度使"；卷六二《交聘表下》，"貞祐元年十二月癸亥，夏人陷鞏州，涇州節度使夾谷守中死之"。《金史詳校》卷九，"'德'當作'化'"。中華點校本據改。今從之。

[2]鞏州：治所在今甘肅省隴西縣。

興定元年，[1]監察御史郭著按行秦中，[2]得其事以聞。詔贈資善大夫、東京留守，[3]仍收其子兀母爲筆硯承奉。[4]

[1]興定：金宣宗年號（1217—1222）。

[2]郭著：其他事迹不詳。

[3]資善大夫：文散官。正三品下階。　東京留守：留守司屬官。帶本府尹兼本路兵馬都總管，掌一路軍政事務。正三品。東京治所在今遼寧省遼陽市。

[4]兀母：女真人。其他事迹不詳。　筆硯承奉：筆硯局屬官。掌御用筆墨硯等事。正八品。

石抹元毅本名神思，咸平府路酌赤烈猛安莎果歌仙謀克人也。[1]以廕補吏部令史。[2]再調景州寧津令，[3]有劇盜白晝恣劫爲民害，元毅以術防捍，賊散去。入爲大理知法，[4]除同知亳州防禦使事，[5]被省檄，録陝右五路刑獄，[6]無冤人。復委受宋歲幣，[7]故事有私遺物，元毅一無所受。

[1]咸平府路酌赤烈猛安莎果歌仙謀克：女真族的行政建置名。據日本學者三上次男考訂，在韓州附近的九百奚營地方。九百奚營爲金代韓州治所，在今吉林省梨樹縣（三上次男《金代女真研究》，黑龍江人民出版社 1984 年版，第 478 頁）。

[2]吏部令史：吏部下屬吏員。

[3]景州：州名。治所在今河北省東光縣。　寧津：縣名。治所在今山東省安津縣。

[4]大理知法：大理寺屬官。掌管檢斷刑名事。從八品。

[5]同知亳州防禦使事：州官名。掌通判防禦使事。正六品。亳州治所在今安徽省亳州市。

[6]陝右：指今陝西一帶地區。　五路：指京兆府路，治於京兆府，在今陝西省西安市。鳳翔路治於鳳翔府，在今陝西省鳳翔縣。鄜延路治於延安府，在今陝西省延安市。慶原路治於慶陽府，

在今甘肅省慶陽市。臨洮路治於臨洮府，在今甘肅省臨洮縣。

[7]宋歲幣：金宋皇統和議（又稱紹興和議）後，宋每年向金納銀二十五萬兩、絹二十五萬匹。在金世宗、章宗時歲幣額略有變化。

明昌初，[1]驛召爲大名等路提刑判官，[2]以最遷汾陽軍節度副使。[3]時石、嵐間賊黨嘯聚，[4]肆行剽掠，朝廷命元毅捕之，賊畏而遁，元毅追襲，盡殪之，二境以安。遷同知武勝軍節度使事，[5]別郡有殺人者，屢鞫不伏，元毅訊不數語即具服。河東北路田多山坂磽瘠，[6]大比時定爲上賦，民力久困，朝廷命相地更賦，元毅以三壤法平之，民賴其利。

[1]明昌：金章宗年號（1190—1195）。

[2]大名等路提刑判官：提刑司屬官。佐掌審察刑獄，照刷案牘，糾察濫官污吏豪滑之人，私鹽酒麯並應禁之事。正員二人，從六品。大名等路提刑司，全名爲河北東西大名等路提刑司，治於河間府，在今河北省河間市。

[3]汾陽軍：州軍名。治所在今山西省汾陽市。

[4]石：州名。治所在今山西省離石縣。　嵐：州名。治所在今山西省嵐縣北。

[5]武勝軍：州軍名。治所在今河南省鄧州市。

[6]河東北路：治所在今河北省河間市。

改彰德府治中，[1]尋以邊警授撫州刺史。[2]會邊將失守，芻糧馬牛焚剽殆盡，元毅率吏卒三十餘人出州經畫軍餉，卒與敵遇。州倅暨從吏堅請還，元毅曰："我輩責任邊守，遇敵而奔其如百姓何，縱得自安，復何面目見朝廷乎。”[3]遂執弓矢令衆，衆感其忠，争爲効死。元毅力戰，射無不中，敵去而復合，元毅氣愈厲，鏖戰久之，衆寡不敵遂遇害，時年四十七。事聞，上深驚悼，贈信武將軍，[4]召用其子世勣侍儀司承應。[5]

[1]彰德府：治所在今河南省安陽市。

[2]撫州：在今内蒙古自治區興和縣。

[3]復何面目見朝廷乎：原無“見”字。施國祁《金史詳校》卷九，“‘目’下當加‘見’”。中華點校本據文義補。今從之。

[4]信武將軍：武散官。從五品上階。

[5]世勣：契丹人。即石抹世勣，僅見於本傳，其他事迹不詳。侍儀司承應：宣徽院侍儀司屬吏。

世勣後登進士第，奏名之日，上謂宰臣曰：“此神思子耶。”歎賞者久之。元毅性沈厚，[1]武勇過人，每讀書見古人忠義事未嘗不嗟歎賞慕，喜動顔色，故臨難能死所事云。

[1]沈：“沉”的本字。

伯德梅和尚，泰州人也。[1]性鯁直，尚氣節。正隆五年，[2]收充護衛，授曷魯椀群牧副使。[3]未幾，復召爲護衛十人長，改尚厩局副使，[4]遷本局使，[5]轉右衛將軍、拱衛使。[6]典尚厩者十餘年，積勞特遷官二階，除復州刺史。[7]明昌初，爲西北路副招討，[8]改秦州防禦使，升武勝軍節度使。六年，移鎮崇義軍。[9]時有事北邊，[10]左丞相夾谷清臣行省于臨潢，[11]檄爲副統。[12]

[1]泰州：治所在今吉林省洮南市東。

[2]正隆：金海陵王年號（1156—1161）。

[3]曷魯椀群牧：本書卷二四西京路下"群牧十二處"，有耶魯椀群牧。治所當在西京路北部，今内蒙古自治區南部草原地帶。

[4]尚厩局副使：尚厩局屬官。掌管御馬調習牧養。從六品。

[5]本局使：尚厩局長官。掌管御馬調習牧養。從五品。

[6]右衛將軍：殿前都點檢司屬官。掌宫禁及行從宿衛警嚴，仍總領護衛。　拱衛使：宣徽院拱衛司屬官。掌總統本直，謹嚴儀衛。從四品。

[7]復州：治所在今遼寧省瓦房店市。

[8]西北路副招討：招討司屬官。掌招懷降附，征討叛離。正員二人，從四品。西北路招討司隸屬於西京路，治所在今内蒙古自治區正藍旗。

[9]崇義軍：州軍名。治所在今遼寧省義縣。

[10]有事北邊：指金朝出兵討伐北方草原游牧民族。

[11]左丞相：尚書省屬官。掌丞天子，平章萬機。從一品。　夾谷清臣：女真人。本書卷九三有傳。　行省：官署名。金章宗以來，因用兵、河防等事涉及諸路，臨時設行尚書省。行省即行尚書省，金末戰事連年不斷，行省遍及全國。

[12]副統：官名。爲統兵官。

會敵入臨潢，梅和尚暨護衛闢合土等領軍逆擊之。[1]敵積陣以待，梅和尚直擣其陣，殺傷甚衆。敵知孤軍無繼，聚兵圍之。度不能免，乃下馬相背射，復殺百餘人，矢盡猶以弓提擊，爲流矢所中死，闢合土等皆没。

[1]闔合土：人名。其他事迹不詳。

上聞之震悼，詔贈龍虎衛上將軍，[1]躐遷十階，[2]特賜錢二十萬，命以禮葬之，物皆官給，以其子都奴爲軍前猛安，[3]中奴護喪，就差權同知臨潢府事李達可爲勑祭使，[4]同知德昌軍節度使事石抹和尚爲勑葬使。[5]

[1]龍虎衛上將軍：武散官。正三品上階。

[2]躐遷：超級升遷。

[3]都奴：女真人。即伯德都奴，其他事迹不詳。　軍前猛安：軍官名。統兵官。

[4]李達可：其他事迹不詳。

[5]德昌軍：軍州名。治所在今吉林省洮南市。　石抹和尚：契丹人。其他事迹不詳。

承安五年，[1]上諭尚書省曰："梅和尚死王事，其子都奴從軍久有功，其議所以酬之。"迺命爲典署丞。[2]

[1]承安：金章宗年號（1196—1120）。

[2]典署丞：本書僅一見，《百官志》不載，疑有脱落。本書卷五六《百官志三》宣徽院下有典客署，太府監下有典給署，兩處署丞皆爲從七品。

烏古孫兀屯，上京路人。[1]大定末，襲猛安。[2]明昌七年，以本兵充萬户，[3]備邊有功，除歸德軍節度副使，[4]改盤安軍，[5]察廉，遷同知速頻路節度使事。[6]以憂去官，起復歸德府治中，[7]遷唐州刺史。[8]

[1]上京路：治所在今黑龍江省阿城市白城。

[2]猛安：女真地方行政設置及長官名稱。猛安相當於防禦州，長官亦稱千户。同時是軍事編制及長官名稱。又是女真貴族世襲爵，受封人有領地、封户。

[3]萬户：軍官名。金制一萬户統十猛安，統兵萬人左右。

[4]歸德軍：州軍名。治所在今遼寧省綏中縣西南。

[5]盤安軍：州軍名。設於北京路全州，在今内蒙古自治區赤峰市境内。

[6]速頻路：地區級路名。隸屬上京路，治所在今俄羅斯烏蘇里斯克西南。

[7]歸德府：治所在今河南省商丘市。

[8]唐州：治所在今河南省唐河縣。

泰和六年四月，宋皇甫斌步騎萬人侵唐州，[1]兀屯兵甚少，遣泌陽尉白撒不、巡檢蒲閑各以五十人乘城拒守。[2]兀屯見宋兵在城東北者可破，令軍事判官撒虎帶以精兵百人自西門出，[3]繞出東北宋兵營後掩擊之，殺數十百人，宋兵大亂，殆夜乃遁去。[4]五月，皇甫斌復以兵數萬來攻，行省遣泌陽副巡檢納合軍勝救唐州。[5]兀屯出兵與軍勝合兵城東北，設伏兵以待之。迺分騎兵爲三，一出一入以致宋兵。宋兵陷于淖，伏兵發，中衝宋兵爲二，遂大潰。追奔至湖陽，[6]斬首萬餘級，獲馬三百匹。宋别將以兵三千來襲，遇之竹林寺，[7]殪之。納合軍勝手殺宋將，取其金帶印章以獻。詔遷兀屯同知河南府事，[8]軍勝遷梁縣令，[9]各進兩階。兀屯賞銀三百五十兩、重綵十端，爲右副元帥完顏匡右翼都統。[10]

[1]皇甫斌：南宋人。曾任江陵副都統兼知襄陽府等職。

[2]泌陽尉：縣官名。掌巡捕事。正九品。泌陽，縣名。治所在今河南省唐河縣。　白撒不：其他事迹不詳。　巡檢：巡檢司屬官。掌肅清盗賊之事。正九品。　蒲閑：其他事迹不詳。

[3]軍事判官：州官。掌簽判州事，專管通檢推排簿籍。從八品。本書卷五七《百官志三》州官條下僅有“判官”一職，職掌又與軍事無關。但《金史》中軍事判官極爲常見，很少見州判官。是《百官志》脱“軍事”二字，還是傳記記載有誤，很難定奪，姑且存疑。　撒虎帶：其他事迹不詳。

[4]殆夜乃遁去：“殆”，南監本、北監本、殿本、局本並作“迨”。

[5]副巡檢：巡檢司屬官。佐掌肅清盗賊之事。官品不詳。　納合軍勝：女真人。後爲縣令。

[6]湖陽：縣名。治所在今河南省唐河縣南湖陽鎮。

[7]竹林寺：具體位置無考。

[8]河南府：治所在今河南省洛陽市。

[9]梁縣：治所在今河南省汝州市。

[10]右副元帥：都元帥府屬官。掌征討之事。正二品。　完顏匡：女真人。本書卷九八有傳。　右翼都統：統兵官。位居萬户之上，統一路兵馬。

匡取棗陽，[1]遣兀屯襲神馬坡，[2]宋兵五萬人夾水陣，以强弩拒岸，兀屯分兵奪其三橋，自辰至午連拔十三栅，遂取神馬坡。從攻襄，[3]至漢江，[4]兀屯亂流徑度。復進一階，號平南虎威將軍。[5]宋人請和，遷河南副統軍。[6]大安初，遷昌武軍節度使，[7]副統軍如故。遷西南路招討使。[8]兀屯御下嚴酷，軍士多亡，杖六十。除同知上京留守事。[9]大安三年，將兵二萬入衛中都，[10]遷元帥右都監，[11]轉左都監、兼北京留守。[12]有功，賜金吐鶻、重綵十端。遷元帥左監軍，[13]留守如故。

[1]棗陽：南宋縣名。治所在今湖北省棗陽市。

[2]神馬坡：具體位置不詳。

[3]襄：南宋州名。治所在今湖北省襄樊市。

[4]漢江：今湖北省境内漢水。

[5]平南虎威將軍：金泰和六年（1206），金伐南宋暫時設立的軍職，軍還罷。

[6]副統軍：統軍司屬官。掌督領軍馬，鎮守封陲。正四品。

[7]昌武軍：州軍名。治所在今河南省許昌市。

[8]西南路招討使：招討司長官。掌招懷降附，征討叛離。正三品。西南路招討司隸屬於西京路，治所在今内蒙古自治區呼和浩特市東。

[9]同知上京留守事：京官。帶同知本府尹兼本路兵馬都總管。正四品。上京，金朝前期都城，治所在今黑龍江省阿城市白城。

[10]中都：都名。金海陵王貞元元年（1153）由上京遷都至燕京，改稱中都。至金宣宗貞祐二年（1214），遷都南京。中都治所在今北京市。

[11]元帥右都監：都元帥府屬官。從三品。

[12]左都監：都元帥府屬官。掌征討之事。從三品。　北京：京名。原遼中京大定府舊址，金初承用遼制稱中京，海陵貞元元年（1153）改中京爲北京。治所在今内蒙古自治區寧城縣境内。

[13]元帥左監軍：都元帥府屬官。掌征討之事。正三品。

貞祐元年閏月，以兵入衛中都，詔以兵萬六千人守定興，[1]軍敗，兀屯戰没。

[1]定興：縣名。治所在今河北省定興縣。

高守約字從簡，遼陽人。[1]大定二十八年進士，累官觀州刺史。[2]大元兵徇地河朔，[3]郭邦獻已歸順，[4]從至城下，呼守約曰："從簡當計全家室。"守約弗顧，至再三，守約厲聲曰："吾不汝識也。"城破被執，使之跪，守約不屈，遂死。詔贈崇義軍節度使，謚忠敬。

[1]遼陽：府名。治所在今遼寧省遼陽市。
[2]觀州：治所在今河北省東光縣。
[3]河朔：泛指中原黄河以北地方。
[4]郭邦獻：其他事迹不詳。

和速嘉安禮字子敬，本名酌，大名路人。[1]穎悟博學，淹貫經史。大定二十八年進士。至寧末，爲泰安州刺史。[2]貞祐初，山東被兵，郡縣望風而遁，或勸安禮去之，安禮曰："我去，城誰與守，且避難負國家之恩乎?"乃團練繕完，爲禦守計。已而，大元兵至，戰旬日不能下，謂之曰："此孤城耳，内無糧儲，外無兵援，不降無遺類矣。"安禮不聽。城破被執，初不識其爲誰，或妄以酒監對，[3]安禮曰："我刺史也，何以諱爲?"使之跪，安禮不屈，遂以戈撞其胸而殺之。詔贈泰定軍節度使，[4]謚堅貞。

[1]大名路：又稱大名府路，治所在今河北省大名縣北。

[2]泰安州：治所在今山東省泰安市。

[3]酒監：酒使司屬官。掌檢視釀造。官品不詳。

[4]泰定軍：州軍名。治所在今山東省兗州市。

王維翰字之翰，利州龍山人。[1]父庭，[2]遼季率縣人保縣東山，後以衆降。維翰好學不倦，中大定二十八年進士。調貴德州軍事判官，[3]察廉遷永霸令。[4]縣豪欲嘗試維翰，設事陳訴，維翰窮竟之，遂伏其詐，杖殺之，健訟衰息。歷弘政、獲嘉令，[5]佐胥持國治河決，[6]有勞，遷一階。改北京轉運户籍判官，[7]補尚書省令史。

[1]利州：治所在今遼寧省喀左縣。　龍山：縣名。治所在今遼寧省建昌縣北。

[2]庭：其他事迹不詳。

[3]貴德州：治所在今遼寧省撫順市。

[4]永霸：縣名。治所在今遼寧省建平縣東、朝陽市西。

[5]弘政：縣名。治所在今遼寧省義縣。　獲嘉：縣名。治所在今河南省獲嘉縣。

[6]胥持國：女真人。本書卷一二九有傳。　河：即黄河。

[7]北京轉運户籍判官：都轉運司屬官。專管拘收徵剋等事。從六品。　北京轉運司：治於大定府，在今内蒙古自治區寧城縣。

除同知保静軍節度使事，[1]檢括户籍，一郡稱平。屬縣有奴殺其主人者，誣主人弟殺之，刑部疑之。[2]維翰審讞，迺微行物色之，得其狀，奴遂引服。改中都轉運副使，[3]攝侍御史，[4]奏事殿中，章宗曰："佳御史。"就除侍御史。改左司員外郎，[5]轉右司郎中。[6]僕散揆伐宋，維翰行省左右司郎中。[7]

[1]保静軍：州軍名。治所在今安徽省宿州市。

[2]刑部：官署名。掌律令格式、審定刑名、赦詔勘鞫、追徵給没、官吏改正以及宫、監户（官奴婢口）、良賤身份訴訟、功賞捕亡等諸種事務。

[3]轉運副使：轉運司屬官。掌税賦錢穀、倉庫出納、權衡度量之制。正五品。

[4]攝：即代理。　侍御史：御史臺屬官。掌奏事，判臺事。從五品。

[5]左司員外郎：左司屬官。掌本司奏事，總察吏、户、禮三部受事付事，兼帶修起居注官。正六品。

[6]右司郎中：右司長官。熙宗初年爲右司侍郎，天眷三年（1140）更爲郎中，掌本司奏事，總察兵、刑、工三部受事付事，兼帶修注官。正五品。

[7]行省左右司郎中：行省屬官。掌本司奏事，總察吏、户、禮（左司），兵、刑、工（右司）諸受事付事。官品無載。

泰和七年，河南旱蝗，詔維翰體究田禾分數以聞。七月，雨，復詔維翰曰："雨雖霑足，秋種過時，使多種蔬菜猶愈於荒萊也。蝗蝻遺子，如何可絶？舊有蝗處來歲宜菽麥，諭百姓使知之。"

八年，宋人受盟，還爲右司郎中，進官一階。上問："宋人請和復能背盟否？"維翰對曰："宋主怠于政事，南兵怫弱，兩淮兵後千里蕭條，[1]其臣懲韓侂胄、蘇師旦，[2]無復敢執其咎者，不足憂也。唯北方當勞聖慮耳。”

[1]兩淮：南宋的淮南西路、淮南東路。

[2]韓侂（tuō）胄：宋人。宋寧宗朝官至太師、平章軍國事。《宋史》卷四七四有傳。　蘇師旦：宋人。南宋寧宗朝安遠軍節度使，領閤門事，主張對金開戰。

久之，遷大理卿、兼潞王傅，[1]同知審官院事。[2]新格，教坊樂工階至四品，换文武正資，服金紫。維翰奏："伶優賤工，衣縉紳之服，非所以尊朝廷也。"從之。大安初，權右諫議大夫，[3]三司欲税間架，[4]維翰諫不聽。轉御史中丞，[5]無何，遷工部尚書、兼大理卿，[6]改刑部尚書，[7]拜參知政事。[8]

[1]大理卿：大理寺屬官。掌審斷天下奏案，詳讞疑獄。正四品。　潞王傅：王府屬官。掌師範輔導，參議可否，若親王在外，亦兼本京節鎮同知。正四品。潞王，封爵名。明昌格，次國封號第五位。

[2]同知審官院事：審官院屬官。掌奏駁除授失當事。從四品。

[3]右諫議大夫：諫院長官。掌諫正百司非違，糾正官邪。正四品。

[4]三司：官署名。金章宗泰和八年（1208）将户部的鹽鐵和度支的職掌，與勸農使司的職掌劃歸三司，使三司財權高於尚書省户部之上，成爲國家理財的核心部門。宣宗貞祐年間罷。

[5]御史中丞：御史臺屬官。御史大夫副佐，佐掌糾察朝儀，

彈劾官邪，審刑獄不當之事。從三品。

[6]工部尚書：工部長官。掌修造營建法式、諸作工匠、屯田、山林川澤之禁、江河堤岸、道路橋梁之事。正三品。

[7]刑部尚書：刑部長官。正三品。

[8]參知政事：尚書省執政官。宰相的副佐，佐治尚書省事。從二品。

貞祐初，罷爲定海軍節度使。[1]是時，道路不通，維翰舟行遇盜，呼謂之曰："爾輩本良民，因亂至此，財物不惜，勿恐吾家。"盜感其言而去。至鎮，無兵備，鄰郡皆望風奔潰，維翰謂吏民曰："孤城不可守。此州阻山浮海，當有生地，無俱爲魚肉也。"迺縱百姓避難。維翰率吏民願從者奔東北山，結營堡自守，力窮被執不肯降。妻姚氏亦不肯屈，與維翰俱死。詔贈中奉大夫，[2]姚氏芮國夫人，[3]謚貞潔。

[1]定海軍：州軍名。治所在今山東省萊州市。

[2]中奉大夫：文散官。從三品下階。

[3]姚氏：其他事迹不詳。　芮國夫人：芮國爲明昌格，小國封號第三十位。

移剌古與涅，安化軍節度使。[1]貞祐初，大元兵取密州，[2]古與涅率兵力戰，流矢連中其頸，既拔去復中其頰，死焉。貞祐三年，詔贈安遠大將軍、知益都府事。[3]

[1]安化軍：州軍名。治所在今山東省諸城市。

［2］密州：治所在今山東省諸城市。

［3］安遠大將軍：武散官。從四品上階。　益都府：治所在今山東省青州市。

宋扆，中都宛平人也。[1]正隆五年進士。歷辰州、寧化州軍事判官，[2]曹王府記室參軍，[3]陝西西路轉運都勾判官。[4]補尚書省令史，除武定軍節度副使、[5]中都右警巡使。[6]時固安縣丞劉昭與部民裴原爭買鄰田，[7]扆用昭屬，抑原使毋爭。御史臺劾奏，[8]奪一官，解職，降廣寧府推官。[9]改遼東路鹽使。[10]丁父憂，起復吏部員外郎，[11]歷薊、曹、景州刺史，[12]同知中都路轉運使事，[13]遷北京、臨潢等路按察使。[14]改安國軍節度使、[15]河東南路轉運使。[16]御史劾其前任按察侵民舍不稱職，降沂州防禦使，[17]移浚州，[18]遷山東西路轉運使，[19]改定海軍節度使。

［1］宛平：縣名。治所在今北京市。

［2］辰州：治所在今遼寧省蓋州市。　寧化州：治所在今山西省寧武縣南。

［3］曹王府記室參軍：親王府屬官。掌表箋書啓之事。正八品。曹王：封爵名。明昌格，大國封號第二十位。

［4］陝西西路轉運都勾判官：都轉運司屬官。掌紀綱衆務，分判勾案。從六品。陝西西路轉運司治於平凉府，在今甘肅省平凉市。

［5］武定軍：州軍名。治所在今河北省涿鹿縣。

［6］右警巡使：警巡院屬官。掌平理獄訟，警察所部，總判院事。正六品。

［7］固安縣：治所在今河北省固安縣。　劉昭：其他事迹無考。裴原：其他事迹無考。

［8］御史臺：官署名。中央監察機構。糾察彈劾内外百官善惡，凡内外刑獄所屬理斷不當，有陳述者付臺治之。

［9］廣寧府推官：府官名。掌紀綱衆務，分判兵、刑、工案事。正七品。

［10］遼東路鹽使：鹽使司屬官。掌幹鹽利以佐國用。正五品。

［11］吏部員外郎：吏部屬官。分判曹務及參議事，掌文武選、流外選用、官吏差使、行止名簿、封爵制誥，以及掌勳級酬賞、承襲用廕、循遷、致仕、考課、議謚事。從六品。

［12］歷薊、曹、景州刺史：薊，州名。治所在今天津市薊縣。"薊"，原作"蘇"，局本作"蓟"。金朝無蘇州，本書卷二四《地理志上》，中都路有"薊州，刺史"。"蘇"顯爲"薊"之誤。中華點校本據改。今從之。曹，州名。治所在今山東省曹縣西北。

［13］同知中都路轉運使事：都轉運司屬官。掌税賦錢穀、倉庫出納、權衡度量之制。從四品。

［14］北京、臨潢等路按察使：按察司長官。掌審察刑獄，照刷案牘，糾察濫官污吏豪猾之人，私鹽酒麴，並在禁之事，兼勸農桑，與副使、簽事更出巡案。正三品。北京臨潢等路按察司治於臨潢府，在今内蒙古自治區巴林左旗林東鎮古城址。

［15］安國軍：州軍名。治所在今甘肅省慶陽市。

［16］河東南路轉運司：治於絳州，在今山西省新絳縣。

［17］沂州：治所在今山東省臨沂市。

［18］浚州：治所在今河南省浚縣。

［19］山東西路轉運司：治於益都府，在今山東省青州市。

貞祐二年，改沁南軍，[1]正月，大元兵至懷州，[2]城破死焉。扆天資刻酷，所至不容物，以是蹭蹬於世云。

［1］沁南軍：州軍名。治所在今河南省沁陽縣。“沁”，原作“泌”，據南監本、北監本、殿本改。

［2］懷州：治所在今河南省沁陽縣。

烏古論榮祖本名福興，河間人。[1]明昌二年進士，歷官補尚書省令史，除都轉運司都勾判官，[2]轉弘文校理，[3]升中都總管府判官，[4]察廉除震武軍節度副使、彰德府司馬，[5]累遷户部員外郎、寧海州刺史。[6]貞祐二年城破，榮祖猶力戰，死之。贈安武軍節度使，[7]賜謚毅勇。

［1］河間：府名。治所在今河北省河間市。

［2］除都轉運司都勾判官："都轉運司"之上脱具體名稱。本書卷五七《百官志三》，"惟中都路置都轉運司，餘置轉運司"，疑脱"中都"二字。

［3］弘文校理：弘文院屬官。掌校譯經史。正八品。

［4］總管府判官：路官。掌紀綱總府衆務，分判兵案之事。從六品。

［5］震武軍：州軍名。治所在今山東省代縣。　彰德府司馬：府官名。具體不詳。彰德府治所在今河南省安陽市。

［6］户部員外部：户部屬官。正員三人。一員掌户籍、物力、鹽鐵、酒麯、坑冶、榷場、市易等事；一員掌度支、國用、俸禄、錢帛、貢賦、租税、積貯、度量等事。從六品。　寧海州：治所在今山東省牟平縣。

［7］安武軍：州軍名。治所在今河北省冀州市。

烏古論仲温本名胡剌，蓋州按春猛安人。[1]大定二十五年進士，累官太學助教、應奉翰林文字、河東路提刑判官，[2]改河北東路轉運副使。御史薦前任提刑稱職，遷同知順天軍節度使事，[3]簽上京東京等路按察司事，[4]改提舉肇州漕運、兼同知武興軍節度使事、東勝州刺史。[5]坐前在上京不稱職，降鎮寧軍節度副使。[6]改滑州刺史、河東南路按察副使、壽州防禦使。[7]

[1]蓋州按春猛安：女真族行政建置名。蓋州治所在今遼寧省蓋州市。日本學者三上次男認爲，按春即按出，是按出虎的簡稱，該猛安部可能是由上京按出虎附近遷移到遼東的（三上次男《金代女真研究》，黑龍江人民出版社 1984 年版，第 486 頁）。

[2]太學助教：國子監太學屬官。掌教誨諸生。正員四人，正八品。　應奉翰林文字：翰林學士院屬官。掌詞命文字。從七品。

[3]順天軍：州軍名。治所在今河北省保定市。

[4]簽上京東京等路按察司事：按察司屬官。掌審察刑獄，照刷案牘，糾察濫官污吏豪猾之人，私鹽酒麯並應禁之事。正五品。上京路按察司治於會寧府，在今黑龍江省阿城市白城。東京等路按察司治於咸平府，在今遼寧省開原市老城。

[5]提舉肇州漕運：漕運司屬官。掌河倉漕運之事。正五品。肇州治所在今黑龍江省肇源縣。　武興軍：州軍名。治所在今黑龍江省肇源縣。　東勝州：治所在今内蒙古自治區托克托縣。

[6]鎮寧軍：州軍名。治所在今遼寧省北寧市。

[7]滑州：治所在今河南省滑縣東。　河東南路按察副使：全稱河東南北路按察副使。治於汾州，在今山西省汾陽縣。　壽州：治所在今安徽鳳臺縣。

貞祐初，遷鎮西軍節度使。[1]是時，中都被圍，遂至太原，[2]移書安撫使賈益謙，[3]約以鄉兵救中都。因馳驛如平陽，[4]將與益謙會于絳，[5]不能進，抵平陽而還。仲温嘗治平陽，吏民爭留之，仲温曰："平陽巨鎮，易爲守禦，於私計得矣，如嵐州何。"[6]遂還鎮。已而，大元兵大至，城破，不屈而死。贈資德大夫、婆速路兵馬都總管，[7]謚忠毅，歲時致祭。

[1]鎮西軍：州軍名。治所在今内蒙古自治區清水河縣。

[2]太原：府名。治所在今山西省太原市。

[3]安撫使：安撫司屬官。掌鎮撫人民，譏察邊防軍旅，審録重刑事。從一品。　賈益謙：本書卷一〇六有傳。

[4]平陽：府名。治所在今山西省臨汾市。

[5]絳：州名。治所在今山西省新絳縣。

[6]嵐州：治所在今山西省嵐縣北。

[7]資德大夫：文散官。正三品上階。　婆速路兵馬都總管：路官。掌統諸城隍兵馬甲仗，總判府事。此爲地區級路，其官與上一級路官的名稱相同，其官品是否同爲正三品待考。婆速路，地區級路名。隸屬於東京路，該路所轄皆猛安謀克户，治所在今遼寧省丹東市東北九連城西北古城。

九住，宗室子，爲武州刺史，[1]唐括孛果速爲軍事判官。[2]貞祐二年十一月，大元兵取九住子姪抵城下，謂之曰："山東、河北今皆降我，汝之家屬我亦得已，苟不速降且殺之也。"九住曰："當以死報國，遑恤家爲。"無何，城破，力戰而死，孛果速亦不屈死焉。詔贈九住臨海軍節度使，[3]加驃騎衛上將軍。[4]孛果速建州刺史，[5]加鎮國上將軍。仍令樹碑，歲時致祭。

[1]武州：治所在今山西省五寨縣北。
[2]唐括孛果速：女真人。其他事迹無考。
[3]臨海軍：州軍名。治所在今遼寧省錦州市。
[4]驃騎衛上將軍：武散官。正一品下階。
[5]建州：治所在今遼寧省建平縣東。

李演字巨川，任城人。[1]泰和六年進士第一，除應奉翰林文字。再丁父母憂，居鄉里。貞祐初，任城被兵，演墨衰爲濟州刺史，[2]畫守禦策。召集州人爲兵，搏戰三日，衆皆市人不能戰，逃散。演被執，大將見其冠服非常，且知其名，問之曰："汝非李應奉乎?"演荅曰："我是也。"使之跪不肯，以好語撫之亦不聽，許之官禄，演曰："我書生也，本朝何負於我，而利人之官禄哉。"大將怒，擊折其脛，遂曳出殺之，時年三十餘。贈濟州刺史，詔有司爲立碑云。

[1]任城：縣名。治所在今山東省濟寧市。
[2]墨衰：黑色喪服。古制，在家守制，喪服用白色。如果因戰爭或其他重大事件不能穿制，服黑以代喪服。 濟州：治所在今山東省濟寧市。

劉德基，大興人。[1]貞祐元年，特賜同進士出身。[2]守官邊邑，夏兵攻城，德基坐廳事，積薪其傍，謂家人曰："城破即焚我。"及城破，其家人不忍縱火，遂被執。脅使跪降，德基不屈。同僚故人紿夏人曰："此人素病狂，故敢如此。”德基曰：“爲臣子當如此爾，吾豈狂耶?”夏人壯其義，迺繫諸獄，冀其改圖。已而召問，德基大罵，終不能從，曰：“吾豈苟生者哉。”遂害之。贈朝列大夫、同知通遠軍節度使事。[3]

[1]大興：府名。治所在今北京市西城區。
[2]賜同進士出身：金朝皇帝對非科舉入仕的文官的一種恩賜。
[3]朝列大夫：文散官。從五品下階。

王毅，大興人。經義進士，累官東明令。[1]貞祐二年，東明圍急，毅率民兵願戰者數百人拒守。城破，毅猶率衆抗戰，力窮被執，與縣人王八等四人同驅之郭外。[2]先殺二人，王八即前跪將降，毅以足蹴之，厲聲曰：“忠臣不佐二主，汝迺降乎。”驅毅者以刃斫其脛，毅不屈而死。贈曹州刺史。

[1]東明：縣名。治所在今山東省東明縣南。
[2]王八：其他事迹無考。

王晦字子明，澤州高平人。[1]少負氣自憙，常慕張詠之爲人，[2]友妻與人有私，晦手刃殺之。中明昌二年進士，調長葛主簿，[3]有能聲。察廉除遼東路轉運司都勾判官，提刑司舉其能，[4]轉北京轉運户籍判官。遷安陽令，[5]累除簽陝西西路按察司事，[6]改平涼治中。召爲少府少監，[7]遷户部郎中。[8]貞祐初，中都戒嚴，或舉晦有將帥才，俾募人自將，得死士萬餘統之。率所統衛送通州粟入中都,[9]有功，遷霍王傅。[10]以部兵守順州。[11]

[1]澤州：治所在今山西省晋城市。　高平：縣名。治所在今山西省平陽市。

[2]張詠：其他事迹不詳。

[3]長葛：縣名。治所在今河南省長葛市東北。

[4]提刑司：地方監察機構。《大金國志》卷三八《提刑司九處》章宗大定二十九年（1189）六月於全國設九處提刑司：中都、西京路（西京置司）、南京路（南京置司）、北京臨潢路（臨潢置司）、東京咸平府路（咸平置司）、上京路（上京置司）、河東南北路（汾州置司）、河北東西大名等路（河間置司）、陕西諸路（平凉置司）以及山東東西路（濟南置司）。掌審察刑獄，察舉官吏，舉廉能，劾不法，糾正官邪，勸農桑。

[5]安陽：縣名。治所在今河南省安陽縣。

[6]陕西西路按察司："陕西西路"當作"陕西諸路"。治於平凉府，在今甘肅省平凉市。

[7]少府少監：少府屬官。掌邦國百工營造之事。從五品。

[8]户部郎中：户部屬官。正員三人，從五品。

[9]通州：治所在今北京市通州區。

[10]霍王：封爵名。明昌格，次國封號第二十二位。這裏指完顏從彝。本書卷九三有傳。

[11]順州：治所在今北京市順義區。

通州圍急，晦攻牛欄山以解通州之圍。[1]賜賚優渥，遷翰林侍讀學士,[2]加勸農使。[3]九月，順州受兵，晦有别部在滄、景,[4]遣人突圍召之，衆皆踊躍思奮，而主者不肯發。王臻,[5]晦之故部曲也，免冑出見，且拜曰："事急矣，自苦何爲，苟能相從，可不失富貴。"晦曰：

“朝廷何負汝耶?”臻曰：“臻雖負國，不忍負公。”因泣下。晦叱曰：“吾年六十，致位三品，死則吾分，詎從汝耶。”將射之，臻掩泣而去。無何，將士縋城出降，晦被執，不肯降，遂就死。

[1]牛欄山：在今北京市順義區境内。

[2]翰林侍讀學士：翰林學士院屬官。掌制撰詞命，凡應奉文字，銜内帶“知制誥”。不限員，從四品。

[3]勸農使：勸農使司屬官。掌勸課天下力田之事。正三品。

[4]滄：州名。治所在今河北省滄州市東南。

[5]王臻：其他事迹不詳。

初，晦就執，謂其愛將牛斗曰：[1]“若能死乎?”曰：“斗蒙公見知，安忍獨生。”併見殺。詔贈榮禄大夫、樞密副使，[2]仍命有司立碑，歲時致祭。録其子汝霖爲筆硯承奉。[3]

[1]牛斗：其他事迹無考。

[2]榮禄大夫：文散官。從二品下階。　樞密副使：樞密院屬官。掌國家軍務機密之事。從二品。

[3]汝霖：其他事迹無考。　筆硯承奉：秘書監筆硯局屬官，掌御用筆墨硯等事。

齊鷹揚，淄州軍事判官。[1]楊敏中，[2]屯留縣尉致仕。[3]張乞驢，[4]淄州民。貞祐初，大元兵取淄州，鷹揚等募兵備禦，城破，率衆巷戰。鷹揚等三人創甚被執，欲降之，鷹揚伺守者稍怠，即起奪槊殺數人，與敏中、乞驢皆不屈以死。[5]詔贈鷹揚嘉議大夫、淄州刺史，[6]仍立廟于州，以時致祭。敏中贈昭勇大將軍、同知橫海軍節度使事。[7]乞驢特贈宣武將軍、同知淄州軍州事。[8]

[1]淄州：治所在今山東省淄博市南。

[2]楊敏中：其他事迹不詳。

[3]屯留：縣名。治所在今山西省屯留縣。

[4]張乞驢：其他事迹無考。

[5]與敏中、乞驢皆不屈以死：原無“與”字。《金史詳校》卷九，“‘敏’上當加‘與’”。中華點校本據文義補。今從之。

[6]嘉議大史：文散官，正四品下階。

[7]橫海軍：州軍名。治所在今河北省滄州市東南。

[8]宣武將軍：武散官。從五品下階。　同知淄州軍州事：州官。通判州事。正五品。淄州治所在今山東省淄博市西南淄川鎮。

术甲法心，薊州猛安人。[1]官至北京副留守。[2]貞祐二年，爲提控，[3]與同知順州軍州事温迪罕咬查剌俱守密雲縣。[4]法心家屬在薊州，大元兵得之，以示法心曰：“若速降當以付汝，否則殺之。”法心曰：“吾事本朝受厚恩，戰則速戰，終不能降也，豈以家人死生爲計耶。”城破，死于陣。咬查剌被執，亦不屈而死。

[1]薊州猛安：女真族行政建置名。在今天津市薊縣境内。

[2]副留守：留守司屬官，帶本府少尹兼本路兵馬副都總管。從四品。

[3]提控：軍官名。金末領兵官。

[4]温迪罕咬查剌：女真人。其他事迹無考。　密雲縣：治所

在今北京市密雲縣。

盤安軍節度判官蒲察糺舍與鷄澤縣令温迪罕十方奴同守薊州，[1]衆潰而出，糺舍、十方奴死之。

[1]盤安軍節度判官：州屬官。掌紀綱節鎮衆務，分判兵馬之事，兼判兵、刑、工案事。正七品。　蒲察糺舍：女真人。其他事迹無考。　鷄澤縣：治所在今河北省鷄澤縣。　温迪罕十方奴：女真人。其他事迹無考。

詔贈法心開府儀同三司、樞密副使，[1]封宿國公，[2]咬查剌鎮國上將軍、順州刺史，糺舍金紫光禄大夫、薊州刺史，[3]十方奴鎮國上將軍、薊州刺史。仍命樹碑，以時致祭。

[1]開府儀同三司：文散官。從一品上階。
[2]宿國公：封爵名。小國封號，明昌格第八位。
[3]金紫光禄大夫：武散官。正二品上階。

高錫字永之，德基子。以廕補官。[1]積勞調淄州酒使，[2]課最。遷平鄉令。[3]察廉遷遼東路轉運度支判官、太倉使、法物庫使、兼尚林署直長、提舉都城所，[4]歷北京、遼東轉運副使、同知南京路轉運使事。貞祐初，累遷河北東路按察轉運使。[5]城破，遂自投城下而死。

[1]廕補：金朝入仕途徑之一。金熙宗天眷年間，一品至八品皆不限所廕之人。海陵王貞元二年（1154），定廕叙法，一品至七

品皆限以數，削八品用廕之制。見本書卷五二《選舉志二》。

［2］酒使：酒使司屬官。掌管酒稅徵用等事。

［3］平鄉：縣名。治所在今河北省平鄉縣西南。“平”，原作“萍”。據本書卷二五《地理志中》，河北西路邢州條下有“平鄉縣”。中華點校本據改。今從之。

［4］度支判官：轉運司屬官。掌勾判、分判支度案事。正員二人，從六品。度支，據本書卷五七《百官志三》都轉運司條下作“支度”。　太倉使：太府監太倉屬官。掌九穀稟藏，出納之事。　法物庫使：法物庫屬官。掌鹵符儀仗車輅法服等事。從六品。　尚林署直長：尚林署屬官。掌諸苑園池沼，種植花木果蔬及承奉行幸舟船事。　提舉都城所：都城所屬官。掌修完廟社及城隍門鑰、百司公廨、係官舍屬並栽植樹木工役等事。從六品。

［5］按察轉運使：按察轉運司屬官。掌構榷錢穀，糾彈非違。原按察司與轉運司爲兩個機構，治所也不同。章宗泰和八年（1208）十一月，以轉運司權輕，州縣不畏，不能規措錢穀，遂詔中都路都轉運司依舊專管錢穀事，其餘諸路按察使並兼轉運使。宣宗貞祐三年（1215）以四方兵動，罷按察使和勸農使，祇存轉運使。正三品。

金史　卷一二二

列傳第六十

忠義二

吴僧哥　烏古論德升　張順　馬驤　伯德窊哥　奥屯醜和尚[1]　從坦　孛术魯福壽　吴邦傑　納合蒲剌都　女奚烈斡出　時茂先　温迪罕老兒　梁持勝　賈邦獻[2]　移剌阿里合　完顏六斤　紇石烈鶴壽　蒲察婁室　女奚烈資禄　趙益　侯小叔　王佐　黄摑九住　烏林答乞住　陀滿斜烈[3]　尼厖古蒲魯虎[4]　兀顏畏可　兀顏訛出虎　粘割貞[5]

[1]奥屯醜和尚："屯"，原作"敦"，據本卷《奥屯醜和尚傳》改之。

[2]賈邦獻："獻"，原作"憲"。中華點校本據本卷《賈邦獻傳》、《嘉慶重修一統志》卷一五三改作"獻"。今從之。

[3]陀滿斜烈："陀"，原作"駞"，北監本、殿本作"陀"。據本卷《陀滿斜烈傳》改之。

［4］尼厖古蒲魯虎："魯"，原作"路"，南監本作"尼厖古蒲魯虎"，北監本、殿本並作"尼龐古蒲魯虎"。今據本卷《尼厖古蒲魯虎傳》改之。

［5］粘割貞："貞"，原作"真"，北監本、殿本作"貞"。今據本卷《粘割貞傳》改之。

吴僧哥，西南路唐古乙剌糺上沙鶻部落人。[1]拳勇善騎射。大安間，[2]選籍山西人爲兵，[3]僧哥充馬軍千户，[4]有功。貞祐初，[5]遷萬户，[6]權順義軍節度使。[7]朔州失守，[8]僧哥復取之，真授同知節度使事。[9]弟權同知節度使事迪剌真授節度副使。[10]權節度副使燕曹兒真授節度判官。[11]提控馬壽兒以下，[12]遷授有差。

［1］西南路：地區級路名。隸屬於西京路，治所在今内蒙古自治區呼和浩特市東。　唐古乙剌糺：糺名。由契丹人和北部其他游牧民族組成的軍政合一的社會組織稱糺，分布在西北、西南、東北三路招討司統轄地區，爲金朝鎮戍北部邊地。本書卷二四《地理志上》西京路條下"詳穩九處"中有"唐古糺"，居地當在今内蒙古自治區南部、河北與山西省的北部。　上沙鶻部：部族名。具體不詳。

［2］大安：金衛紹王年號（1209—1211）。

［3］山西：指今山西一帶地區。

［4］馬軍千户：兵種官名。又作馬軍猛安，爲統兵官。

［5］貞祐：金宣宗年號（1213—1217）。

［6］萬户：軍官名。萬户之下統猛安、謀克，爲較高級統兵官。

［7］權順義軍節度使：權，爲代理或未正式任命之意。順義軍節度使，州軍官名。總管一州軍政事務，掌鎮撫諸軍防刺，總判本鎮兵馬之事，兼本州管内觀察使。從三品。順義軍，州軍名。治所

在今山西省朔州市。

[8]朔州：治所在今山西省朔州市。

[9]同知節度使事：州軍官名。通判節度使事。正五品。

[10]迪剌：其他事迹無考。　節度副使：州軍官名。佐掌鎮撫諸軍防刺，判本鎮兵馬之事。從五品。

[11]燕曹兒：其他事迹無考。　節度判官：州軍官。掌紀綱節鎮衆務，僉判兵馬之事，兼判兵、刑、工案事。正七品。

[12]提控：軍官名。金末領兵官。　馬壽兒：其他事迹不詳。

衆苦乏食，僧哥乞賜粮十五萬斛，朝廷以爲應州已破，[1]朔爲孤城，其勢不可守，迺遷朔之軍民九萬餘口分屯於嵐、石、隰、吉、絳、解之間。[2]未行，大元兵至朔州，[3]戰七晝夜，有功，加遥授同知太原府事、兼同知節度使事，[4]迪剌石州刺史，[5]曹兒同知岢嵐州防禦使事。[6]

[1]應州：治所在今山西省應縣。

[2]嵐：州名。治所在今山西省嵐縣北。　石：州名。治所在今山西省離石縣。　隰：州名。治所在今山西省隰縣。　吉：州名。治所在今山西省吉縣。　絳：州名。治所在今山西省新絳縣。　解：州名。治所在今山西省運城市西南絳縣城。

[3]大元：指蒙古汗國，後建立元朝（1271—1368）。

[4]同知太原府事：府官名。掌通判府事。從四品。太原府治所在今山西省太原市。

[5]刺史：州官名。掌一州財政訴訟、宣導風俗等各種政務，獨不領兵。正五品。

[6]同知岢嵐州防禦使事：州官名。掌通判防禦使事。正六品。岢嵐州治所在今山西省岢嵐縣。

四年，始遷其民南行，且戰且行者數十里，僧哥力憊馬躓死焉，時年三十。詔贈鎮國上將軍、順義軍節度使。[1]

[1]鎮國上將軍：武散官。從三品下階。

烏古論德升本名六斤，益都路猛安人。[1]明昌二年進士。[2]累官補尚書省令史，[3]知管差除。除吏部主事、絳陽軍節度副使。[4]丁父憂，起復太常博士、東平治中。[5]大安初，知弘文院。[6]改侍御史，[7]論西京留守紇石烈執中姦惡，[8]衛紹王不聽，[9]遷肇州防禦使。[10]

[1]益都路猛安：女真族行政建置名。猛安相當於防禦州。益都路，即山東東路，路治在益都府，治所在今山東省益都縣。此猛安或在益都府一帶。

[2]明昌：金章宗年號（1190—1195）。

[3]尚書省令史：尚書省下屬吏員。

[4]吏部主事：吏部屬官。掌知管差除、校勘行止、分掌封勳資考之事，惟選事則通署，及掌受事付事、檢勾稽失省署文牘，兼知本部宿直、檢校架閣。正員四人。從七品。　絳陽軍：州軍名。治所在今山西省新絳縣。

[5]太常博士：太常寺屬官。掌檢討典禮。正七品。　東平治中：府官名。治中，本書《百官志》不見記載。金世宗後期，逐漸以治中取代府少尹，掌通判府事。官品當與少尹同，正五品。東平，府名。治所在今山東省東平縣。

[6]知弘文院：弘文院長官。掌校譯經史。從五品。

［7］侍御史：御史臺屬官。掌奏事，判臺事。正員二人，從五品。

［8］西京留守：京路官。帶本府尹及本路兵馬都總管。正三品。西京治所在今山西省大同市。　紇石烈執中：女真人。本書卷一三二有傳。

［9］衛紹王：封號。即完顏興勝，漢名允濟，章宗時避其父顯宗諱，改名永濟。金朝第七任皇帝。1209年至1213年在位。

［10］肇州防禦使：州官名。掌防捍不虞，禦制盜賊，餘同府尹。從四品。　肇州：治所在今黑龍江省肇源縣。

宣宗遷汴，[1]召赴闕，上言："泰州殘破，[2]東北路招討司猛安謀克人皆寓于肇州，[3]凡徵調往復甚難。乞升肇州爲節度使，以招討使兼之。[4]置招討副使二員，[5]分治泰州及宜春。"[6]詔從之。進翰林侍讀學士、兼户部侍郎。[7]俄以翰林侍讀權參知政事，[8]與平章政事抹撚盡忠論近侍局預政，[9]宣宗怒，語在《盡忠傳》。無何，出爲集慶軍節度使，[10]改汾陽軍節度使、河東北路宣撫副使，[11]復改知太原府事、權元帥左監軍。[12]

［1］宣宗：廟號。即完顏吾睹補，漢名珣。金朝第八任皇帝。1213年至1223年在位。　遷汴：因金蒙戰事吃緊，宣宗於貞祐二年（1214）將都城由中都（今北京市）遷到汴京，即南京（今河南省開封市）。

［2］泰州：治所在今吉林省洮安縣東。

［3］東北路招討司：隸屬於臨潢府路，統領當地駐軍，招懷降附，征討携離。治所在今吉林省洮南市一帶。　猛安謀克：女真族的地方行政設置及長官的名稱。猛安相當於防禦州，謀克相當於

縣，具有軍政合一的特點。

[4]招討使：招討司長官。掌招懷降附，征討叛逃。正三品。

[5]招討副使：招討司屬官。正員二人。從四品。

[6]宜春：縣名。治所在今黑龍江省哈爾濱市西南。

[7]翰林侍讀學士：翰林學士院屬官。掌制撰詞命。從三品。　户部侍郎：户部屬官。爲户部尚書的副佐，佐掌户籍、物力、鹽鐵、酒麯、坑冶、榷場、市易、度支、國用、俸禄、錢帛、貢賦、租税、度量等事。正員二人，正四品。

[8]參知政事：尚書省執政官。爲宰相的副佐，佐治尚書省事。從二品。

[9]平章政事：尚書省屬官。宰相成員之一，丞相的副佐。正員二人，從一品。　抹撚盡忠：女真人。本書卷一〇一有傳。　近侍局：殿前都點檢司下屬機構。掌侍從，承勅令，轉進奏貼。

[10]集慶軍：州軍名。治所在今安徽省亳州市。

[11]汾陽軍：州軍名。治所在今山西省汾陽市。　河北東路宣撫副使：宣撫司屬官。掌鎮撫人民、譏察邊防軍旅、審録重刑事，並勸農桑。正三品。河北東路，治所在今河北省河間市。

[12]知府事：府官。知府事一職，本書《百官志》不載，世宗大定年間始設，官品高於同知，或低於府尹。章宗朝及以後，不授府尹，以知府事代之。掌宣風導俗，肅清所部，總判府事。官品或與府尹同，正三品。　元帥左監軍：都元帥府屬官。掌征討之事。正三品。

興定元年，[1]大元兵急攻太原，粮道絶。德升屢出兵戰，粮道復通，詔遷官一階。德升上言："皇太子聰明仁孝，[2]保訓之官已備，更宜選德望素著之士朝夕左右之。日聞正言、見正行，此社稷之洪休、生民之大慶也。"宣宗嘉納之。

[1]興定：金宣宗年號（1217—1222）。

[2]皇太子：指莊獻太子完顏守忠。本書卷九三有傳。

二年，真授左監軍，行元帥府事。[1]大元兵復圍太原，環之數匝，已破濠垣，德升植栅爲拒，出其家銀幣及馬賞戰士。北軍壞城西北隅以入，德升聯車塞之，三却三登，矢石如雨，守陴者不能立。城破，德升至府署，謂其姑及其妻曰："吾守此數年，不幸力窮。"迺自縊而死。其姑及其妻皆自殺。詔贈翰林學士承旨。[2]子兀里偉尚幼，[3]詔以奉御俸養之。[4]

[1]行元帥府事：行元帥府長官。金衛紹王大安三年（1211）金蒙交戰，金宣宗貞祐二年（1214）遷都南京，戰火逐漸擴展到金朝各地，自貞祐三年始於各主要戰場設行帥府，以統領各地兵馬。

[2]翰林學士承旨：翰林學士院屬官。掌制撰詞命。正三品。

[3]兀里偉：女真人。即烏古論兀里偉。其他事迹不詳。

[4]奉御：宣徽院屬官。低級小吏。

張順，淄州士伍。[1]淄州被圍，行省侯摯遣總領提控王庭玉將兵救之。[2]庭玉募順等三十人往覘兵勢，且欲令城中知援兵之至。乘夜潛至城下，順爲所得。執之使宣言行省軍敗績，庭玉亦死，宜速降。順陽許諾，既迺呼謂城中曰："外兵無多，王節度軍且至，堅守毋降。"兵刃交下，順曰："得爲忠孝鬼，足矣。"遂死。淄人知救兵至，以死守，城賴以完。後贈宣武將軍、同知棣州防禦使事。[3]詔有司給養其親，且訪其子孫，優加任用。

[1]淄州：治所在今山東省淄博市南。

[2]行省：即領行尚書省事，行省長官。章宗以來，因用兵、河防等事涉及諸路，臨時設行尚書省。到金末行省遍及全國各地，爲臨時官職。　侯摯：本書卷一〇八有傳。　總領提控：軍官名。金末領兵官。　王庭玉：宣宗朝曾任監軍、行元帥府事等官職。

[3]宣武將軍：武散官。從五品下階。　棣州：治所在今山東省惠民縣北。

馬驤，禹城人也。[1]登進士，歷官有聲。貞祐三年，爲曹州濟陰令。[2]四月，大元克曹州，驤被執。軍卒搒掠求金，驤曰："吾書生，何從得是。"又使跪，驤曰："吾膝不能屈，欲殺即殺，得死爲大金鬼，足矣。"遂死。贈朝列大夫、泰定軍節度副使，[3]仍樹碑于州，歲時致祭。[4]貞祐四年七月，詔以其男惟賢于八貫石局分收補。[5]

[1]禹城：縣名。治所在今山東省禹城市。

[2]曹州：治所在今山東省菏澤市。　濟陰令：縣官名。掌按察所部，勸課農桑，平理獄訟，捕除盜賊，宣導風化，兼管常平倉及通檢推排簿籍等事。正七品。　濟陰：縣名。治所在今山東省菏澤市。

[3]朝列大夫：文散官。從五品下階。　泰定軍：州軍名。治所在今山東省兖州市。

[4]歲時致祭：原無"歲"字。南監本、局本並作"歲時致

祭”。《金史詳校》卷九，“‘時’當加‘歲’”。據改之。

[5]惟賢：即馬惟賢。其他事迹不詳。

伯德窊哥，西南路咩乣奚人。[1]壯健沉勇。大元兵克西南路，鄰郡皆降，窊哥獨不屈。貞祐五年，東勝州已破，[2]窊哥與姚里鴉胡、姚里鴉兒招集義軍，[3]披荆棘復立州事。河東北路行元帥府承制除窊哥武義將軍、寧遠軍節度副使，[4]姚里鴉胡武義將軍、節度判官，[5]姚里鴉兒武義將軍、觀察判官。[6]窊哥等以恩不出朝廷，頗懷觖望，縱兵剽掠。興定元年，詔窊哥遥授武州刺史、權節度使，[7]姚里鴉胡權同知節度使事，姚里鴉兒權節度副使，各遷官兩階。

[1]西南路咩乣：契丹、奚等北部牧民的社會建置名。隸屬西南路招討司，居地在今内蒙古自治區呼和浩特市以東地區。　奚：少數民族名。屬東胡系民族，族源可追溯到鮮卑人，遼金以後主要融合於契丹人之中。

[2]東勝：州軍名。治所在今内蒙古自治區托克托縣。

[3]姚里鴉胡、姚里鴉兒：人名。其他事迹不詳。　義軍：金朝末年軍隊的一種。招募軍，以河北、山西等地的漢人爲主。本書卷四四《兵志》曰：“招集義軍名曰忠義，要皆燕、趙亡命，雖獲近用，終不可制，異時擅殺北使唐慶以速金亡者即此曹也。”

[4]武義將軍：武散官。從六品上階。　寧遠軍：州軍名。治所在今遼寧省撫順市。

[5]節度判官：州官名。掌紀綱節鎮衆務，僉判兵馬之事，兼判兵、刑、工案事。正七品。

[6]觀察判官：州官名。掌紀綱觀察衆務，分判吏、户、禮案

事，通檢推排簿籍。正七品。

[7]武州：治所在今山西省五寨縣北。

興定三年，窊哥特遷三官，遥授同知晋安府事，[1]尋真授東勝軍節度使。東勝被圍，城中糧盡，援兵絶，窊哥率衆潰圍，走保長寧寨，[2]詔各進一官，戰没者贈三官。九月，復被圍，窊哥死之。

[1]晋安府：治所在今山西省新絳縣。

[2]長寧寨：在今内蒙古自治區托克托縣一帶，具體位置無考。

奥屯醜和尚，爲代州經略使。[1]貞祐四年八月，大元兵攻代州，和尚禦戰敗績，身被數創，被執。欲降之，不屈，遂死。

[1]代州經略使：宣宗時設東、西經略司，不久廢止，但各地仍設有經略使，掌收復失地，統兵作戰。官品不詳。代州治所在今山西省代縣。

從坦，宗室子。大安中，充尚書省祗候郎君。[1]貞祐二年，自募義兵數千，充宣差都提控，[2]詔從提舉奉先、范陽三都統兵。[3]除同知涿州事，[4]遷刺史，佩金牌，經略海州。[5]

[1]尚書省祗候郎君：即閤門祗候，宣徽院閤門所屬吏員。正員二十五人。

[2]宣差都提控：官名。金末領兵官。此官高於一般提控。

[3]詔從提舉奉先、范陽三都統兵："從"下或脱"坦"字，或"從"爲衍字。奉先，縣名。治所在今北京市房山區。范陽，縣名。治所在今河北省涿州市。

[4]涿州：治所在今河北省涿州市。

[5]海州：治所在今江蘇省連雲港市西。

頃之，充宣差都提控，安撫山西軍民，應援中都。[1]上書曰："絳、解二州僅能城守，而村落之民皆嘗被兵，重以連歲不登，人多艱食，皆恃鹽布易米。今大陽等渡迺不許粟麥過河，[2]願罷其禁，官税十三，則公私皆濟矣。"又曰："絳、解、河中必争之地，[3]惟令寶昌軍節度使從宜規畫鹽池之利，[4]以實二州，則民受其利，兵可以强矣。"又曰："中條之南，[5]垣曲、平陸、芮城、虞鄉，[6]河東之形勢，[7]陝、洛之襟喉也。[8]可分陝州步騎萬二千人爲一提控、四都統，[9]分戍四縣，此萬全之策也。"又曰："平陸産銀鐵，若以鹽易米，募工鍊冶，可以廣財用、備戎器，小民傭力爲食，可以息盜。"又曰："河北貧民渡河逐食，[10]已而復還濟其饑者，艱苦殊甚。苛暴之吏抑止誅求，弊莫大焉。"又曰："河南、陝西調度未急，[11]擇騎軍牝馬群牧，[12]不二三年可增數萬騎，軍勢自振矣。"又曰："諸路印造寶券，[13]久而益多，必將積滯。止於南京印造給降，[14]庶可久行。"又曰："河北職任雖除授不次，而人皆不願者，蓋以物價十倍河南，禄廪不給，飢寒且至。若實給俸粟之半，少足養廉，則可責其効力。"又曰："河北之官，朝廷減資遷秩躐等以答其勞。聞河南官吏以貶逐目之，彼若以爲信然，誰不解體。”書奏，下尚書省議，[15]惟許放大陽等渡、宣撫司量民力給河北官俸、目河北爲貶所者有禁而已。[16]

[1]中都：都名。金海陵王貞元元年（1153）至金宣宗貞祐二年（1214）爲金朝的國都，治所在今北京市。

[2]大陽等渡：黄河渡口，具體地理位置無考。

[3]河中：府名。治所在今山西省永濟市。

[4]惟令寶昌軍節度使從宜規畫鹽池之利："池"，原作"地"，局本作"池"。據本書卷二六《地理志下》，河東南路解州"貞祐三年復升爲節鎮，軍名寶昌"，所轄解縣、安邑皆有"鹽池"。中華點校本據改之。今從之。寶昌軍，州軍名。治所初在今山西省運城市西南解縣鎮，後又移至今平陸縣西南。

[5]中條：山名。在今山西省西南部。

[6]垣曲：縣名。治所在今山西省垣曲縣東南。　平陸：縣名，治所在今山西省平陸縣西南的芮城縣。　虞鄉：縣名。治所在今山西省永濟市東。

[7]河東：指河東南路及河東北路，大致相當於今山西省中南部及河南省黄河以北部分地區。

[8]陝、洛：指南京路陝州及河南府一帶。今河南省三門峽市與洛陽市一帶地區。

[9]陝州：治所在今河南省三門峽市西。　都統：軍官名。掌統兵作戰。

[10]河北：河北西路及河北東路，大致相當於今河北省的中部與南部地區。

[11]河南：指南京路，地域與今河南省大致相當。　陝西：指今陝西省一帶地區。

[12]群牧：官署名。掌檢校群牧畜養蕃息之事。是金朝官營畜

牧業基地，以養馬爲主。

[13]寶券：指金朝的紙幣。

[14]南京：治所在今河南省開封市。

[15]尚書省：官屬名。海陵王正隆官制改革以後，是金朝最高權力機構。

[16]宣撫司：官署名。掌鎮撫人民，譏察邊防軍旅，審録重刑事。

四年，行樞密院于河南府，[1]上書曰："用兵累年，出輒無功者，兵不素勵也。士庶且充行伍，況於皇族與國同休戚哉。皆當從軍，親冒矢石爲士卒先，少寬聖主之憂。族人道哥實同此心，[2]願隸臣麾下。"宣宗嘉其忠，許之。

[1]行樞密院：官署名。金章宗承安年間在與西北游牧民族的戰爭中，始置行樞密院。金宣宗貞祐三年（1215）前後於同蒙元軍隊作戰的戰略要地置行樞密院，以節制各路兵馬。　河南府：治所在今河南省洛陽市。

[2]道哥：女真人。其他事迹無考。

興定元年，改輝州刺史，[1]權河平軍節度使、孟州經略使。[2]初，御史大夫權尚書右丞永錫被詔經略陝西，[3]宣宗曰："敵兵强則謹守潼關，[4]毋使得東。"永錫既行，留沔池數日，[5]至京兆駐兵不動。[6]頃之，潼關破，大元兵次近郊。由是永錫下獄，久不决。從坦迺上疏救之，略曰："竊聞周祚八百，[7]漢享國四百餘載，[8]皆以封建親戚，犬牙相制故也。孤秦、曹魏亡國不永，[9]晋八王相魚肉，[10]猶歷過秦、魏，自古同姓之親未有不與國存亡者。本朝胡沙虎之難，[11]百僚將士無敢誰何，鄯陽、石古乃奮身拒戰，[12]盡節而死。御史大夫永錫才不勝任，而必用之，是朝廷之過也。國之枝葉已無幾矣，伏惟陛下審圖之。”於是，宗室四百餘人上書論永錫，皆不報。久之，永錫杖一百，除名。

[1]輝州：治所在今河南省輝縣市。

[2]河平軍：州軍名。治所在今河南省衛輝市。　孟州：治所在今河南省孟州市。

[3]御史大夫：御史臺長官。掌糾察朝儀，彈劾官邪，勘鞫官府公事。從二品。　權：爲代理之意。　尚書右丞：尚書省屬官。爲執政官，宰相的副佐，佐尚書省政務。正二品。　永錫：女真人。即完顔合周，宗室出身。本書卷一一四有傳。

[4]潼關：地名。在今陝西省潼關縣東北。

[5]沔池：縣名。治所在今河南省澠池縣。中華點校本認爲“沔”爲“澠”的似寫。詳見中華點校本卷二五校勘記。

[6]京兆：府名。治所在今陝西省西安市。

[7]周：朝代名。包括西周（前11世紀—前771）和東周（前770—前476）。

[8]漢：朝代名。包括西漢（前206—24）和東漢（25—220）。

[9]秦：朝代名（前221年—前206）。　曹魏：朝代名（221—265）。

[10]晋：朝代名。指西晋（266—316）。　八王：晋惠帝時，汝南王司馬亮、楚王司馬瑋、趙王司馬倫、齊王司馬冏、河間王司馬顒、成都王司馬穎、長沙王司馬乂和東海王司馬越等八王先後起兵，争權奪利，戰争持續達十六年之久。

[11]胡沙虎之難：胡沙虎，女真人。又名紇石烈執中。衛紹王

末年，胡沙虎發動政變，廢衛紹王，立宣宗，把持朝政。本書卷一三二有傳。

[12]鄯陽：女真人。本書卷一二一有傳。　石古乃：女真人。事迹主要見本書卷一二一《鄯陽傳》。

當是時諸路兵皆入城自守，百姓耕稼失所，從坦上書曰："養兵所以衛民。方今河朔惟真定、河間之衆可留扞城，[1]其餘府州皆當散屯于外，以爲民防，俟稼穡畢功然後移于屯守之地，是爲長策。"從之。加遥授同知東平府事，[2]權元帥左監軍、行元帥府事，與參知政事李革俱守平陽。[3]

[1]河朔：泛指黄河以北地區。　真定：府名。治所在今河北省正定縣。　河間：府名。治所在今河北省河間市。

[2]東平府：治所在今山東省東平縣。

[3]李革：本書卷九九有傳。　平陽：府名。治所在今山西省臨汾市。

興定二年十月，從坦上奏："太原已破，行及平陽。河東郡縣皆不守，大抵屯兵少、援兵不至故耳。行省兵不滿六千。平陽，河東之根本，河南之藩籬也。乞併懷、孟、衛州之兵以實潞州，[1]調澤州、沁水、端氏、高平諸兵並山爲營，[2]爲平陽聲援。惟祈聖斷，以救倒懸之急。"是月壬子，大元兵至平陽，提控郭用戰于城北濠垣，被執不屈而死。癸丑，城破，從坦自殺。贈昌武軍節度使。[3]

[1]懷：州名。治所在今河南省沁陽縣。　衛：州名。治所在今河南省衛輝市。　潞州：治所在今山西省長治市。

[2]澤州：治所在今山西省晋城市。　沁水：縣名。治所在今山西省沁水縣。　端氏：縣名。治所在今山西省陽城縣端氏鎮。　高平：縣名。治所在今山西省高平縣。

[3]昌武軍：州軍名。治所在今河南省許昌市。

孛术魯福壽，爲唐邑主簿。[1]大元兵攻唐邑，福壽與戰，死之。贈官三階，賻錢五百貫。

[1]唐邑主簿：縣官。爲縣令的副佐。正九品。　唐邑：縣名。本書僅此一見，具體地點不詳。

吴邦傑，登州軍事判官。[1]邦傑寓居日照之村墅，[2]爲大元兵所得，驅令攻城，邦傑曰："吾荷吾國恩，詎忍攻吾君之城。"與之酒食不顧，迺殺之。詔贈朝列大夫、定海軍節度副使。[3]

[1]登州軍事判官：州官。本書卷五七《百官志》"州官"條下僅有"判官"一職，職掌又與軍事無關。但《金史》中軍事判官極爲常見，很少見州判官。是《百官志》脱"軍事"二字，還是傳記記載有誤，很難定奪，姑且存疑。判官，掌簽判州事，專管通檢推排簿籍。從八品。登州治所在今山東省蓬萊市。

[2]日照：縣名。治所在今山東省日照市。

[3]朝列大夫：文散官。從五品下階。　定海軍：州軍名。治所在今山東省萊州市。

納合蒲剌都，大名路猛安人。[1]承安二年進士，[2]調大名教授。[3]累除比陽令，[4]補尚書省令史，除彰德軍節度副使，[5]以憂去官。貞祐二年，調同知西安軍節度使事，[6]歷同知臨洮、平凉府事，[7]河州防禦使。[8]三年，夏人圍定羌，[9]蒲剌都擊走之，以功加遥授彰化軍節度使。[10]

[1]大名路猛安：女真族行政建置名稱。此猛安在大名路内具體地點不詳。大名路治所在今河北省大名縣北。

[2]承安：金章宗年號（1196—1120）。

[3]教授：府學官。掌教授生員。官品不詳。

[4]比陽：縣名。治所在今河南省泌陽縣。

[5]彰德軍：州軍名。治所在今河南省安陽市。

[6]西安軍：州軍名。見於金後期，設在陝州，治所在今河南省三門峽市。

[7]臨洮：府名。治所在今甘肅省臨洮縣。　平凉：府名。治所在今甘肅省平凉市。

[8]河州：治所在今甘肅省東鄉縣西南。

[9]夏：即西夏，党項族建立的地方王朝名（1038—1227）。定羌：寨名。在今甘肅省廣河縣西。

[10]彰化軍：州軍名。治所在今甘肅省涇川縣。

四年，升河州爲平西軍，[1]就以蒲剌都爲節度使。上言：“古者一人從軍，七家奉之，興十萬之師，不得操事者七十萬家。今籍諸道民爲兵者十之七八，奉之者纔二三，民安得不困。夫兵貴精，不在衆寡。擇勇敢謀略者爲兵，脆懦之徒使歸農畝，是亦紓民之一端也。”

又請補官贖罪以足用，及請許人射佃陝西荒田、開采礦冶，不報。

［1］平西軍：州軍名。金貞祐四年（1216）設，治於河州，在今甘肅省東鄉縣西南。

改知平涼府事，入爲户部尚書。[1]是時，伐宋大捷，[2]蒲剌都奏："宋人屢敗，其氣必沮，可乘此遣人諭説，以尋舊盟。若宋人不從，然後伐之，疾讎怒頑，易以成功。"朝廷不能用。蒲剌都又言："諸軍當汰去老弱，妙選精鋭，庶可取勝。陝西弓箭手不習騎射，可選善騎者代之。延安屯兵甚衆，[3]分徙萬人駐平涼。關中元帥猥多，[4]除京兆重鎮，其餘皆可罷。鞏縣以北，[5]黄河南岸，及金鉤、弔橋、虎牢關、虢州崿嶺，[6]凡斜徑僻路俱當置兵防守。"詔下尚書省、樞密院議，[7]竟不施行。

［1］户部尚書：户部長官。掌户籍、物力、鹽鐵、酒麯、坑冶、榷場、市易、度支、國用、俸禄、錢帛、貢賦、租税、積貯、度量等。正三品。

［2］宋：指南宋（1127—1279年）。

［3］延安：府名。治所在今陝西省延安市。

［4］關中：函谷關以西地區，大致相當於今陝西省。

［5］鞏縣：治所在今河南省鞏義市東。

［6］金鉤、弔橋：地名。具體位置不詳。　虎牢關：在今河南省滎陽市西北。　虢州：治所在今河南省靈寶市。　崿嶺：具體位置不詳。

［7］樞密院：官署名。海陵王天德二年（1150）以後，爲國家常設最高軍務機構，掌國家軍務機密之事。

未幾，改元帥右監軍、兼昭義軍節度使、行元帥府事。[1]興定二年，潞州破，力戰而死。贈御史大夫。

［1］元帥右監軍：元帥府屬官。掌征討之事。正三品。　昭義軍：州軍名。治所在今山西省晋城市。

女奚烈斡出，仕至楨州刺史，[1]被行省牒徙州人于金勝堡。[2]已而大兵至，斡出拒戰，中流矢，病創卧。花帽軍張提控言：[3]"兵勢不可當，宜速降。"斡出曰："吾曹坐食官禄，可忘國家恩乎。汝不聞趙坊州乎，[4]以金帛子女與敵人，終亦不免。我輩但當力戰而死耳。"至夜，張提控引數人持兵仗以入，脅斡出使出降。斡出曰："聽汝所爲，吾終不屈也。"遂殺之，執其妻子出降。

［1］楨州：原爲韓城縣，宣宗貞祐三年（1215）升爲楨州，治所在今陝西省韓城市。

［2］金勝堡：具體位置不詳。

［3］花帽軍：指農民起義軍，活動在黄河以北地區。見本書卷一〇三《完顏仲元傳》。　張提控：其他事迹無考。

［4］趙坊州：具體不詳。

初，楨州人遷金勝堡多不能至，軍事判官王謹收遺散之衆，[1]别屯周安堡。[2]周安堡不繕完樓堞、置戰守之具。兵至，謹拒戰十餘日，内潰，被執不屈而死。詔斡出、謹各贈官六階、升職三等。

[1]王謹：其他事迹不詳。

[2]周安堡：具體位置不詳。

時茂先，日照縣沙溝酒監，[1]寓居諸城。[2]紅襖賊方郭三據密州，[3]過其村，居民相率迎之。賊以元帥自稱，茂先怒謂衆曰："此賊首耳，何元帥之有。"方郭三聞而執之，斷其腕，茂先大駡，賊不勝忿，復剔其目，亂刃剉之，至死駡不絶。詔贈武節將軍、同知沂州防禦使事。[4]

[1]沙溝：具體位置不詳。　酒監：酒使司屬官。掌檢視釀造。官品不詳。

[2]諸城：縣名。治所在今山東省諸城市。

[3]紅襖賊：金末山東、河北的農民起義軍。賊爲蔑稱。　方郭三：起義軍重要將領之一。　密州：州名。治所在今山東省諸城市。

[4]武節將軍：武散官。正六品上階。　沂州：治所在今山東省臨沂市。

温迪罕老兒，爲同知上京留守事。[1]蒲鮮萬奴攻上京，[2]其子鐵哥生獲老兒，[3]脅之使招餘人，不從，鐵哥怒，亂斫而死。贈龍虎衛上將軍、婆速兵馬都總管，[4]以其姪黑厮爲後，[5]特授四官。

[1]同知上京留守事：上京留守司屬官，帶同知本府尹兼本路兵馬都總管。正四品。上京，金朝前期都城，治所在今黑龍江省阿城市白城。

[2]蒲鮮萬奴：女真人。《元史·塔思傳》記載爲完顔萬奴。曾廉《元書》疑是金主賜之國姓；日本學者箭内亘《東夏國疆域》一文提出，蒲鮮萬奴立國之後，僭用金之國姓；王慎榮、趙鳴岐《東夏史》認爲萬奴立國與改姓是在同時。金宣宗時官至遼東宣撫使，金貞祐三年（1215）春兵變叛金，《元史·太祖本紀》記其於元太祖十年（1215）冬十月"僭稱天王，國號大真，改元天泰"。金宣宗興定元年（1217）改國號爲東夏。東夏政權在今中國東北的東北部地區，1233 年爲蒙古所滅。　攻上京：按本書卷一〇三《紇石烈桓端傳》載"復掠上古城"。與此異。

[3]鐵哥：其他事迹不詳。

[4]龍虎衛上將軍：武散官。正三品上階。　婆速兵馬都總管：路總管府屬官。掌統諸城隍兵馬甲仗，總判府事。正三品。婆速，地區級路。隸屬於東京路，其統轄的均爲猛安謀克户，治所在今遼寧省丹東市東北九連城西北古城。按，本書卷二四《地理志上》，上京路下作"婆速府路"。此處脱"府路"二字。

[5]黑斯：女真人。姓温迪罕氏。其他事迹不詳。

梁持勝字經甫，本名詢誼，避宣宗嫌名改焉。保大軍節度使襄之子。[1]多力善射。泰和六年進士，[2]復中宏詞。[3]累官太常博士，[4]遷咸平路宣撫司經歷官。[5]

[1]保大軍：州軍名。治所在今陝西省富縣。　襄：本書卷九六有傳。

[2]泰和：金章宗年號（1201—1208）。

[3]宏詞：金代科舉的科目。新及第進士、六品以下官均可參

加考試。進士及第之後，又中宏詞科者，頗受重視，官品升遷亦較快。

［4］太常博士：太常寺屬官。掌檢討典禮。正七品。

［5］咸平路：治所在今遼寧省開原市北。　宣撫司經歷官：宣撫司屬官。掌出納文移。官品不詳。

興定初，[1]宣撫使蒲鮮萬奴有異志，[2]欲棄咸平徙曷懶路，[3]持勝力止之，萬奴怒，杖之八十。持勝走上京，告行省太平。[4]是時，太平已與萬奴通謀，口稱持勝忠，而心實不然，署持勝左右司員外郎。[5]

［1］興定初：本書卷一四《宣宗紀上》，貞祐三年（1215）十月壬子，"遼東賊蒲鮮萬奴僭號，改元天泰"，卷一〇三《完颜鐵哥傳》，貞祐二年，"遷東北路招討使兼德昌軍節度使。蒲鮮萬奴在咸平，忌鐵哥兵强，牒取所部騎兵二千，又召泰州軍三千及户口遷咸平，鐵哥察其有異志，不遣"。《金史詳校》卷九"'興定初'當作'貞祐中'"。中華點校本認爲"興定初"當爲"貞祐初"。

［2］宣撫使：宣撫司屬官。掌鎮撫人民，譏察邊防軍旅、審録重刑事，勸農桑。從一品。

［3］曷懶路：地區級路名。隸屬於上京路，治所在今朝鮮咸鏡北道吉州。

［4］太平：人名。姓氏脱落。事迹主要見本卷。

［5］左右司員外郎：行尚書省屬官。掌本司奏事，總察吏、户、禮、兵、刑、工受事付事。官品無載。

既而，太平受萬奴命，焚毁上京宗廟，執元帥承充，[1]奪其軍。持勝與提控咸平治中裴滿賽不、萬户韓公恕約，[2]殺太平，復推承充行省事，共伐萬奴。事泄，俱被害。詔贈持勝中順大夫、韓州刺史，[3]賽不鎮國上將軍、顯德軍節度使，[4]公恕明威將軍、信州刺史。[5]

[1]元帥：指上京行元帥府元帥，掌征討之事。官品不詳。承充：女真人。姓完顔氏，宗室出身。

[2]提控咸平治中：府官名。提控，爲掌管、管理，非正式任命。　裴滿賽不：其他事迹不詳。　韓公恕：其他事迹不詳。

[3]中順大夫：文散官。正五品下階。　韓州：治所在今吉林省梨樹縣北。

[4]顯德軍：州軍名。本書《地理志》不載。本書卷一〇三《紇石烈桓端傳》，"婆速路温甲海世襲猛安、權同知府事温迪罕哥不靄遷顯德軍節度使，兼婆速府治中"，則顯德軍當屬婆速府路。

[5]明威將軍：武散官。正五品下階。　信州：治所在今吉林省長春市西。

賈邦獻，霍州霍邑縣陳村人也。[1]舉進士第。質直有勇略。大元攻河東，邦獻集居民爲守禦計。既而，兵大至，居民悉降。邦獻棄其家，獨與子懿保於松平寨。[2]是時，權知州事劉珍在寨，[3]與之共守，竟能成功。珍每欲闢之，邦獻輒以衰老爲辭。

[1]霍州：治所在今山西省霍縣。　霍邑：縣名。爲霍州州治所在地。

[2]懿：其他事迹不詳。　松平寨：當在霍州境内，具體位置不詳。

[3]劉珍：其他事迹不詳。

興定四年十月，兵復大至，病不能避，與懿俱被執。欲以爲鎮西元帥，[1]且持刃脅之，邦獻不屈，密遣懿歸松平，遂自剄。贈奉直大夫、[2]本縣令。

[1]鎮西元帥：官名。當爲蒙古將領所欲委任的臨時官職。
[2]奉直大夫：文散官。從六品上階。

移剌阿里合，遼人。[1]興定間，累遷霍州刺史。興定四年正月，移霍州治好義堡。[2]大元兵至，阿里合力戰不能敵，兵敗被執。誘使降，阿里合曰："吾有死無貳。"叱使跪，但向闕而立，於是叢矢射殺之。

[1]遼：朝代名（916—1125）。這裏指契丹族人。
[2]好義堡：地名。在霍州境内，具體位置無考。

寶昌軍節度副使孔祖湯同時被獲。[1]既又令祖湯跪，祖湯不從，亦死。

[1]孔祖湯：其他事迹不詳。

詔贈阿里合龍虎衛上將軍、泰定軍節度使，祖湯資善大夫、同知平陽府事。[1]祖湯，泰和三年進士。

[1]資善大夫：文散官。正三品下階。

完顏六斤，中都路胡土愛割蠻猛安人。[1]大安中，以廕補官,[2]選充親軍。[3]調阜平尉,[4]遷方城令,[5]改通州軍事判官,[6]以功遷本州刺史。頃之,元帥右都監蒲察七斤執之以去。[7]未幾,挈家脱歸,除同知臨洮府事,徙慶陽,[8]遷保大軍節度使。興定五年,鄜州破,[9]六斤自投崖下死焉。贈特進、知延安府事。[10]詔陝西行省訪其子孫以聞。

[1]中都路胡土愛割蠻猛安:女真行政建置名。胡土愛割蠻又作胡土靄哥蠻,即卷二四《地理志上》"上京路會寧府"條下的"忽土皚葛蠻"。位於今吉林省松原市拉林河西石碑崴子地方。其後遷至中都路,具體位置無考。

[2]廕補:金朝女真人入仕的主要途徑之一。熙宗天眷年間,一品至八品皆不限所廕之人。海陵貞元二年(1154),定廕叙法,一品至七品皆限以數,削八品用廕之制。詳見本書卷五二《選舉志二》。

[3]親軍:即皇室的侍衛親軍。

[4]阜平尉:縣官。掌巡捕事。正九品。阜平,縣名。治所在今河北省阜平縣。

[5]方城:縣名。治所在今河南省方城縣。

[6]通州:治所在今北京市通州區。

[7]蒲察七斤:女真人。宣宗時官至右副元帥,後以其軍降蒙古。

[8]慶陽:府名。治所在今甘肅省慶陽市。

[9]鄜州:州名。治所在今陝西省富縣。

[10]特進:文散官。從一品中次階。

紇石烈鶴壽,河北西路山春猛安人。[1]性淳質,軀幹雄偉。初充親軍。中泰和三年武舉，[2]調褒信縣副巡檢。[3]六年，宋人圍蔡州，[4]鶴壽請于防禦使，與勇士五十人夜斫宋營，使諸軍譟于城上，斬三百餘級，宋兵自相蹂踐，死者千餘人。遲明，宋人解圍去。鶴壽追之，使殿曳柴，宋人顧塵起，以爲大兵且至，遂奔，追至陳寨而還。[5]已而，宋兵復據新蔡、新息、褒信三縣，[6]鶴壽皆復取之，得馬三百匹。充行軍萬户，[7]從大軍出壽春，[8]敗宋人于渦口，[9]奪馬千餘匹，攻下真、滁二州及盱眙軍。[10]軍還，進九官，遷同知息州軍州事。[11]改萬寧宮同提舉。[12]

[1]河北西路山春猛安：女真族行政建置名。河北西路，治於真定府，在今河北省正定縣。張博泉認爲，山春又作按春，此猛安的原居地在渾蠢水（即今吉林省琿春河）（張博泉《金史論稿》第一卷，吉林文史出版社 1986 年版，第 324 頁）。東京路蓋州有按春猛安。此猛安當由原居住渾蠢水地或蓋州遷來。

[2]武舉：金代科舉的科目。始於熙宗皇統年間，但並不經常舉行。章宗泰和年間才成爲定制。

[3]褒信縣副巡檢：巡檢司屬官。掌肅清盜賊之事。正八品。褒信縣，治所在今河南省新蔡縣南。

[4]蔡州：治所在今河南省汝南縣。

[5]陳寨：具體位置無考。

[6]新蔡：縣名。治所在今河南省新蔡縣。　新息：縣名。治所在今河南省息縣。

[7]行軍萬户：軍官名。爲統兵官，有萬夫長之意，實際統兵不及萬人，位於都統之下，猛安謀克之上。

[8]壽春：南宋縣名。治所在今安徽省壽縣。

[9]渦口：渦水是淮河的一條支流，經安徽省亳州、蒙城至懷遠入淮河，渦口當在懷遠縣一帶。

[10]真：南宋州名。治所在今江蘇省儀徵市。　滁：南宋州名。治所在今安徽省滁州市。　盱眙軍：南宋州軍名。治所在今江蘇省盱眙縣。

[11]同知息州軍州事：官名。通判州事。正七品。息州，治所在今河南省息縣。

[12]萬寧宮同提舉：官名。掌守護宮城殿位。從七品。萬寧宮，位於中都城北。

大安三年，充西南路馬軍萬户。[1]夏人五萬圍東勝，鶴壽救之，突圍入城，夏兵解去。遷兩階，賜銀百兩、重綵十端。遷尚方署令，[2]充行軍副統，[3]升充行省左翼都統。[4]轉武衛軍都統，[5]充馬軍副提控。[6]轉鈐轄，[7]充都城東面宣差副提控。[8]

[1]馬軍萬户：兵種官名。爲地位較高的統兵官。

[2]尚方署令：尚方署屬官。掌造金銀器物、亭帳、車輿、床榻、簾席、鞍轡、傘扇及裝訂之事。從六品。

[3]行軍副統：軍官名。爲統兵官。

[4]行省左翼都統：行省屬官。爲地位較高的統兵官。

[5]武衛軍都統：武衛軍爲京城防衛軍。都統爲武衛軍都指揮使司屬官，掌防衛都城，警捕盜賊。

[6]馬軍副提控：兵種官名。爲統兵官。

[7]鈐轄：鈐轄司屬官。掌管轄軍人，防衛警捕之事。正六品。

[8]都城東面宣差副提控：領兵官。掌都城東面防衛之事。

貞祐二年，丁父憂，起復武寧軍節度副使。[1]破紅襖賊于蘭陵石城堌，[2]一切掠良人爲生口。監察御史陳規奏：[3]“乞勅有司，凡鶴壽所獲俱從放免。”詔徐州、歸德行院拘括放之。[4]尋遥授同知武寧軍節度使事，兼節度副使。坐出獵縱火延燒官草，杖一百，改同知河平軍節度使事。

[1]武寧軍：州軍名。治所在今江蘇省徐州市。

[2]蘭陵：縣名。治所在今山東省棗莊市南。　石城堌：地名。具體位置無考。

[3]監察御史：御史臺屬官。掌糾察内外非違，刷磨諸司察帳並監祭禮及出使之事。正七品。　陳規：本書卷一〇九有傳。

[4]徐州：治所在今江蘇省徐州市。　歸德：府名。治所在今河南省商丘市南。　行院：官署名。即行樞密院的簡稱。

興定元年，充馬軍都提控，[1]入宋襄陽界，[2]遥授同知武勝軍節度使事，[3]改遥授睢州刺史。[4]二年，攻棗陽，[5]三敗宋兵，改遥授同知歸德府事。三年，奪宋石渠寨，[6]决去棗陽濠水，加宣差鄧州路軍馬從宜，[7]遥授汝州防禦使。[8]四年，宋扈太尉步騎十萬圍鄧州，[9]鶴壽分兵拒守，出府庫金帛賞士，許以遷官加爵。自將餘衆日出搏戰，宋兵焚營去，鶴壽被創不能騎馬，遣招撫副使术虎移剌答追及之，[10]殺數十人，奪其俘而還。詔所散金帛勿問，將士優遷官爵，鶴壽遷金紫光禄大夫，[11]遥授武勝軍節度使。

[1]馬軍都提控：兵種官名。掌軍務、征討之事，

[2]襄陽：南宋府名。治所在今湖北省襄樊市。

[3]武勝軍：州軍名。治所在今河南省鄧州市。

[4]睢州：治所在今河南省睢縣。

[5]棗陽：南宋縣名。治所在今湖北省棗陽市。

[6]石渠寨：宋地名。具體位置不詳。

[7]宣差鄧州路軍馬從宜：官名。掌統一路軍馬之事。

[8]汝州：治所在今河南省汝州市。

[9]扈太尉：宋人。人名脱落，祇存姓氏，其他事迹不詳。

[10]招撫副使：招撫司屬官。掌征討敵軍，安撫百姓之事。或以他官兼之。　术虎移剌答：其他事迹無考。

[11]金紫光禄大夫：文散官。正二品上階。

俄丁母憂，以本官起復，權元帥左都監，[1]行元帥府于鄜州。興定五年閏十二月，[2]鄜州破，鶴壽與數騎突出城，追及之，鶴壽據土山力戰而死。謚果勇。

[1]權元帥左都監：都元帥府屬官。掌征討之事。從三品。權：爲代理或非正式任命之意。

[2]興定五年閏十二月："閏十二"，原作"十月"，局本作"閏月"。本書卷一六《宣宗紀下》、本卷《女奚烈資禄傳》皆記述此事在該年閏十二月。中華點校本據改。今從之。

蒲察婁室，東北路按出虎割里罕猛安人。[1]泰和三年進士。調慶都、牟平主簿，[2]以廉能遷中都右警巡副使。[3]補尚書省令史，知管差除。貞祐初，除吏部主事、監察御史。丁母憂，服闋，充行省經歷官，[4]改京兆治

中，遥授定西州刺史，[5]充元帥參議官。[6]

［1］東北路按出虎割里罕猛安：女真族社會行政組織名。東北路爲臨潢府路下屬的地區級路，治所在今吉林省洮南市東。按出虎，水名。今黑龍江省阿什河。割里罕，爲按出虎水附近地名。張博泉認爲，此猛安當從上京路遷至東北路來（張博泉《金史論稿》第一卷，吉林文史出版社 1986 年版，第 314 頁）。

［2］慶都：縣名。治所在今河北省望都縣。　牟平：縣名。治所在今山東省牟平縣。

［3］中都右警巡副使：警巡院屬官。掌警巡之事。從七品。

［4］行省經歷官：行省屬官。掌出納文移之事。

［5］定西州：治所在今甘肅省定西縣。本書《地理志》無載，然在鞏州之下有定西縣。

［6］元帥參議官：行元帥府屬官。掌參議行府軍政事務。具體官品不詳。

興定二年，與元帥承裔攻下西和州。[1]白撒由秦州進兵抵棧道，[2]宋人悉鋭來拒，婁室乘高立幟，策馬旋走，揚塵爲疑兵，别遣精騎掩出其後，宋兵大潰，乘勝遂拔興元。[3]進一階，除丹州刺史。[4]

［1］元帥：即行元帥府事，行府長官。掌統領兵馬。其時承裔的官職爲元帥左都監，行帥府事爲臨時官職。　承裔：女真人。又名白撒，姓完顏氏，宗室出身。本書卷一一三有傳。　西和州：治所在今甘肅省西和市。

［2］秦州：治所在今甘肅省天水市。

［3］興元：南宋府名。治所在今陝西省漢中市。

［4］丹州：治所在今陝西省宜川縣。

再遷同知河中府事，[1]權元帥右都監、河東路安撫使。[2]復取平陽、晋安，優詔褒寵，進一階，賜銀二百兩、重幣二十端，遥授孟州防禦使，權都監如故。將兵救鄜州，轉戰而至，城破死之。贈資德大夫、定國軍節度使，[3]謚襄勇。勅行省求其尸以葬。

[1]河中府：府名。治所在今山西省永濟市西。

[2]河東路安撫使：安撫司長官。掌鎮撫人民，譏察邊防軍旅。從一品。章宗朝一般以宰執重臣擔任。金末授官已濫，官品、地位都不及從前。

[3]資德大夫：文散官。正三品上階。　定國軍：州軍名。治所在今陜西省大荔縣。

女奚烈資禄本姓張氏，咸平府人。[1]泰和伐宋，從軍有功，調易縣尉，[2]遷潞縣主簿。[3]貞祐初，遥授同知德州防禦事，[4]改秦州。三年，遥授同知通遠軍節度事。[5]興定元年，改西寧州刺史，[6]賜今姓。久之，遥授同知臨洮府事，兼定西州刺史。從元帥右都監完顏阿鄰破宋兵于梢子嶺。[7]三年，攻破武休關，[8]資禄功最。詔比將士遷五官、職二等外，資禄更加官、職一等，遥授通遠軍節度使，刺史如故。

[1]咸平府：治所在今遼寧省開原市老城。

[2]易縣：治所在今河北省易縣。

[3]潞縣：治所在今北京市通州區。

[4]德州：治所在今山東省德州市。

［5］通遠軍：州軍名。治所在今甘肅省隴西縣。

［6］西寧州：治所在今甘肅省會寧縣東。

［7］完顏阿鄰：本姓郭氏，以功賜姓完顏。本書卷一〇三有傳。　梢子嶺：地名。具體位置無考。

［8］武休關：地名。具體位置無考。

五年，遥授隴安軍節度使，[1]俄改金安軍，[2]詔曰："陝西行省奏軍官闕員。卿久在行陣，御下有法，舊隸士卒多在京兆。今正防秋，關、河要衝，[3]悉心備禦。"將兵救鄜州。閏十二月，鄜州破，被執不肯降，遂死。贈銀青榮禄大夫、中京留守。[4]元光元年，[5]言事者謂資禄褒贈尚薄，詔録其二子烈山、林泉，[6]升職一等，陝西行省軍中用之。

［1］隴安軍：州軍名。治所在今甘肅省静寧縣。

［2］金安軍：州軍名。治所在今陝西省華縣。

［3］河：指黄河。

［4］銀青榮禄大夫：文散官。正二品下階。　中京：金代中京原爲大定府，治所在今内蒙古自治區寧城縣。海陵王貞元元年（1153）改中京爲北京。金末宣宗遷都於南京（治所在今河南省開封市）後，以河南府爲中京，治所在今河南省洛陽市。

［5］元光：金宣宗年號（1222—1223）。

［6］烈山、林泉：本姓張，其父有功被賜女真姓女奚烈。其他事迹不詳。

趙益，太原人。讀書肄業。大元兵入境，益鳩合土豪，保聚山陝，[1]屢戰有功。晋陽公郭文振署爲壽陽令，[2]駐兵榆次重原寨。[3]遂率衆收復太原，夜登其城，斬馘甚衆，所獲馬仗不可計，護老幼二萬餘口以出。升太原治中，復擢同知府事、兼招撫使。[4]

元光元年八月，大元兵大至，攻城益急，知不可支，迺自焚其府庫，殺妻子，沉其符印于井，遂自殺。宣宗聞之嘉歎，贈銀青榮禄大夫、河東北路宣撫使，仍諭有司求其子孫録用。

[1]保聚山陝：施國祁《金史詳校》卷九，"'陝'當作'硤'"。中華點校本認爲上文云，"益鳩合土豪"，且云"保聚"，則規模必不甚大。又下文亦僅記其"率衆收復太原"，而不及陝事，則"陝"字必譌。改"陝"爲"硤"。

[2]晋陽公：封號。宣宗興定四年（1220），爲招納北方地主抗蒙武裝，收復北方失地和抵禦蒙古入侵，宣宗封建九公，各有封疆。九公皆兼宣撫使，階銀青榮禄大夫，賜號"宣力忠臣"，總帥本路兵馬，署置官吏，徵收賦税，賞罰號令得以便宜行事。以遼州從宜郭文振爲晋陽公，河東北路皆隸屬之。　郭文振：本書卷一一八有傳。　壽陽：縣名。治所在今山西省壽陽縣。

[3]榆次：縣名。治所在今山西省晋中市。　重原寨：具體位置不詳。

[4]招撫使：招撫司長官。掌征討敵軍，安撫百姓之事。或以他官兼之。

侯小叔，河東縣人。[1]爲河津水手。[2]貞祐初，籍充鎮威軍，[3]以勞補官。元光元年，遷河中府判官，[4]權河東南路安撫副使。[5]小叔盡護農民入城，以家財賞戰士。河中圍解，遷治中，安撫如故。樞密院奏："小叔才能可用，權位輕不足以威衆，乞假符節。”十二月，詔權元帥右都監，[6]便宜從事。

[1]河東縣：治所在今山西省永濟市西。

[2]河津：縣名。治所在今山西省河津市。

[3]鎮威軍：州軍名。本書僅一見，治所不詳。

[4]府判官：府官名。掌紀綱衆務，分判吏、户、禮案事，專掌通檢推排簿籍。從六品。

[5]安撫副使：安撫司屬官。掌鎮撫人民，譏察邊防軍旅。從四品。

[6]詔權元帥右都監："右"，原作"左"，下文有"總帥訛可以河中府推官籍阿外代小叔權右都監"。又本書卷一六《宣宗紀下》元光元年（1222）十二月乙亥，"以河中治中侯小叔權元帥右都監"。中華點校本據改，今從之。

提控吴德説小叔出降，[1]叱出斬之。表兄張先從容言大兵勢重，[2]可出降以保妻子，小叔怒謂先曰："我舟人子，致身至此，何謂出降。"縛先於柱而殺之，飯僧祭葬，以盡戚黨之禮。

[1]吴德：其他事迹不詳。

[2]張先：其他事迹不詳。

頃之，樞密院遣都監訛論與小叔議兵事，[1]小叔出城與訛論會，石天應乘之取河中府，[2]作浮橋通陝西。小叔駐樂李山寨，[3]衆兵畢會，夜半坎城以登，焚樓櫓，火照城中，天應大驚不知所爲，盡棄輜重、牌印、馬牛雜畜，死于雙市門。[4]小叔燒絶浮橋，撫定其衆。遷昭毅大將軍，[5]遥授孟州防禦使、同知府事，監軍、安撫如故。

[1]訛論：女真人。姓完顔氏，宣宗朝曾任唐鄧元帥。

[2]石天應：元人。《元史》卷四九有傳。

[3]樂李山寨：地名。具體位置不詳。

[4]雙市門：地名。具體位置不詳。

[5]昭毅大將軍：武散官。正四品中階。

二年正月，大元軍騎十萬圍河中，總帥訛可遣提控孫昌率兵五千，[1]樞密副使完顔賽不遣李仁智率兵三千，[2]俱救河中。小叔期以夜中鳴鉦，内外相應。及期，小叔出兵戰，昌、仁智不敢動。小叔斂衆入城，圍益急，衆議出保山寨，小叔曰："去何之?"密遣經歷官張思祖潰圍出，[3]奔告于汴京。[4]

[1]訛可：女真人。姓完顔氏。本書卷一一一有傳。　孫昌：其他事迹不詳。

[2]樞密副使：樞密院屬官。掌軍務機密之事。從二品。　完顔賽不：女真人。本書卷一一三有傳。　李仁智：其他事迹不詳。

[3]經歷官：官名。掌出納文移。　張思祖：其他事迹不詳。

[4]汴京：治所在今河南省開封市，金末遷都於此。

明日，城破，小叔死，不得其尸。總帥訛可以河中府推官籍阿外代小叔權右都監。[1]樞密院奏："小叔功卓異，或疑尚在，遽令阿外代之，絶歸向之路。"至是，小叔已亡四十餘日，中條諸寨無所統領，[2]迺詔阿外權領。宣宗思小叔功，下詔褒贈，切責訛可不救河中之罪。

[1]推官：府官名。掌同府判，分判兵、刑、工案事。正七品。　籍阿外：人名。其他事迹不詳。

[2]中條：山名。在今山西省西南端。

王佐字輔之，霍州農家子。豁略不事産業，輕財好施，善騎射。興定中，聚兵數千人，權領霍州事。平陽胡天作承制加忠勇校尉、趙城丞，[1]遷霍邑令、同知蒲州軍事，[2]權招撫副使、蒲州經略使。詔遷宣武將軍，遥授寶昌軍節度副使。

[1]胡天作：本書卷一一八有傳。　忠勇校尉：武散官。正八品上階。　趙城丞：縣官。佐縣令掌按察所部，勸課農桑，平理獄訟，捕除盜賊，宣導風化，兼管常平倉及通檢推排簿籍等事。正八品。趙城，縣名。治所在今山西省洪洞縣北。

[2]蒲州：治所在今山西省蒲縣。

大元兵取青龍堡，[1]佐被獲，署霍州守將，隸元帥崔環，[2]質其妻子。招撫使成天祐與環有隙，[3]佐與天祐謀殺環，天祐曰："君妻子爲質奈何?"佐曰："佐豈顧家者邪?"元光二年七月，[4]因環出獵殺之，率軍民數萬請命，加龍虎衛上將軍、元帥右監軍、兼知平陽府事。

[1]青龍堡：具體位置不詳。

［2］崔環：其他事迹不詳。

［3］成天祐：其他事迹不詳。

［4］元光二年七月：下文記王佐死於七月，顯然此處記載有誤。本書卷一六《宣宗紀下》記載霍州汾西縣復歸金朝是在這年的四月。《金史詳校》卷九認爲“七月”當爲“四月”。

佐與平陽公史詠素不協，[1]請徙沁州玉女寨，[2]詔從之，仍令聽上黨公完顏開節制。[3]是歲七月，救襄垣，[4]中流矢卒。贈金吾衛上將軍，[5]以其子爲符寶典書。[6]

［1］平陽公：封號。宣宗封建九公之一。初受封者爲平陽招撫使胡天作。　史詠：宣宗時任同知平陽府。元光元年（1222）平陽公胡天作爲蒙古殺死，宣宗以其權行平陽公府事，後封平陽公。主要事迹見本書卷一一八。

［2］沁州：治所在今山西省沁縣。　玉女寨：具體位置無考。

［3］上黨公：封號。宣宗封建九公之一。以昭義軍節度使完顏開爲首任上黨公。　完顏開：本姓張，後賜姓完顏氏。本書卷一一八有傳。

［4］襄垣：縣名。治所在今山西省襄垣縣。

［5］金吾衛上將軍：武散官。正三品中階。

［6］符寶典書：殿前都點檢司屬官。掌御寶及金銀等牌。

黄摑九住，臨潢人。[1]大定間，[2]以廕補部令史，[3]轉樞密院令史，[4]調安肅州軍事判官。[5]明昌四年，爲大理執法，[6]同知薊州軍事，[7]再遷潞王府司馬，[8]累官河東北路按察使、轉運使，[9]改知彰德府事。[10]戰殁。贈榮禄大夫、南京留守，[11]仍録用其子孫。

［1］臨潢：府名。治所在今内蒙古自治區巴林左旗林東鎮。

［2］大定：金世宗年號，章宗即位初年仍沿用一年（1161—1189）。

［3］部令史：六部屬官。爲尚書省六部吏員。

［4］樞密院令史：樞密院下屬吏員。

［5］安肅州：治所在今河北省徐水縣。

［6］大理執法：大理寺屬官。掌檢斷刑名之事。從八品。

［7］薊州：治所在今天津市薊縣。

［8］潞王府司馬：王府司馬。掌檢校門禁，總統府事。從六品。潞王：封爵名。明昌格，次國封號第五位。這裏指世宗子完顏永德。本書卷八五有傳。

［9］河東北路按察使：按察司長官。掌審察刑獄，照刷案牘，糾察濫官污吏豪猾之人，私鹽酒麴並應禁之事，兼勸農桑，與副使，簽事更出巡案。正三品。河東北路按察司治於汾州，在今山西省汾陽縣。　轉運使：轉運司長官。掌税賦錢穀，倉庫出納，權衡度量之制。正三品。河東北路轉運司治於太原府，在今山西省太原市。

［10］彰德府：治所在今河南省安陽市。

［11］榮禄大夫：文散官。從二品下階。

烏林答乞住，大名路猛安人。[1]大定二十八年進士。累官補尚書省令史，除山東提刑判官、英王府司馬。[2]御史臺舉前在山東稱職，[3]改太原府治中。簽陝西按察司事，[4]歷汝州、沁州刺史，北京臨潢按察副使，[5]遷蒲與路節度使。[6]未幾，以罪奪三官，解職，降德昌軍節度副使。[7]崇慶初，[8]戍邊有功，遷一官，賞銀百兩、重幣十端，轉利州刺史。[9]貞祐初，改同知咸平府事，遷歸德軍節度使。[10]改興平軍，[11]就充東面經略使。[12]尋罷經略司，改元帥右都監。赴援中都戰歿。贈榮禄大夫、參知政事，以參政半俸給其家。

［1］大名路猛安：女真族行政建置名。大名路，治所在今河北省大名縣北。此猛安在大名路境内。

［2］提刑判官：提刑司屬官。佐掌審察刑獄，照刷案牘，糾察濫官污吏豪猾之人，私鹽酒麯並應禁之事。正員二人，從六品。英王：封爵名。明昌格，次國封號第二十八位。

［3］御史臺：官署名。中央監察機構。糾察彈劾内外百官善惡，凡内外刑獄所屬理斷不當，有陳述者付臺治之。

［4］簽陝西按察司事：陝西按察司屬官。正五品。

［5］北京臨潢按察副使：按察司屬官。正四品。北京臨潢按察司治於臨潢府，在今内蒙古自治區巴林左旗舊城址。

［6］蒲與路：地區級路名。隸屬於上京路，治所在今黑龍江省克東縣東北。

［7］德昌軍：州軍名。治所在今河南省洛陽市。

［8］崇慶：金衛紹王的年號（1212—1213）。

［9］利州：治所在今遼寧省喀喇沁左翼蒙古族自治縣。

［10］歸德軍：州軍名。治所在今遼寧省綏中縣西南。

［11］興平軍：州軍名。治所在今河北省盧龍縣。

［12］東面經略使：經略司長官。掌收復失地，統兵作戰。

陀滿斜烈，咸平路猛安人。[1]襲父猛安。明昌中，以所部兵充押軍萬户，[2]戍邊。承安中，討契丹有功，除陳州防禦使。[3]遷知平涼府事，改保大軍節度使，徙知彰德府事。貞祐四年，大元兵復取彰德，斜烈死焉。

[1]咸平路猛安：女真族行政建置名。咸平路，治所在今遼寧省開原市老城。猛安相當於防禦州，在咸平路境内。

[2]押軍萬户：軍官名。爲本處部隊最高指揮官，屬臨時官職。

[3]陳州：治所在今河南省淮陽市。

尼厖古蒲魯虎，中都路猛安人。[1]明昌五年進士。累官補尚書省令史，從平章政事僕散揆伐宋。[2]兵罷，除同知崇義軍節度使事。[3]察廉，改東平府治中。歷環州、裕州刺史，[4]翰林待制，[5]開封府治中，大理卿。[6]尋擢知河南府事，兼河南路副統軍。[7]貞祐四年，急備京西，爲陝州宣撫副使、兼西安軍節度使。是歲，大元兵取潼關，戍卒皆潰，蒲魯虎禦戰，兵敗死焉。

[1]中都路猛安：女真族行政建置名。此猛安在中都路境内。中都路治所在今北京市。

[2]僕散揆：女真人。本書卷九三有傳。

[3]崇義軍：州軍名。治所在今遼寧省義縣。

[4]環州：治所在今甘肅省環縣。　裕州：治所在今河南省方城縣。

[5]翰林待制：翰林學士院屬官。分掌詞命文字，分判院事。正五品。

[6]大理卿：大理寺長官。掌審斷天下奏案，詳讞疑獄。正四品。

[7]河南路副統軍：統軍司屬官。掌督領軍馬，鎮守邊陲，分營衛，視察奸。正四品。河南路統軍司，治於開封府，在今河南省開封市。

兀顏畏可，隆安路猛安人。[1]補親軍，充護衛，[2]除益都總管府判官、中都兵馬副都指揮使，[3]累官會州刺史。[4]貞祐初，爲左衛將軍、拱衛直都指揮使、山東副統軍、安化軍節度使。[5]土賊據九仙山爲巢穴，[6]畏可擁衆不擊，賊愈熾。東平行省蒙古綱劾奏畏可不任將帥，[7]朝廷不問。改鎮西軍，[8]權經略副使，歷金安、武勝軍。[9]興定四年，改泰定軍。是歲五月，兖州破，[10]死焉。

[1]隆安路猛安：女真族行政建置名。隆安路，金朝無此路，當爲隆安府之誤，治所在今吉林省農安縣城。此猛安在隆安府轄境内。

[2]護衛：有皇帝護衛、東宫護衛、妃護衛、東宫妃護衛之分，均由殿前左、右衛將軍與衛尉司掌領。選取五品至七品官子孫及宗室並親軍、諸局分承應人，以有才行及善射者充任。

[3]益都總管府判官：路總管府屬官。掌紀綱總府衆務，分判兵案之事。從六品。益都，府名。治所在今山東省青州市。　兵馬副都指揮使：總管府節鎮兵馬司屬官。貳使職，通判司事，分管内外，巡捕盜賊。正六品。

[4]會州：治所在今甘肅省靖遠縣南。

[5]左衛將軍：殿前都點檢司屬官。掌宫禁及行從宿衛警嚴，仍總領護衛。官品失載。　拱衛直都指揮使：宣徽院拱衛直使司屬官。掌總統本直，謹嚴儀衛。從四品。　山東副統軍：治於益都府，在今山東省青州市。　安化軍：州軍名。治所在今山東省諸城市。

[6]九仙山：在今山東省五蓮縣東。

[7]東平行省：官署名。金末戰事連年不斷，朝廷對地方政令不暢達，故在各地設行尚書省，總管地方軍政事務。東平行省治於

東平府，在今山東省東平縣。　蒙古綱：女真人。本書卷一〇二有傳。

[8]鎮西軍：州軍名。治所在今內蒙古自治區清水河縣。

[9]金安：原作“全安”，據元刻本、南監本、北監本、殿本、局本改。本書卷二六《地理志下》，京兆府路“華州，貞祐三年八月升爲節鎮，軍曰金安”。

[10]兖州：治所在今山東省兖州市。

兀顔訛出虎，隆安府猛安人。[1]大定二十八年進士。累官補尚書省令史，除順天軍節度副使，[2]召爲治書侍御史、刑部員外郎、單州刺史、户部郎中、河東北路按察副使、同知大興府事、秦州防禦使。[3]丁母憂，起復泗州防禦使，[4]遷武寧軍節度使，徙河平軍、兼都水監。[5]坐前在武寧奏軍功不實，降沂州防禦使，遷汾陽軍節度使、兼經略使。興定二年九月，城破死焉。

[1]隆安府：治所在今吉林省農安縣。

[2]順天軍：州軍名。治所在今河北省保定市。

[3]治書侍御史：御史臺屬官。掌奏事，判臺事。從六品。刑部員外郎：刑部屬官。正員二人。一員掌律令格式、審定刑名、關津譏察、赦詔勘鞫、追徵給没等事；一員掌宫户、監户（官奴婢口）、配吏、良賤身份訴訟、城門啓閉、官吏改正、功賞捕亡等事務。從六品。　單州：治所在今山東省單縣。　户部郎中：户部屬官。正員三人。一員掌户籍、拘力、鹽鐵、酒麯、坑冶、榷場、市易等事；一員掌度支、國用、俸禄、錢帛、貢賦、租税、積貯、度量等事。從五品。　大興府：治所在今北京市。

[4]泗州：治所在今江蘇省盱眙縣北。

[5]都水監：都水監長官。掌川澤、津梁、舟楫、河渠之事。

正四品。

粘割貞本名抄合，西南路招討司人。[1]大定二十八年進士。歷教授、主簿，用薦舉除河北大名提刑知事。[2]察廉遷都轉運户籍判官，[3]累官泰定軍節度副使。丁父憂，服闋，除德興治中、宣德州刺史。[4]貞祐元年十二月，貞以禮部郎中攝國子祭酒，[5]與恩州刺史攝武衛軍副都指揮使粘割合達、河間府判官攝同知順天軍節度使事梅只乞奴、保州録事攝永定節度副使伯德張奴出議和事。[6]二年，和議成，賞銀二百兩、重幣十端、玉吐鶻。改户部侍郎，[7]歷沁南、河平、鎮南、集慶、汾陽軍節度使。[8]貞祐四年，改昭義軍，[9]充潞州經略使。

[1]西南路招討司：官署名。掌統領當地駐軍，招懷降附，征討携離。西南路，地區級路名。隸屬於西京路，治所在今内蒙古自治區呼和浩特市東。

[2]提刑知事：地方監察機構提刑司屬官。正八品。

[3]都轉運户籍判官：都轉運司屬官。專管拘收徵剋等事。從六品。

[4]德興：府名。治所在今河北省涿鹿縣。　宣德州：治所在今河北省宣化縣。

[5]禮部郎中：禮部屬官。佐掌禮樂、祭祀、學校、貢舉諸事。從五品。　國子祭酒：國子監屬官。掌學校。正四品。

[6]恩州：治所在今山東省武城縣東北。　武衛軍副都指揮使：武衛軍都指揮使司屬官。掌防衛都城，警捕盗賊。從四品。　粘割合達：女真人。其他事迹不詳。　梅只乞奴：其他事迹不詳。　保州録事：諸府節鎮録事司屬官。掌同警巡使。正八品。保州，治所

在今河北省保定市。　永定：州軍名。本書卷二四《地理志上》，中都路，“雄州，天會七年置永定軍節度使”，治所在今河北省雄縣。
伯德張奴：女真人。其他事迹不詳。

[7]户部侍郎：户部屬官。爲户部尚書的副佐，佐掌户籍、物力、鹽鐵、酒麯、坑冶、榷場、市易、度支、國用、俸禄、錢帛、貢賦、租税、積貯、度量等事。從五品。

[8]沁南：州軍名。治所在今河南省沁陽市。　鎮南：州軍名。治所在今河南省汝南市。

[9]昭義軍：州軍名。治所在今山西省長治市。

興定二年，入爲工部尚書。[1]由壽州伐宋，[2]攻正陽有功。[3]權元帥左都監，守晋安府。興定三年十一月，城破，貞與府官十餘人皆死之。

[1]工部尚書：工部長官。掌修造營建法式、諸作工匠、屯田、山林川澤之禁、江河堤岸、道路橋樑之事。正三品。

[2]壽州：治所在今安徽省鳳臺縣。

[3]正陽：鎮名。在今安徽省潁上縣東南。

金史　卷一二三

列傳第六十一

忠義三

徒單航　完顔陳和尚　楊沃衍[1]　烏古論黑漢

陀滿胡土門[2]　姬汝作　愛申　馬肩龍附　禹顯

[1]杨沃衍：原作“楊兀衍”，南監本、北監本、殿本、局本並作“杨沃衍”。殿本後有小字“劉興哥附”。今據改。

[2]陀滿胡土門：原作“駝滿胡土門”，今據南監本、北監本、殿本改。

徒單航一名張僧，駙馬樞密使某之子也。[1]父號九駙馬，[2]衛王有事北邊，[3]改授都元帥，[4]仍權平章，[5]殊不允人望。張僧時爲吏部侍郎，[6]力勸其父請辭帥職，遂拜平章。至寧元年，[7]胡沙虎弑逆，[8]降航爲安州刺史。[9]會北兵大至城下，[10]聲言都城已失守，[11]汝可速降。航謂其民曰：“城守雖嚴，萬一攻破，汝輩無孑遺矣。我家兩世駙馬，受國厚恩，决不可降。汝輩計將安出？”其民曰：“太守不屈，我輩亦何忍降，願以死守。”航迺盡出家財以犒軍民，軍民皆盡力備禦。又五日，城危，航度不可支，謂其妻孥曰：“今事急矣，惟有死爾。”迺先縊其妻孥，謂其家人曰：“我死即撤屋焚之。”遂自縊死。城破，人猶力戰，曰：“太守既死，我輩不可獨降。”死者甚衆。

［1］駙馬：駙馬都尉。尚公主者多授此官。正四品。　樞密使：樞密院長官。掌凡武備機密之事。從一品。

［2］九駙馬：名佚。其他事迹不詳。

［3］衛王：封爵名。明昌格，次國封號第三位。這裏指衛紹王，本書卷一三有紀。

［4］都元帥：都元帥府長官。掌征討之事。從一品。

［5］權平章：權，爲代理之意。平章即平章政事，尚書省宰相成員之一，丞相之副，掌丞天子，平章萬機。正員二人，從一品。

［6］吏部侍郎：吏部屬官。掌文武選授、勳封、考課、出給制誥之政。正四品。

［7］至寧：金衛紹王年號（1213）。

［8］胡沙虎：女真人。即紇石烈執中。衛紹王末年發動宫廷政變，殺衛紹王立宣宗。本書卷一三二有傳。

［9］安州刺史：州官名。掌一州財政訴訟、宣導風俗等各種政務（吏、户、禮、工、刑），獨不領兵。正五品。　安州：治所在今河北省安新縣南。

［10］北兵：指蒙古兵。

［11］都城：指中都，治所在今北京市。

完顏陳和尚名彝，[1]字良佐，世以小字行，豐州人。[2]系出蕭王諸孫。[3]父乞哥，[4]泰和南征，[5]以功授同知階州軍事，[6]及宋復階州，乞哥戰歿於嘉陵江。[7]

[1]彝：同"彝"。

[2]豐州：治所在今内蒙古自治區呼和浩特市東。

[3]蕭王：封爵名。明昌格，小國封號第二十八位。這裏指完顏秉德，女真人。本書卷一三二有傳。

[4]乞哥：女真人。即完顏乞哥。其他事迹不詳。

[5]泰和南征：泰和，金章宗年號（1201—1208）。泰和六年（1206）南宋北伐，金朝應戰反擊，全面南下，南宋被迫議和。

[6]同知階州軍事：州官名。通判州事。正七品。　階州：南宋州名。治所在今甘肅省隴南市武都區東。

[7]嘉陵江：即今嘉陵江。

貞祐中，[1]陳和尚年二十餘，爲北兵所掠，大帥甚愛之，置帳下。時陳和尚母留豐州，從兄安平都尉斜烈事之甚謹。[2]陳和尚在北歲餘，托以省母，乞還，大帥以卒監之至豐。迺與斜烈劫殺監卒，奪馬奉其母南奔，大兵覺，合騎追之，由他路得免。既而失馬，母老不能行，載以鹿角車，兄弟共輓，南渡河。[3]宣宗奇之。[4]

[1]貞祐：金宣宗年號（1213—1217）。

[2]安平都尉：哀宗正大二年（1225），選諸路精兵，直隸樞密院。先設六名總領，每名總領領兵數萬人，後改總領名爲都尉，正四品。天興初年已有十五都尉。安平都尉設在申州、裕州。　斜烈：女真人。即完顏斜烈。本卷有傳。

［3］河：指黄河。

［4］宣宗：廟號。即完顔吾睹補，漢名珣。金代第八任皇帝。1213 年至 1223 年在位。

斜烈以世官授都統，[1]陳和尚試補護衛，[2]未幾轉奉御。[3]及斜烈行壽、泗元帥府事，[4]奏陳和尚自隨，詔以充宣差提控，[5]佩金符。斜烈闢太原王渥爲經歷。[6]渥字仲澤，文章論議與雷淵、李獻能相上下，[7]故得師友之。陳和尚天資高明，雅好文史，自居禁衛日，人以秀才目之。至是，渥授以《孝經》、小學、《論語》《春秋左氏傳》，[8]略通其義。軍中無事，則窻下作牛毛細字，如寒苦之士，其視世味漠然。

［1］世官：指女真世襲猛安謀克官，有領地人户。斜烈爲畢里海世襲猛安，故曰世官。猛安相當於防禦州，長官掌修理軍務，訓練武藝，勸課農桑，防捍不虞，禦制盗賊，從四品。　都統：軍官名。掌統兵作戰。

［2］護衛：有皇帝護衛、東宫護衛、妃護衛、東宫妃護衛等類别，均由殿前左、右衛將軍與衛尉司掌領。選取五品至七品官子孫及宗室並親軍、諸局分承應人，以有才行及善射者充任。

［3］奉御：宣徽院屬吏。無品級。

［4］壽：州名。治所在今安徽省鳳臺縣。　泗：州名。治所在今江蘇省盱眙縣北。　行元帥府事：行元帥府長官。衛紹王大安三年（1211）金蒙交戰，宣宗貞祐二年（1214）遷都南京，戰火逐漸擴展到金朝各地，自貞祐三年始於各主要戰場設行元帥府，以統領各地兵馬。

［5］提控：軍官名。金末領兵官。

[6]太原：府名。治所在今山西省太原市。　王渥：又名王仲澤。本書卷一一一《思烈傳》後附有傳。　經歷：官名。掌出納文移。

[7]雷淵：本書卷一一〇有傳。　李獻能：本書卷一二六有傳。

[8]《孝經》：有古文、今文兩種，古文孔安國注本，分二十二章，今文鄭氏注本，分十八章。　小學：漢代稱文字學爲小學。隋唐以後範圍擴大成爲文字學、訓詁學、音韻學的總稱。　《論語》：是孔子弟子及後學關於孔子言行思想的記録，共二十篇。　《春秋左氏傳》：爲春秋時魯國人左丘明所撰。

正大二年，[1]斜烈落帥職，例爲總領，[2]屯方城。[3]陳和尚隨以往，凡兄軍中事皆預知之。斜烈時在病，軍中李太和者與方城鎮防軍葛宜翁相毆，[4]訴於陳和尚，宜翁事不直，即量笞之。宜翁素凶悍，恥以理屈受杖，竟鬱鬱以死，留語其妻必報陳和尚。妻訟陳和尚以私忿侵官，故殺其夫，訴於臺省，[5]於近侍，[6]積薪龍津橋南，[7]約不得報則自焚以謝其夫。以故陳和尚繫獄。議者疑陳和尚狃於禁近，倚兵閫之重，[8]必横恣違法，當以大闢。[9]奏上，久不能决。陳和尚聚書獄中讀之，凡十有八月。明年，斜烈病愈，詔提兵而西，入朝，哀宗怪其瘦甚，[10]問："卿寧以方城獄未决故耶？卿但行，吾今赦之矣。"以臺諫復有言，[11]不敢赦。未幾，斜烈卒。上聞，始馳赦陳和尚，曰："有司奏汝以私忿殺人。汝兄死，失吾一名將。今以汝兄故，曲法赦汝，天下必有議我者。他日，汝奮發立功名，國家得汝力，始以我爲不妄赦矣。"陳和尚且泣且拜，悲動左右，不能出一言爲謝。迺以白衣領紫微軍都統，[12]踰年轉忠孝軍提控。[13]

[1]正大：金哀宗年號（1224—1232）。

[2]總領：官名。哀宗正大二年（1225），選諸路精兵，直隸樞密院。先設六名總領，後總領成爲統兵官的稱號之一。

[3]方城：縣名。治所在今河南省方城縣。

[4]李太和：其他事迹不詳。　鎮防軍：軍種名。爲諸軍中取以更代戍邊的軍隊。　葛宜翁：其他事迹俱無載。

[5]臺省：指中央御史臺、尚書省。

[6]近侍：近侍局官員。宣宗南渡後，近侍之權尤重，其要密與宰相等，地位在士大夫之上。並常奉旨采訪民間，號“行路御史”。

[7]龍津橋：在南京宫城南門外。

[8]兵闌：指統兵在外的將領。

[9]大闢：死刑。

[10]哀宗：廟號。即完顔寧甲速，漢名初爲守禮，宣宗貞祐四年（1216）更名爲守緒。金朝末代皇帝。1224年至1234年在位。

[11]臺諫：指御史臺、諫院、登聞檢院、登聞鼓院等中央監察機構。

[12]紫微軍都統：軍官名。紫微軍，本書僅此一見，具體不詳。

[13]忠孝軍提控：忠孝軍的領兵官。忠孝軍，本書卷四四《兵志》記載：金哀宗時“復取河朔，諸路歸正人，不問鞍馬有無、譯語能否，悉送密院，增月給三倍它軍，授以官馬，得千餘人，歲時犒燕，名曰忠孝軍”。本書卷一一三《赤盞合喜傳》：“忠孝軍萬八千人，皆回紇、河西及中州（中原）人被掠而逃歸者。”以勇猛善戰著稱。

五年，[1]北兵入大昌原，[2]平章合達問誰可爲前鋒者，[3]陳和尚出應命，先已沐浴易衣，若將就木然者，擐甲上馬不反顧。是日，以四百騎破八千衆，三軍之士踴躍思戰，蓋自軍興二十年始有此捷。奏功第一，手詔褒諭，授定遠大將軍、平凉府判官，世襲謀克。[4]一日名動天下。

[1]五年：本書卷一一二《移剌蒲阿傳》，正大六年，"十二月乙未，詔蒲阿與總帥牙吾塔、權簽樞密院事訛可救慶陽。七年正月，戰北兵於大昌原"。與此異。

[2]大昌原：地名。慶原路寧州有大昌鎮，在今甘肅省寧縣西。疑大昌原在其附近。

[3]合達：女真人。姓完顏氏。本書卷一一二有傳。

[4]授定遠大將軍、平凉府判官：本書卷一七《哀宗紀上》，正大"六年……授定遠大將軍、平凉府判官、世襲謀克"。時間與此異。定遠大將軍，武散官。正五品中階。平凉判官，府官名。掌紀綱衆務，分判吏、户、禮案事，專掌通檢推排簿籍。從六品。平凉府治所在今甘肅省平凉市。　謀克：女真地方行政設置及長官的名稱。謀克相當於縣及縣令。又是女真貴族世襲爵，受封人有領地、封户。

忠孝一軍皆回紇、乃滿、羌、渾及中原被俘避罪來歸者，[1]鷙狠凌突號難制。陳和尚御之有方，坐作進退皆中程式，所過州邑常料所給外秋毫無犯，街曲間不復喧雜，每戰則先登陷陣，疾若風雨，諸軍倚以爲重。六年，有衛州之勝。[2]八年，有倒回谷之勝。[3]自刑徒不四五遷爲禦侮中郎將。[4]

［1］回紇：原爲鐵勒諸部之一。隋至唐初曾臣服突厥，與唐關係密切，唐開成五年（840）回紇汗國被黠戛斯所破，諸部離散，大部分向西遷徙。　乃滿：又作乃蠻，北部草原游牧民族之一。遼金時游牧於阿爾泰山和杭愛山之間，曾臣服於遼金，成吉思汗西征，其部爲蒙古國兼并。　羌：西北民族名稱。主要分布在今甘肅、陝西、青海、四川一帶。　渾：部族名。疑名稱有脱落，具體不詳。

［2］六年：局本作“七年”。本書無詳細記載。本書卷一七《哀宗紀上》正大七年（1230）“冬十月，平章合達、副樞蒲阿引兵救衛州，衛州圍解”。中華點校本認爲是指此戰。故“六年”當作“七年”。　衛州：治所在今河南省衛輝市。

［3］倒回谷之勝：戰役具體位置不詳。

［4］禦侮中郎將：武散官。本書《百官志》無載，當是金末封授的官，具體不詳。

副樞移剌蒲阿無持重之略，[1]嘗一日夜馳二百里趨小利，軍中莫敢諫止。陳和尚私謂同列曰：“副樞以大將軍爲剽略之事，今日得生口三百，明日得牛羊一二千，士卒喘死者則不復計。國家數年所積，一旦必爲是人破除盡矣。”或以告蒲阿，一日，置酒會諸將飲，酒行至陳和尚，蒲阿曰：“汝曾短長我，又謂國家兵力當由我盡壞，誠有否?”陳和尚飲畢，徐曰：“有。”蒲阿見其無懼容，漫爲好語云：“有過當面論，無後言也。”

［1］副樞：即樞密副使，樞密院屬官。掌國家軍務機密之事。從二品。　移剌蒲阿：契丹人。哀宗朝軍國大計多從決之。本書卷

一一二有傳。

九年正月，三峰山之敗，[1]走鈞州。[2]城破，大兵入，即縱軍巷戰。陳和尚趨避隱處，殺掠稍定迺出，自言曰："我金國大將，欲見白事。"兵士以數騎夾之，詣行帳前。問其姓名，曰："我忠孝軍總領陳和尚也。大昌原之勝者我也，衛州之勝亦我也，倒回谷之勝亦我也。我死亂軍中，人將謂我負國家，今日明白死，天下必有知我者。"時欲其降，斫足脛折不爲屈，豁口吻至耳，噀血而呼，至死不絕。大將義之，酹以馬湩，祝曰："好男子，他日再生，當令我得之。"時年四十一。是年六月，詔贈鎮南軍節度使，[3]塐像褒忠廟，[4]勒石紀其忠烈。

[1]三峰山之敗：正大九年（1232）由完顔合達、移剌蒲阿率領的金軍主力與蒙古軍戰於三峰山，蒙古軍乘金軍疲困，以伏兵夾攻，金軍大敗。金朝主要抗蒙將領大部戰死，金兵主力全部敗潰，自是金朝再無力抵禦蒙古大軍的進攻。三峰山在今河南省禹州市境内。

[2]鈞州：治所在今河南省禹州市。

[3]鎮南軍節度使：州軍名。治所在今河南省汝南縣。

[4]塐（sù）：通"塑"。

斜烈名鼎，字國器，畢里海世襲猛安。[1]年二十，以善戰知名。自壽、泗元帥轉安平都尉，鎮商州，[2]威望甚重，敬賢下士，有古賢將之風。初至商州，一日搜伏，於大竹林中得歐陽脩子孫，[3]問而知之，併其族屬鄉里三千餘人皆縱遣之。

[1]畢里海世襲猛安：女真族行政建置名。隸屬何路無載，畢里海，日本學者三上次男認爲可能是本書卷六六《合住傳》中記載的曷蘇館苾里海水，或本書卷二《太祖紀》中記載的匹里水路，即今遼東半島南流注入黄海的碧流河，故此猛安的原住地在遼東碧流河流域（三上次男《金代女真研究》，黑龍江人民出版社 1984 年版，第 517 頁）。

[2]商州：治所在今陝西省商洛市。

[3]歐陽脩：宋人。曾任翰林學士、參知政事。《宋史》卷三一九有傳。

楊沃衍一名斡烈，賜姓兀林荅，[1]朔州静邊官莊人，[2]本屬唐括迪剌部族。[3]少嘗爲北邊屯田小吏，會大元兵入境，[4]朝命徙唐括族内地，沃衍留不徙，率本部族願從者入保朔州南山茶杞溝，[5]有衆數千，推沃衍爲招撫使，[6]號其溝曰府。故殘破鎮縣徒黨日集，官軍不能制，又與大兵戰，連獲小捷，及乏食遂行剽劫，官軍捕之，拒戰不下，轉走寧、隩、武、朔、寧邊諸州，[7]民以爲病。朝廷遣人招之，沃衍即以衆來歸。時宣宗適南遷，[8]次淇門，[9]聞之甚喜，遂以爲武州刺史。

[1]賜姓：金末女真統治者對在抗蒙戰争中戰功卓著將領的一種賞賜。

[2]朔州：治所在今山西省朔州市。　静邊官莊：具體位置不詳。

[3]唐括迪剌部族：金朝北部邊地的部族名。其具體住地不能確指。

[4]大元：指蒙古汗國，後建立元朝（1271—1368）。

[5]茶杞溝：地名。在今山西省朔州市境内，具體位置不詳。

[6]招撫使：招撫司屬官。本書《百官志》不載。掌征討敵軍，安撫百姓之事。

[7]寧：州名。治所在今甘肅省寧縣。　陝：州名。治所在今山西省河曲縣南。　武：州名。治所在今山西省五寨縣北。　寧邊：州名。治所在今内蒙古自治區清水河縣。

[8]宣宗南遷：貞祐二年（1214）五月，宣宗爲逃避蒙古的兵鋒，將都城由中都遷往南京（今河南省開封市），從此金朝走向全面衰落。

[9]淇門：鎮名。在今河南省浚縣東南。

武州屢經殘毁，沃衍入州未幾而大兵來攻，死戰二十七晝夜不能拔，迺退，時貞祐二年二月也。既而，朝廷以武州終不可守，令沃衍遷其軍民駐岢嵐州，[1]以武州功擢爲本州防禦使。[2]俄升岢嵐爲節鎮，以沃衍爲節度使，仍詔諭曰："卿於國盡忠，累有勞績。今特升三品，恩亦厚矣，其益勵忠勤，與宣撫司輯睦以安軍民。"沃衍自奉詔即以身許國，曰："爲人不死王事而死於家，非大丈夫也。"

[1]岢嵐州：治所在今山西省岢嵐縣。

[2]防禦使：州軍官。掌一州軍、政事務，防捍不虞，禦制盗賊。從四品。

三年，[1]奉旨屯涇、邠、隴三州，[2]沃衍分其軍九千人爲十翼五都統，親統者十之四。是冬，[3]西夏四萬餘騎圍定西州，[4]元帥右都監完顏賽不以沃衍提控軍事，[5]率兵與夏人戰，斬首幾二千，生擒數十人，獲馬八百餘疋，器械稱是，餘悉遁去。詔陝西行省視功官賞之。[6]

[1]三年：《金史詳校》卷九認爲三年當作四年。

[2]涇：州名。治所在今甘肅省涇川縣。　邠：州名。治所在今陝西省彬縣。　隴：州名。治所在今陝西省千陽縣西北。

[3]是冬：本書卷一四《宣宗紀上》，貞祐四年（1216）十一月“乙酉，元帥右都監完顏賽不来獻，其提控石盞合喜、楊斡烈等大敗夏人于定西之捷”。本書卷一一三《赤盞合喜傳》，“貞祐四年十一月，夏人四萬餘騎圍定西，合喜及楊斡烈等率兵鏖戰走之”。本書卷一三四《西夏傳》，“貞祐四年十一月，提控石盞合喜、楊斡烈解定西之圍”。中華點校本認爲“是冬”當是“貞祐四年冬”。“三年”究是“三年”或“四年”，無可考。

[4]西夏：党項人建立的地方王朝名（1038—1227）。　定西州：治所在今甘肅省定西縣南。

[5]元帥右都監：都元帥府屬官。掌征討之事。從三品。　完顏賽不：女真人。本書卷一一三有傳。

[6]行省：官署名。金章宗以來，因用兵、河防等事涉及諸路，臨時設行尚書省。金末戰事連年不斷，行省遍及全國。

興定元年春，[1]上以沃衍累有戰功，賜今姓。未幾，遥授通遠軍節度使、兼鞏州管内觀察使。[2]是冬，詔陝西行省伐宋，[3]沃衍與元帥左都監内族白撒、通遠軍節度使温迪罕婁室、同知通遠軍節度使事烏古論長壽、平西軍節度副使和速嘉兀迪將兵五千出鞏州鹽川，[4]至故城逢夏兵三百，擊走之。又入西和州至岐山堡，[5]遇兵六千凡三隊，遣軍分擊，逐北三十餘里，斬首四百級，生獲十人、馬二百疋、甲仗不勝計。尋復得散關。[6]二年正月，捷報至，上大喜，詔遷沃衍官一階，遥授知臨洮府事。[7]三年，武休關之捷，[8]沃衍功居多，詔特遷一官。

[1]興定：金宣宗年號（1217—1222）

[2]遥授：金末一些城池已爲元軍攻陷，或已有任職者，朝廷仍以其地授官與人，空有虚名，没有實職。　通遠軍節度使兼鞏州管内觀察使：州軍官。金制節度使兼本州管内觀察使事。通遠軍與鞏州治所同在一處，在今甘肅省隴西縣。

[3]宋：指南宋（1127—1279）。

[4]元帥左都監：元帥府屬官。掌征討之事。從三品。　白撒：女真人。即完顔承裔。本書卷一一三有傳。　温迪罕婁室：女真人。其他事迹不詳。　同知通遠軍節度使事：州軍官名。通判節度使事。正五品。　烏古論長壽：突門族人。本書卷一〇三有傳。平西軍：州軍名。治所在今甘肅省臨夏市東北。　和速嘉兀迪：其他事迹不詳。　鹽川：鎮名。在今甘肅省隴西縣西南。原作“井”。本書卷二六《地理志下》云，臨洮路鞏州定西縣“鎮一，鹽川”。中華點校本據改。今從之。

[5]西和州：南宋州名。治所在今甘肅省西和縣。　岐山堡：具體位置不詳。

[6]散關：大散關。在今陝西省寶鷄市西南。

[7]臨洮府：治所在今甘肅省臨洮縣。

[8]武休關：在今陝西省留壩縣東南。

元光元年正月，[1]遥授中京留守。[2]六月，進拜元帥右監軍，[3]仍世襲納古胡里愛必剌謀克。[4]二年春，北兵游騎數百掠延安而南，[5]沃衍率兵追之，戰于野豬嶺，[6]獲四人而還。俄而，兵大至，駐德安寨，[7]復擊走之。未幾，大兵攻鳳翔還，[8]道出保安，[9]沃衍遣提控完顏查剌破于石樓臺，[10]前後獲馬二百、符印數十。詔有司論賞。

[1]元光：金宣宗年號（1222—1223）。

[2]中京留守：留守司長官，帶本府尹兼本路兵馬都總管。正三品。中京，金代中京原爲大定府，治所在今内蒙古自治區寧城縣。海陵王貞元元年（1153）改中京爲北京，以燕京（今北京市）爲中都。金末宣宗遷都於南京（今河南省開封市）後，以河南府爲中京，治所在今河南省洛陽市。

[3]元帥右監軍：都元帥府屬官。掌征討之事。正三品。

[4]納古胡里愛必剌謀克：女真世爵名。受封者有領地、封户。金朝猛安謀克制度推行於女真、契丹、奚、唐古等北方民族之中，楊沃衍爲唐括（古）迪剌部人，故有世襲謀克爵。此謀克隸屬的路無載，具體位置不詳。

[5]延安：府名。治所在今陝西省延安市。

[6]野豬嶺：具體位置不詳。

[7]德安寨：在今陝西省安塞縣西北。

[8]鳳翔：府名。治所在今陝西省鳳翔縣。

[9]保安：縣名。治所在今陝西省志丹縣。

[10]完顏查剌：女真人。其他事迹不詳。　石樓臺：具體位置不詳。

初，聞野豬嶺有兵，沃衍約陀滿胡土門以步軍會戰。[1]胡土門宿將，常輕沃衍，至是失期。沃衍戰還，會諸將欲斬胡土門，諸將哀請迺釋之。時大兵聲勢益振，陝西行省檄沃衍清野，不從，曰："我若清野，明年民何所得食。"遂隔大澗持勢使民畢麥事。正大二年，進拜元帥左監軍，[2]遥領中京留守。

[1]陀滿胡土門：女真人。本書本卷有傳。

[2]元帥左監軍：元帥府屬官。掌征討之事。正三品。

八年冬，平章合達、參政蒲阿由鄧州而西，[1]沃衍自豐陽川遇於五朵山下，[2]問禹山之戰如何，[3]合達曰："我軍雖勝，而大兵已散漫趨京師矣。"[4]沃衍憤云："平章、參政蒙國厚恩，握兵柄，失事機，不能戰禦，迺縱兵深入，尚何言耶。"

[1]參政：即參知政事，尚書省執政官。爲宰相的副佐，佐治尚書省事。正員二人，從二品。　鄧州：治所在今河南省鄧州市。

[2]豐陽川：具體位置無考。　五朵山：具體位置無考。

[3]禹山之戰：正大八年（1231）蒙古拖雷率軍四萬人渡漢江至禹山，金朝彙集二十萬大軍由完顔合達、移剌蒲阿率領迎戰。蒙古軍自禹山後退三十里，衹留部分兵牽制金軍，將大批軍隊分散取道趨南京（今河南省開封市）。雖未能大戰，但合達、蒲阿亦以大捷報朝廷。禹山在今河南省鄧州市西南。

[4]京師：指南京，又稱汴京。治所在今河南省開封市。

三峰山之敗，沃衍走鈞州。其部曲白留奴、呆劉勝既降，[1]請于大帥，願入鈞招沃衍。大帥質留奴，令勝入鈞見沃衍，道大帥意，降則當授大官。沃衍善言慰撫之，使前，拔劍斫之，曰："我起身細微，蒙國大恩，汝欲以此污我耶。"遂遺語部曲後事，望汴京拜且哭曰："無面目見朝廷，惟有一死耳。"即自縊。部曲舉火并所寓屋焚之，從死者十餘人。沃衍死時年五十二。

[1]白留奴、呆劉勝：其他事迹不詳。

初，大兵破西夏，[1]長驅而至，關輔千里皆洶洶不安，[2]雖智者亦無如之何。沃衍與其部將劉興哥者率兵往來邠、隴間，[3]屢戰屢勝，故大軍猝不能東下。

[1]大兵破西夏：指哀宗正大四年（1227）蒙古滅西夏。
[2]關輔：關，指函谷關。輔，指京畿之地。
[3]劉興哥：本傳後有附傳。

興哥，鳳翔虢縣人，[1]起於群盗，人呼曰"熱劉"。後於清化戰死，[2]大兵至酹酒以弔，西州耆老語之至爲泣下。

[1]虢縣：在今陝西省寶鷄市。
[2]清化：鎮名。在今河南省博愛縣。

烏古論黑漢，初以親軍入仕，嘗爲唐、鄧元帥府把軍官。[1]天興二年，[2]唐州刺史内族斜魯病卒，[3]鄧州總帥府以蒲察都尉權唐州事。[4]宋軍兩來圍唐，又唐之粮多爲鄧州所取，以故乏食。六月，遣萬户夾谷定住入歸德，[5]奏請軍粮，不報。七月，鎮防軍馮總領、甄改住爲變，[6]殺蒲察都尉。時朝廷道梗，帥府承制以黑漢權刺史行帥府事。[7]

[1]唐：州名。治所在今河南省唐河縣。

[2]天興：金哀宗年號（1232—1234）。

[3]内族：指宗室出身的人。　斜魯：女真人。其他事迹不詳。

[4]蒲察都尉：女真人。都尉爲軍官名，蒲察氏名失載。其他事迹不詳。

[5]萬户：軍官名。位於猛安謀克統兵官之上。掌征討之事。夾谷定住：女真人。其他事迹不詳。　歸德：府名。在今河南省商丘市。

[6]馮總領：總領爲軍官名，馮氏的名字脱落，事迹主要見本傳，其他不詳。　甄改住：人名。其他事迹不詳。

[7]行帥府事：行元帥府長官。衛紹王大安三年（1211）金蒙交戰，宣宗貞祐二年（1214）遷都南京（今河南省開封市），戰火逐漸擴展到金朝各地，自貞祐三年始於各主要戰場設行元帥府，以統領各地兵馬。

既而，鎮防軍有歸宋之謀，時裕州大成山聶都統一軍五百人在州，[1]獨不欲歸宋，與鎮防軍爲敵，鎮防不能勝，棄老幼奔棗陽，[2]宋人以故知唐之虚實。會鄧帥移剌瑗以城叛歸于宋，[3]遺書招黑漢，黑漢殺其使者不報。

[1]裕州：治所在今河南省方城縣。　大成山：具體位置無考。

聶都統：都統爲統兵官名，聶氏名無載，其他事迹不詳。

［2］棗陽：南宋州軍名。治所在今湖北省棗陽市。

［3］鄧帥：爲鄧州行元帥府長官。　移剌瑗：原脱“剌”字。本書卷一八《哀宗紀下》，天興二年（1233）五月，“甲辰，鄧州節度使移剌瑗以其城叛”。中華點校本據補。今從之。移剌瑗，本名粘合，契丹人。世襲契丹猛安，哀宗朝曾任鄧州節度使、兼行樞密院事。後降宋。其事迹見本書卷一一八《武仙傳》。

宋王安撫率兵攻唐，[1]鄂司王太尉繼至，[2]攻益急。黑漢聞哀宗遷蔡，[3]遣人求救，上命權參政兀林荅胡土將兵以往。[4]宋人設伏，縱其半入城，邀擊之，胡土大敗，僅存三十騎以還。

［1］王安撫：南宋人。安撫，宋官名。王氏名字無載，其他事迹不詳。

［2］鄂：州名。治所在今湖北省武漢市。　王太尉：南宋人。太尉，宋官名。王氏名字無載，其他事迹不詳。

［3］哀宗遷蔡：金天興元年（1232），在蒙古大軍的攻擊下，金朝已無力守南京，哀宗逃出南京，二年六月遷至蔡州。　蔡：州名。治所在今河南省汝南縣。

［4］兀林荅胡土：女真人。曾任殿前都點檢，與哀宗俱死。

城中粮盡，人相食，黑漢殺其愛妾啖士，士争殺其妻子。官屬聚議欲降，黑漢與聶都統執議益堅，馮總領迺私出城與王安撫會飲，約明日宋軍入城。馮歸，宋軍不得入，聶都統請馮議事，即坐中斬之，及其黨皆死。總領趙醜兒者初與馮同謀，[1]内不自安，開西門納宋軍。

黑漢率大成山軍巷戰，自辰至午，宋軍大敗而出，殺傷無數。宋人城下大呼趙醜兒，約併力殺大成山軍。大成軍敗，宋人獲黑漢，脅使降，黑漢不屈，爲所殺。其得脱走者十餘人，總領移剌望軍、女奚烈軍、醜兒走蔡州，[2]皆得遷賞，後俱死於甲午之難。[3]

[1]趙醜兒：其他事迹無考。

[2]移剌望軍、女奚烈軍：移剌望，契丹人。女奚烈，女真人姓氏，衹存姓，名脱落。其他事迹均不詳。

[3]甲午之難：甲午年，即金天興三年（1234）蒙古軍攻陷蔡州，哀宗自盡於幽蘭軒。金朝滅亡。

陀滿胡土門字子秀，策論進士也。[1]累官翰林待制。[2]貞祐二年，遷知中山府。[3]三年，改知臨洮府、兼本路兵馬都總管。[4]叛賊蘭州程陳僧等誘夏人入寇，[5]圍臨洮凡半月，城中兵數千而粟且不支，衆皆危之。胡土門日爲開諭逆順禍福，皆自奮，因捕其黨欲爲内應者二十人，斬之，擲首城外。賊四面來攻，迺夜出襲賊壘，夏兵大亂，金軍乘之，遂大捷，夏人遁去。

[1]策論進士：即女真進士。世宗大定十三年（1173）開設，每場策一道，免鄉試、府試，止赴會試、御試。大定二十年定制，以策、詩試三場，策用女真大字，詩用女真小字。

[2]翰林待制：翰林學士院屬官。分掌詞命文字，分判院事，銜内帶"同知制誥"。不限員，正五品。

[3]知中山府：府長官。知府事一職，本書《百官志》不載，世宗大定年間始設，官品高於同知，或低於府尹。章宗朝及以後，

不授府尹，以知府事代之，掌宣風導俗，肅清所部，總判府事。官品或與府尹同，正三品。中山府治所在今河北省定州市。

[4]知臨洮府、兼本路兵馬都總管：路官名。金制以路治府尹兼本路兵馬都總管，掌統諸城隍兵馬甲仗，總判府事。正三品。臨洮路治於臨洮府，治所在今甘肅省臨洮縣。

[5]蘭州：治所在今甘肅省蘭州市。　程陳僧：其他事迹不詳。

四年，知河中府事，[1]權河東南路宣撫副使。[2]十月，進元帥右監軍、兼前職。興定二年，爲絳陽軍節度使、兼絳州管内觀察使。[3]十月，遷元帥左監軍，行元帥府事，兼知晋安府、河東南路兵馬都總管。[4]於是，修城池，繕甲兵，積芻粮，以備戰守。民不悦，行省胥鼎聞之，[5]遺以書曰："元帥始鎮河中，惠愛在民，移旆晋安，[6]遠近忻仰。去歲兵入，平陽不守，[7]河東保完者惟絳而已。盖公坐籌制勝，威德素著，故不動聲氣以至無虞也。邇來傳聞，治政太剛，科徵太重，鼎切憂之。古人有言，御下不寛則人多懼禍，用人有疑則士不盡心。况大兵在邇，鄰境已虚，小人易動，誠不可不慮也。願公以謙虚待下，忠孝結人，明賞罰，平賦税，上以分聖主宵旰之憂，下以爲河東長城之托。"

[1]河中府：治所在今山西省永濟市西。

[2]河東南路宣撫副使：宣撫司屬官。掌鎮撫人民、譏察邊防軍旅、審録重刑事。正三品。河東南路治於平陽府，在今山西省臨汾市。

[3]絳陽軍：治於絳州，在今山西省新絳縣。

[4]晋安府：治所在今山西省新絳縣。

[5]胥鼎：本書卷一〇八有傳。

[6]旆（pèi）：旗幟的通稱。

[7]平陽：府名。治所在今山西省臨汾市。

胡土門得書，懼民不從且或生變，迺上言："臣本瑣材，猥膺重寄，方將治隍陴、積芻糧爲捍禦之計，而小民難與慮始，以臣政令頗急，皆有怨言，遂貽行省之憂。自聞訓諭，措身無所，内自悛悔，外加寬撫，庶幾少慰衆心。而近以朝命分軍過河，則又讙言帥臣不益兵保守，[1]而反助河南，[2]將棄我也。人心如此，恐一旦遂生他變。向者李革在平陽，[3]人不安之，而革隱忍不言，以至于敗。臣實拙繆，無以服人，敢以鼎書上聞，惟朝廷圖之。"朝廷以鼎言，遣吏部尚書完顔閭山代之。[4]或曰，胡土門欲以計去晋安，迺大興役，恣爲殺戮，務失民心，故鼎言及之。未幾，晋安失守，死者幾百萬人，遂失河東。

[1]讙（huān）：喧嘩之意。

[2]河南：黄河以南地區，大致相當於今河南省。

[3]李革：本書卷九九有傳。

[4]吏部尚書：吏部長官。掌文武選授、勳封、考課、出給制誥之政。正三品。　完顔閭山：女真人。本書卷一〇〇有傳。

三年八月，改太常卿，[1]權簽樞密院事、知歸德府事。[2]元光二年二月，坐上書不實，削一官。正大三年七月，復爲臨洮府總管。[3]四年五月，城破被執，誘之降不應，使之跪不從，以刀亂斫其膝脛，終不爲屈，遂殺之。五年，詔贈中京留守，立像褒忠廟，録用其子孫。其妻烏古論氏亦死節，[4]有傳。

[1]太常卿：太常寺屬官。掌禮樂、郊南、社稷、祠祀之事。從三品。

[2]簽樞密院事：樞密院屬官。掌凡武備機密之事。正三品。

[3]總管：路長官。即兵馬都總管。

[4]烏古論氏：女真人。其他事迹不詳。

姬汝作字欽之，汝陽人，[1]全州節度副使端脩之姪孫也。[2]父懋以廕試部掾，[3]轉尚書省令史。[4]汝作讀書知義理，性豪宕不拘細行，平日以才量稱。正大末，避兵崧山，[5]保鄉鄰數百家，衆以長事之。後徙居交牙山砦，[6]會近侍局使烏古論四和撫諭西山，[7]以便宜授汝作北山招撫使，[8]佩銀符，遂還入汝州。[9]

[1]汝陽：縣名。治所在今河南省汝南縣。

[2]全州節度副使：州軍官名。通判節度使事。從五品。全州治所在今内蒙古自治區赤峰市境内。　端脩：即宗端脩，爲避睿宗完顔宗輔諱，改“宗”氏爲“姬”氏。本書卷一〇〇有傳。

[3]懋：其他事迹不詳。　廕試：廕，爲廕補。廕補爲金朝官宦子弟入仕途徑之一，熙宗天眷年間，一品至八品皆不限所廕之人。海陵貞元二年（1154），定廕叙法，一品至七品皆限以數，削八品用廕之制。詳見本書卷五二《選舉志二》。試，指録用。　部掾：即六部所屬的低級官員。

[4]尚書省令史：尚書省下屬吏員。

[5]崧山：在今河南省登封市北。又作嵩山。

[6]交牙山砦：具體位置不詳。

[7]近侍局使：近侍局長官。掌侍從，承勑令，轉進奏貼。從五品。　烏古論四和：女真人。哀宗朝曾任監察御史。　西山：地理位置不詳。

[8]北山招撫使：臨時官職。掌征討敵軍，安撫百姓之事。

[9]汝州：治所在今河南省汝州市。

初，汝州殘破之後，天興元年正月，同知宣徽院事張楷授防禦使，[1]自汴率襄、郟縣土兵百餘人入青陽垛。[2]時呼延實者領青陽砦事。[3]實，趙城人，[4]本楊沃衍部曲，[5]以戰功至寶昌軍節度使，[6]閒居汝之西山。楷自揣不能服衆，乃以州事托實，尋往鄧州從恒山公武仙。[7]後大元兵至，城破，殺數千人，迺許降，以張宣差者管州事。[8]三月，鈞州潰軍柳千户者入州，[9]張逃去，柳遂據之。未幾，城復破。

[1]同知宣徽院事：宣徽院屬官。掌朝會、燕享，凡殿庭禮儀及監知御膳。正四品。　張楷：其他事迹不詳。

[2]襄：縣名。即襄城縣，治所在今河南省襄城縣。　郟：縣名。即郟城縣，治所在今河南省郟縣。　青陽垛：地名。具體位置無考。

[3]呼延實：其他事迹不詳。　青陽砦：地名。具體位置無考。

[4]趙城：縣名。治所在今山西省洪洞縣北。

[5]楊沃衍：本書本卷有傳。

[6]寶昌軍：州軍名。治所在今山西省運城市西南。

[7]鄧州：治所在今河南省鄧州市。　恒山公：封號。宣宗興

定四年（1220），爲招納北方地主抗蒙武裝，收復北方失地和抵禦蒙古入侵，宣宗封建九公，各有封疆。九公皆兼宣撫使，階銀青榮禄大夫，賜號“宣力忠臣”，總帥本路兵馬，署置官吏，徵收賦税，賞罰號令得以便宜行事。以真定經略使武仙爲恒山公。　武仙：本書卷一一八有傳。

[8]張宣差：宣差爲官名。張氏名無載，其他事迹不詳。

[9]柳千户：千户，又稱猛安，爲統兵官。柳氏名無載，其他事迹不詳。

及汝作至，北兵雖去，但空城爾。汝作招集散亡，復立市井，北兵屢招之不從，數戰互有勝負。已而，北兵復來攻，汝作親督士卒，以死拒之。兵退，間道納奏，哀宗宣諭：“此州無險固可恃，汝迺能爲國用命，令授以同知汝州防禦使，便宜從事。”

是時，此州南通鄧州，西接洛陽，[1]東則汴京，使傳所出，供億三面，傳通音耗。然呼延實在青陽爲總帥，忌汝作城守之功，不能相下，州事動爲所制。實欲遷州入山，謂他日必爲大兵所破。汝作以爲倉中糧尚多，四面潰軍日至，此輩經百死，激之皆可用，朝廷倚我守此州，總帥迺欲棄之，何心哉。讒間既行，有相圖之隙，詳議官楊鵬釋之曰“外難未解而顧私忿”，[2]語甚諄切。實迺還山，鵬因勸汝作納奏，乞死守此州，以堅軍民之心。其冬，戰于襄、郟，得馬百餘，士氣頗振，遂以汝作爲總帥，不復與實相關矣。

[1]洛陽：縣名。治所在今河南省洛陽市。

[2]詳議官：官名。具體不詳。　楊鵬：其他事迹不詳。

天興二年六月，哀宗在蔡州，遣使徵兵入援。州人爲邏騎所擾，農事盡廢，城中糧亦垂盡。是月，中京破，部曲私議有唇亡之懼，謀以城降，懼汝作，不敢言，迺以遷州入山白之。汝作怒曰："吾家父祖食禄百年，今朝廷又以州事帥職委我，吾生爲金民，死爲金鬼。汝輩欲避於山，非欲降乎？有再言遷者吾必斬之。"

八月，塔察將大兵攻蔡，[1]經汝州。州人梁皋作亂，[2]與故吏温澤、王和七八人徑入州廨，[3]汝作不爲備，遂爲所殺。時宣使石珪體究洛陽所以破及强伸死節事，[4]以路阻，留汝州驛。[5]梁皋既殺汝作，走告珪曰："汝作私積糧斛，不卹軍民，衆怒殺之矣。皋不圖汝作官職，惟宣使裁之。"珪懼，迺以皋權汝州防禦使、行帥府事。脱走入蔡，以皋殺汝作事聞。

[1]塔察：蒙古人。《元史》卷一一九有傳。

[2]梁皋：其他事迹不詳。

[3]温澤、王和：其他事迹無考。

[4]宣使：即宣撫使，宣撫司屬官。掌鎮撫人民、譏察邊防軍旅、審録重刑事，勸農桑。從一品。　石珪：其他事迹不詳。　强伸：本書卷一一一有傳。

[5]汝州驛：設在汝州的驛站。

哀宗甚嗟惜之，遣近侍張天錫贈汝作昌武軍節度使，[1]子孫世襲謀克，仍詔峴山帥呼延實、登封帥范真併力討皋。[2]天錫避峴山遠，先約范真，真以麾下李某者往，以撫諭軍民爲名。臯率軍士迎於東門，知朝廷圖己，陰爲之備，李猶豫不敢發。臯館天錫于望崧樓，[3]隱毒於食，天錫遂中毒而死。臯後爲大元兵所殺。

[1]張天錫：其他事迹無考。　昌武軍：州軍名。治所在今河南省許昌市。

[2]峴山帥：官名。當爲駐守峴山的軍帥。峴山，在今湖北省襄樊市境内。　登封帥：官名。當爲駐守登封的軍帥。登封，縣名。治所在今河南省登封市。　范真：其他事迹無考。

[3]望崧樓：具體地點不詳。

楊鵬字飛卿，能詩。

愛申，逸其族與名，或曰一名忙哥。本虢縣鎮防軍，累功遷軍中總領。李文秀據秦州，[1]宣宗詔鳳翔軍討之，[2]軍圍秦州城。時愛申在軍中，有罪當死。宣宗問之樞帥，[3]有知其名者奏此人將帥材，忠實可倚。宣宗命馳赦之，以爲德順節度使，[4]行元帥府事。

[1]李文秀：其他事迹不詳。　秦州：治所在今甘肅省天水市。

[2]鳳翔軍：軍州名。治所在今陝西省鳳翔縣。

[3]樞帥：即樞密院官員。

[4]德順：州名。治所在今甘肅省静寧縣。

正大四年春，大兵西來，擬以德順爲坐夏之所，德順無軍，人甚危之。愛申識鳳翔馬肩龍舜卿者可與謀事，[1]迺遺書招之。肩龍得書欲行，鳳翔總管禾速嘉國鑑以大兵方進，[2]吾城可恃，德順決不可守，勸勿往。

肩龍曰："愛申平生未嘗識我，一見許爲知己。我知德順不可守，往則必死，然以知己故，不得不爲之死耳。"迺舉行槖付族父，明爲死别，冒險而去。既至，不數日受圍，城中惟有義兵鄉軍八九千人，[3]大兵舉天下之勢攻之。愛申假舜卿鳳翔總管府判官，[4]守禦一與共之。凡攻百二十晝夜，力盡迺破，愛申以劍自剄，時年五十三。軍中募生致肩龍，而不知所終。臺諫有言當贈德順死事者官，以勸中外。詔各贈官，配食褒忠廟。

[1]馬肩龍舜卿：馬肩龍，字舜卿。本書本卷有傳。

[2]禾速嘉國鑑：其他事迹無考。

[3]義兵鄉軍：金朝末年軍隊的一種。爲招募軍，由當地農民組成。

[4]總管府判官：路總管府屬官。掌紀綱衆務，分判兵案之事。從六品。

肩龍字舜卿，宛平人。[1]先世遼大族，[2]有知興中府者，[3]故人號興中馬氏。祖大中，[4]金初登科，節度全、錦兩州。[5]父成誼，[6]明昌五年登科，[7]仕爲京兆府路統軍司判官。[8]肩龍在太學有賦聲。[9]

[1]宛平：縣名。治所在今北京市。

[2]遼：朝代名（916—1125）。

[3]興中府：遼府名。治所在今遼寧省朝陽市。

[4]大中：即馬大中。其他事迹不詳。

[5]錦：州名。治所在今遼寧省錦州市。

[6]成誼：即馬成誼。其他事迹不詳。

[7]明昌：金章宗年號（1190—1195）。

[8]京兆府路統軍司判官：統官司屬官。掌紀綱庶務，簽判司事。從五品。京兆府路治所在今陝西省西安市。

[9]太學：國子監下屬機構。掌教誨諸生。

宣宗初，有誣宗室從坦殺人，[1]將置之死。人不敢言其冤，肩龍上書，大略謂："從坦有將帥材，少出其右者，臣一介書生，無用於世，願代從坦死，留爲天子將兵。"書奏，詔問："汝與從坦交分厚歟?"肩龍對曰："臣知有從坦，從坦未嘗識臣。從坦冤人不敢言，臣以死保之。"宣宗感悟，赦從坦，授肩龍東平録事，[2]委行省試驗。

[1]從坦：女真人。本書卷一二二有傳。

[2]東平録事：東平府節鎮録事司長官。掌平理獄訟，警察別部。正八品。東平，府名。治所在今山東省東平縣。

宰相侯摯與語不契，[1]留數月罷歸，將渡河，與排岸官紛競，[2]搜篋中得軍馬糧料名數及利害數事，疑其爲姦人偵伺者，繫歸德獄根勘，適從坦至，立救出之。正大三年，客鳳翔，元帥愛申深器重之，至是，同死於難。

[1]侯摯：本書卷一〇八有傳。

[2]排岸官：官名。當爲黃河渡口官。

禹顯，雁門人。[1]貞祐初，隸上黨公張開，[2]累以戰功授義勝軍節度使、兼沁州招撫副使。[3]元光二年四月，大帥達兒解、按察兒攻河東,[4]張開遣顯扼龍豬谷,[5]夾攻敗之,擒元帥韓光國,[6]獲輜重甲仗甚衆,追至祁縣而還,[7]所歷州縣悉復之。

[1]雁門：縣名。在今山西省代縣西北。

[2]上黨公張開：上黨公，封號。宣宗封建九公之一。宣宗以昭義軍節度使張開爲上黨公，並賜姓完顔。本書卷一一八有傳。

[3]義勝軍：州軍名。治所在今山西省沁縣。

[4]達兒解、按察兒：蒙古人。其他事迹不詳。　河東：指河東南、北路，與今山西省大致相當。

[5]龍豬谷：具體位置不詳。

[6]韓光國：元人。其他事迹無考。

[7]祁縣：治所在今山西省祁縣。

顯將軍三百人，守襄垣,[1]八年不遷。大帥嘗集河朔步騎數萬攻之,[2]至於數四不能拔。既而，戰於玉女寨,[3]大獲。開言於朝，權元帥右都監。

正大六年冬十二月，軍内變，城破被擒。帥義之，不欲加害。初以鐵繩鈐之，既而，密與舊部曲二十人遁去，聞上黨公軍復振，將往從之。大兵四向來追，顯適與負釜一兵相失，乞飯山寺中，僧走報焉，被執不屈死，時年四十一。

[1]襄垣：縣名。治所在今山西省襄垣縣。

[2]河朔：泛指黄河以北地區。

[3]玉女寨：地名。具體位置無考。

秦州人張邦憲字正叔，登正大中進士第，爲永固令。[1]天興二年，避兵徐州。[2]卓翼率兵至城，[3]邦憲被執，將驅之北，邦憲罵曰："我進士也，誤蒙朝廷用爲邑長，可從汝曹反耶。"遂遇害。

[1]永固：縣名。治所在今安徽省淮北市東。

[2]徐州：治所在今江蘇省徐州市。

[3]卓翼：徐州行省完顏仲德封其爲東平郡王，後叛金投蒙古。

劉全者，彭城民也。[1]率鄉鄰數百避兵潛沫溝，[2]推爲砦主。北兵至徐，盡俘其老幼，全父亦在其中，北兵質之以招全，全縛其人送徐州，因竊其父以歸。徐帥益都嘉其忠，[3]承制以爲昭信校尉，[4]遥領彭城縣尉。[5]後遇國用安，[6]怒其不附己，見殺。

[1]彭城：縣名。治所在今江蘇省徐州市。

[2]沫溝：具體位置無考。

[3]徐帥益都：徐帥，爲駐守徐州的軍帥。益都，人名。其他事迹不詳。

[4]昭信校尉：武散官。正七品下階。

[5]縣尉：縣官。掌巡捕事。正九品。

[6]國用安：本書卷一一七有傳。

金史　卷一二四

列傳第六十二

忠義四

馬慶祥　商衡　术甲脱魯灰　楊達夫　馮延登
烏古孫仲端　烏古孫奴申　蒲察琦　蔡八兒　温敦昌孫
完顔絳山　畢資倫　郭蝦蟆

馬慶祥字瑞寧，本名習禮吉思。先世自西域入居臨洮狄道，[1]以馬爲氏，後徙家净州天山。[2]泰和中，[3]試補尚書省譯史。[4]大安初，[5]衛王始通問大元，[6]選使副，[7]上曰："習禮吉思智辯通六國語，往必無辱也。"使還，授開封府判官。[8]内城之役充應辦使，不擾而事集。未幾，大元兵出陜右，[9]朝廷命完顔仲元爲鳳翔元帥，[10]舉慶祥爲副，上曰："此朕志也，且築城有勞。"即拜鳳翔府路兵馬都總管判官。[11]

[1]西域：地名。始見於《漢書・西域傳》，是對玉門關、陽

關以西廣大地區的總稱。　臨洮：府名。治所在今甘肅省臨洮縣。　狄道：縣名。治所亦在今甘肅省臨洮縣。

[2]净州天山：世宗大定十八年（1178）以天山縣升爲净州。治所在今内蒙古自治區四子王旗西北。

[3]泰和：金章宗年號（1201—1208）。

[4]尚書省譯史：尚書省吏員。

[5]大安：金衛紹王年號（1209—1211）。

[6]衛王：封爵名。即衛紹王完顔興勝，漢名允濟，章宗時避其父顯宗諱，改名永濟。金朝第七代皇帝。1209 年至 1213 年在位。　大元：指蒙古汗國，後建立元朝（1271—1368）。

[7]使副：即通問蒙古汗國使團的正、副職長官。

[8]開封府判官：府官名。掌紀綱衆務，分判吏、户、禮案事，專掌通檢推排簿籍。從六品。開封，府名。治所在今河南省開封市。

[9]陝右：指今陝西省一帶地區。

[10]完顔仲元：即郭仲元。宣宗賜姓完顔，統領"花帽軍"。哀宗朝官至兵部尚書。本書卷一〇三有傳。　鳳翔元帥：軍官名。時完顔仲元爲知鳳翔府事，以兵駐守鳳翔，故又稱鳳翔元帥。鳳翔，府名。治所在今陝西省鳳翔縣。

[11]鳳翔府路兵馬都總管判官：路總管府屬官。掌紀綱總府衆務，分判兵案之事。從六品。鳳翔府路，路治於鳳翔府，治所亦在今陝西省鳳翔縣。

元光元年冬十一月，[1]聞大將萌古不花將攻鳳翔，[2]行省檄慶祥與治中胥謙分道清野。[3]將行，命畫工肖其貌，付其家人。或曰："君方壯，何遽爲此不祥？"慶祥曰："非汝所知也。"明日遂行。遇先鋒于澮水，[4]戰不利。且行且戰，將及城，會大兵邀其歸路，度不能脱，令其騎曰：“吾屬荷國厚恩，竭力効死迺其職也。”諸騎皆曰：“諾。”人殊死戰，良久矢盡。大兵圍數匝，欲降之，軍擁以行，語言往復，竟不屈而死，年四十有六。元帥郭仲元輿其尸以歸，葬鳳翔普門寺之東。[5]事聞，詔贈輔國上將軍、恒州刺史，[6]謚忠愍。

[1]元光：金宣宗年號（1222—1223）。

[2]萌古不花：蒙古人。其他事迹不詳。

[3]行省：官署名。章宗以來，因用兵、河防等事涉及諸路，臨時設行尚書省，總掌一方軍政事務。行省即行尚書省，金末戰事連年不斷，行省遍及全國。　治中：府官名。本書《百官志》不見記載。金世宗後期，逐漸以治中取代府少尹，掌通判府事，官品當與少尹同，正五品。　胥謙：其他事迹不詳。

[4]澮水：爲今山西省曲沃縣、絳縣境内的澮河。

[5]普門寺：寺院名。當在鳳翔府城附近，即在今陝西省鳳翔縣城附近。

[6]輔國上將軍：武散官。從三品，中階。　恒州刺史：州官名。掌一州財政訴訟、宣導風俗等各種政務，獨不領兵。正五品。恒州治所在今陝西省周至縣。

胥謙及其子嗣亨亦不屈死，[1]謙贈輔國上將軍、彰化軍節度使，[2]嗣亨贈威遠將軍、鳳翔府判官。[3]

[1]嗣亨：其他事迹不詳。

[2]彰化軍節度使：州軍官。總管一州軍政事務，掌鎮撫諸軍防刺，總判本鎮兵馬之事，兼本州管内觀察使事。從三品。彰化軍，州軍名。治所在今甘肅省涇川縣。

[3]威遠將軍：武散官。品級不詳。

楨州金勝堡提控僕散胡沙亦死，[1]贈銀青榮禄大夫。[2]

[1]楨州：原爲韓城縣，宣宗貞祐三年（1215）升爲楨州。治所在今陝西省韓城市。　金勝堡：在楨州境内，具體位置無考。　僕散胡沙：女真人。其他事迹不詳。

[2]銀青榮禄大夫：文散官。正二品下階。

正大二年，[1]哀宗詔褒死節士，[2]若馬習禮吉思、王清、田榮、李貴、王斌、馮萬奴、張德威、高行中、程濟、姬玘、張山等十有三人，[3]爲立褒忠廟，仍録其孤。二人者逸其名，餘亦無所考。

[1]正大：金哀宗年號（1224—1232）。

[2]哀宗：廟號。即完顔寧甲速，漢名初爲守禮，宣宗貞祐四年（1216）更名爲守緒。金朝末代皇帝。1224年至1234年在位。

[3]王清、田榮、李貴、王斌、馮萬奴、張德威、高行中、程濟、姬玘、張山：具體事迹無考。

商衡字平叔，曹州人。[1]至寧元年，[2]特恩第一人，授鄜州洛郊主簿。[3]以廉能换鄜縣，[4]尋闢威戎令。[5]興定三年，[6]歲飢，民無所於糴，衡白行省，得開倉賑貸，全活者甚衆。後因地震城圮，夏人乘釁入侵，[7]衡率蕃部土豪守禦應敵，保以無虞。秩滿，縣人爲立生祠。再辟原武令。[8]未幾，入爲尚書省令史，[9]轉户部主事，[10]

兩月拜監察御史。[11]

[1]曹州：治所在今山東省曹縣西北。

[2]至寧：金衛紹王年號（1213）。

[3]鄜州洛郊主簿：縣官名。爲縣令的副佐。正九品。洛郊，縣名。爲鄜州州治所在地，在今陝西省富縣。

[4]郿縣：治所在今陝西省眉縣。

[5]威戎令：縣官。掌按察所部，勸課農桑，平理獄訟，捕除盜賊，宣導風化，兼管常平倉及通檢推排簿籍等事。從七品。威戎，縣名。治所在今甘肅省静寧縣南威戎鎮。

[6]興定：金宣宗年號（1217—1222）。

[7]夏：即西夏，地方王朝名（1038—1227）。

[8]原武：縣名。治所在今河南省原陽縣西。

[9]尚書省令史：尚書省屬吏員。

[10]户部主事：户部屬官。正員五人。女真司二員，通掌户度、金倉等事；漢人司三員，佐員外郎分掌户部户籍、物力、鹽鐵、坑冶、榷場、度支、俸禄、貢賦、租税、倉稟、度量等各種具體事物。從七品。章宗泰和八年（1208）减一員，宣宗貞祐四年（1216）作八員，五年爲六員。

[11]監察御史：御史臺屬官。掌糾察内外非違、刷磨諸司察帳並監祭禮及出使之事。正七品。

哀宗姨郕國夫人不時出入宫闈，[1]干預政事，聲跡甚惡。衡上章極言，自是郕國被召迺敢進見。内族慶山奴將兵守盱眙，[2]與李全戰敗，[3]朝廷置而不問。衡上言："自古敗軍之將必正典刑，不爾則無以謝天下。"詔降慶山奴爲定國軍節度使。[4]户部侍郎權尚書曹温之女在掖庭，[5]親舊干預權力，其家人填委諸司，貪墨彰露。臺臣無敢言者，[6]衡歷數其罪。詔罷温户部，改太后府衛尉。[7]再上章言："温果可罪當貶逐，無罪則臣爲妄言，豈有是非不别而兩可之理。"哀宗爲之動容，迺出温爲汝州防禦使。[8]

[1]郕國夫人：封號。姓氏不詳，哀宗天興二年（1233）在汴京死於崔立之手。

[2]内族：即女真宗室出身。　慶山奴：女真人。即完顔承立。本書卷一一六有傳。　盱眙：縣名。治所在今江蘇省盱眙縣。

[3]李全：金末山東濰州一帶農民起義軍的首領。金宣宗興定二年（1218）歸宋後仍堅持反金，後來發展爲一個地方割據勢力，後投降蒙古。見《宋史》卷四七六《李全傳》及《齊東野語》卷九《李全》。

[4]定國軍：州軍名。治所在今陝西省大荔縣。

[5]户部侍郎：户部屬官。佐掌户籍、物力、鹽鐵、酒麯、坑冶、榷場、市場、度支、國用、俸禄、錢帛、貢賦、租税、積貯、度量等。正四品。　權尚書：權，代理。尚書，即户部尚書，户部長官。正三品。　曹温：章宗泰和年間有尚書都事曹温與之同名。此人本書僅一見，其他事迹不詳。

[6]臺臣：指中央監察機構御史臺官員。

[7]太后府衛尉：太后府屬官。總掌宫中事務。從三品。

[8]汝州防禦使：州長官。掌一州軍政事務。從四品。汝州治所在今河南省汝州市。

未幾，爲右司都事，[1]改同知河平軍節度使，[2]未赴，改樞密院經歷官，[3]遥領昌武軍同知節度使事。[4]丞相完顏賽不領陝西行省,[5]奏衡爲左右司員外郎,[6]密院表留，有旨“行省地重，急於得人，可從丞相奏”。明年，召還，行省再奏留之。

[1]右司都事：右司屬官。掌本司受事付事，檢勾稽史，省署文牘，兼知省内宿直檢校架閣等事。正員二人，正七品。

[2]同知河平軍節度使：州官。掌通判防禦使事。正六品。河平軍，州軍名。治所在今河南省衛輝市。

[3]樞密院經歷官：樞密院屬官。掌出納文移。從五品。

[4]遥領：封授虚官銜，爲虚職。所授官職統轄的地方通常是已爲敵方占領的地區。　昌武軍：州軍名。治所在今河南省許昌市。

[5]完顏賽不：女真人。姓完顏氏。本書卷一一三有傳。

[6]左右司員外部：行尚書省左右司屬官。其職掌比於中央尚書省左右司員外郎，掌本司奏事，總察吏、户、禮、兵、刑、工受事付事。

正大八年，以母喪還京師。[1]十月，起復爲秦藍總帥府經歷官。[2]天興元年二月，關陝行省徒單兀典等敗於鐵嶺,[3]衡未知諸帥存殁，招集潰軍以須其至。遂爲兵士所得，欲降之，不爲屈。監至長水縣東岳祠前,[4]誘之使招洛陽,[5]衡曰：“我洛陽識何人爲汝招之耶?”兵知不可誘，欲捽其巾。衡瞋目大呼曰：“汝欲脅從我耶?”終不肯降，望闕瞻拜曰：“主將無狀，亡兵失利。臣之罪責亦無所逃，但以一死報國耳。”遂引佩刀自剄，年四十有六。

[1]京師：指宣宗南遷後的都城南京。治所在今河南省開封市。

[2]秦藍：地名。可能在潼關附近。　總帥府經歷官：總帥府屬官。掌出納文移。總帥府，金末設置於地方的軍事機構，掌統帥地方軍隊抗擊蒙古，收復失地。

[3]關陝：指函谷關以西陝西一帶。　徒單兀典：女真人。本書卷一一六有傳。　鐵嶺：位於今河南省盧氏縣北。

[4]長水縣：治所在今河南省洛寧縣西長水鎮。　東岳祠：祭祀東岳的廟堂。東岳，指泰山。

[5]洛陽：縣名。治所在今河南省洛陽市。

正大初，河間許古詣闕拜章，[1]言："八座率非其材，省寺小臣有可任宰相者，不大升黜之則無以致中興。"章奏，詔古赴都堂，問孰爲可相者，古以衡對，則衡之材可知矣。

[1]河間：府名。治所在今河北省河間市。　許古：本書卷一〇九有傳。

术甲脱魯灰，[1]上京人，[2]世爲北京路部長。[3]其先有開國功，授北京路宋阿苔阿猛安，[4]脱魯灰自幼襲爵。[5]貞祐二年，[6]宣宗遷汴，[7]率本部兵赴中都扈從，[8]上喜，特授御前馬步軍都總領。[9]

[1]术甲脱魯灰："术"，原作"木"。金代女真人姓氏中無"木甲"氏，當爲"术甲"之誤。今改之。

[2]上京：會寧府。在今黑龍江省阿城市白城古城址。

[3]北京路部長：從下文看即爲北京路女真行政建置猛安的

長官。

[4]北京路宋阿答阿猛安：北京路，治所在原遼中京大定府舊址，金初承用遼制稱中京，海陵貞元元年（1153）改中京爲北京。北京大定府的治所在今内蒙古自治區寧城縣境内。宋阿荅阿，與上京的“宋葛屯”爲同音異寫，此猛安是從上京遷入北京路的。

[5]襲爵：即承襲猛安世爵，襲爵者有領地、封户。

[6]貞祐：金宣宗年號（1213—1217）。

[7]宣宗遷汴：宣宗貞祐二年（1214），在蒙古大軍的威逼下，宣宗將都城由中都遷往汴京，即從今北京遷到河南開封。從此金朝走向全面衰退。

[8]中都：都名。金海陵王貞元元年（1153）至金宣宗貞祐二年（1214）爲金朝的國都，治所在今北京市。

[9]御前馬步軍都總領：當爲親軍軍官，具體不詳。

宋人略南鄙，[1]命同簽樞密院事時全將大軍南伐，[2]脱魯灰率本部屢摧宋兵，破城寨，以功遥授昌武軍節度使、元帥右都監，[3]行蔡、息等路元帥府事。[4]既而，宋人有因畜牧越境者，邏卒擒之，法當械送朝廷，脱魯灰曰：“國家自遷都以來，境土日蹙，民力彫耗，幸邊無事，人稍得息。若戮此曹則邊釁復生，兵連禍結矣。不如釋之，以絶兵端。”

[1]南鄙：指金朝南部與宋朝接壤的邊地。

[2]同簽樞密院事：樞密院屬官。佐掌國家軍務機密之事。正四品。　時全：原爲農民起義軍紅襖軍的首領之一，宣宗時歸金，金元光元年（1222）在與宋作戰中敗績，爲宣宗所誅。主要事迹見本書卷一一七《時青傳》。

[3]昌武軍：“昌武”，原作“武昌”。金代無“武昌軍”。本書

卷二五《地理志中》，南京路有“許州，昌武軍節度使”。中華點校本據改。今從之。　元帥右都監：元帥府屬官。掌統兵征討之事。從三品。

［4］行蔡、息等路元帥府事：行元帥府長官。衛紹王大安三年（1211）金蒙交戰，宣宗貞祐二年（1214）遷都南京（今河南省開封市），戰火逐漸擴展到金朝各地，自貞祐三年始於各主要戰場設行元帥府，以統領各地兵馬。蔡，州名。治所在今河南省汝南縣。息，州名。治所在今河南省息縣。

哀宗即位，授鎮南軍節度使、蔡州管内觀察使，[1]行户、工部尚書。[2]時大元兵入陝西，[3]迺上章曰：“宋人與我爲讎敵，頃以力屈自保，非其本心。今陝西被兵，河南出師，[4]轉戰連年不絶，兵死于陣，民疲于役，國力竭矣。壽、泗一帶南接盱、楚，[5]紅襖賊李全巢穴也。[6]萬一宋人諜知，與全乘虚而入，腹背受敵，[7]非計之得者也。臣已令所部沿邊警斥，以備非常。宜勑壽、泗帥臣謹斥候，嚴烽燧，常若敵至，此兵法所謂‘無恃其不來，恃吾有以待之’之道也。”上是而行之。

［1］鎮南軍：州軍名。治於蔡州，在今河南省汝南縣。　蔡州管内觀察使：州官名。由治於此州的鎮南軍節度使兼任。

［2］行户、工部尚書：行部長官。兼掌户籍、物力、鹽鐵、酒麴、坑冶、榷場、市易、度支、國用、俸禄、錢帛、貢賦、租税、積貯、度量等户部尚書的職掌，與掌修造營建法式、諸作工匠、屯田、山林川澤之禁、江河堤岸、道路橋樑等工部尚書的職掌。

［3］陝西：今陝西省一帶地區。

［4］河南：指南京路，地域與今河南省大致相當。

[5]壽：州名。治所在今安徽省鳳臺縣。　泗：州名。治所在今江蘇省盱眙縣北。　盱：即盱眙軍，南宋州軍名。治所在今江蘇省盱眙縣。　楚：南宋州名。治所在今江蘇省淮安市。

[6]紅襖賊：金末山東、河北農民起義軍。因穿紅襖而得名。

[7]腹背受敵："腹"，原作"復"，據南監本、北監本、殿本、局本改。

正大二年秋，[1]傳言宋人將入侵，農司令民先期刈禾，脱魯灰曰："夫民所恃以仰事俯育及供億國家者，秋成而已。今使秋無所獲，國何以仰，民何以給。"遂遣軍巡邏，聽民待熟而刈，宋人卒不入寇。諜者又報光州汪太尉將以八月發兵來取真陽，[2]議者請籍丁男以備，脱魯灰曰："汪太尉恇怯人耳，寧敢爲此？必姦人聲言來寇，欲使吾民廢務也，不可信。"已而果然。

[1]正大二年秋：原無"正大"二字。中華點校本據上下文補。今從之。

[2]光州：南宋州名。治所在今河南省潢川縣。　汪太尉：南宋人。汪氏名無載，其他事迹不詳。太尉，南宋官名，爲統兵官。真陽：縣名。治所在今河南省正陽縣。

叛人焦風子者，[1]沿河南北屢爲反覆，朝廷授以提控之職，[2]令將三千人戍遂平。[3]四年春，風子謀率其衆入宋，脱魯灰策之，以兵數千伏鄀陽道，[4]賊果夜出此途，伏發殪之。

[1]焦風子：其他事迹不詳。

[2]提控：爲提控兵馬之官，即統兵官。

[3]遂平：縣名。治所在今河南省遂平縣。

[4]鄱陽：南宋縣名。治所在今江西省鄱陽縣。

七年，大元兵攻藍關，[1]至八渡倉退。[2]舉朝皆賀，以爲無事。脱魯灰獨言曰："潼關險隘，[3]兵精足用。然商、洛以南瀕於宋境，[4]大山重複，宋人不知守，國家亦不能逾宋境屯戍。大兵若由散關入興元，[5]下金、房，[6]繞出襄、漢，[7]北入鄧鄙，[8]則大事去矣。宜與宋人釋怨，諭以輔車之勢，脣亡齒寒，彼必見從。據其險要以備，不然必敗。"是秋，改授小關子元帥，[9]屯商州大吉口。[10]

[1]藍關：地名。在今陝西省商洛市西北。

[2]八渡倉：地名。具體位置不詳。

[3]潼關：位於今陝西省潼關縣西北。

[4]商：州名。治所在今陝西省商洛市。　洛：即洛陽，縣名。治所在今河南省洛陽市。

[5]散關：在今陝西省寶鷄市西南。　興元：南宋府名。治所在今陝西省漢中市。

[6]金：南宋州名。治所在今陝西省安康市。　房：南宋州名。治所在今湖北省房縣。

[7]襄：即襄陽府，南宋府名。治所在今湖北省襄樊市。　漢：漢水，即今漢江。

[8]鄧：州名。治所在今河南省鄧州市。

[9]小關子：地名。具體位置無考。

[10]大吉口：地名。具體位置無考。

九年春，從行省參政徒單吾典將潼關兵入援，[1]至商山遇雪，[2]大兵邀擊之，士卒饑凍不能戰而潰。脱魯灰被執不屈，拔佩刀自殺。

[1]行省參政：其時徒單吾典的官職爲兵部尚書權參知政事、行尚書省事於閿鄉，以備潼關，因而此處官職應爲權參政、行省事。金朝後期以尚書省宰執爲行尚書省事，臨時駐地方。金末行省遍布全國各地，任行省者多不是尚書省宰執，衹是授予權（代理）參知政事。　徒單吾典：又作徒單兀典。本書卷一一六有傳。

[2]商山：在今陝西省商洛市東南。

楊達夫字晋卿，耀州三原人。[1]泰和三年進士。有才幹，所至可紀。召補省掾，[2]草奏章，坐字誤，降平凉府判官。[3]嘗主鄠縣簿，[4]事一從簡，吏民樂之。達夫亦愛其山水之勝，因家焉。日以詩酒自娱，了無宦情。

[1]耀州：治所在今陝西省耀縣。　三原：縣名。治所在今陝西省三原縣北。

[2]省掾：指尚書省的官吏。

[3]平凉府：治所在今甘肅省平凉市。

[4]鄠縣簿：縣官。縣令的副佐。正九品。鄠縣治所在今陝西省户縣。

會有詔徙民東入關，達夫與衆行。及鄜，[1]避兵于州北之横嶺，[2]爲游騎所執，將褫衣害之。達夫挺然直立馬首，略無所懼，稍侵辱之，即大言曰："我金國臣子，既爲汝所執，不過一死，忍裸袒以黷天日耶。"遂見殺。兩山潛伏之民竊觀之者，皆相告曰："若此好官，異日祠之，當作我横嶺之神。"

[1]韶：疑爲州名，中華點校本謂《嘉慶重修一統志》卷二〇五《河南府》記載，澠池縣"金末於縣置韶州"。疑"韶"字下當有"州"字。韶州治所在今河南省澠池縣。

[2]横嶺：山名。中華點校本謂《嘉慶澠池縣志》卷一《山川》，"治西二十五里，横嶺迴障，蜿蜒十數里"。故山在今河南省澠池縣西。

馮延登字子俊，吉州吉鄉人。[1]世業醫。延登幼穎悟，既長事舉業，承安二年登詞賦進士第。[2]調臨真簿、德順州軍事判官。[3]泰和元年，轉寧邊令。[4]大安元年秋七月，霜害稼，民艱于食，延登發粟賑貸，全活甚衆。貞祐二年，補尚書省令史，尋授河中府判官、兼行尚書省左右司員外郎。[5]興定五年，入爲國史院編修官，[6]改太常博士。[7]元光二年，知登聞鼓院，[8]兼翰林修撰，[9]奉使夏國，[10]就充接送伴使。[11]

[1]吉州：治所在今山西省吉縣。　吉鄉：縣名。吉州治於此縣，治所亦在今山西省吉縣。

[2]承安：金章宗年號（1196—1200）。

[3]臨真：縣名。治所在今陝西省延長縣南臨鎮。　德順州軍事判官：州官。本書卷五七《百官志》"州官"條下僅有"判官"一職，職掌又與軍事無關。但《金史》中軍事判官極爲常見，很少見州判官。是《百官志》脱"軍事"二字，還是傳記記載有誤，很難定奪，姑且存疑。判官，掌簽判州事，專管通檢推排簿籍。從

八品。德順州治所在今甘肅省静寧縣。

[4]寧邊：縣名。治所在今内蒙古自治區准格爾旗東。

[5]河中府：治所在今山西省永濟市西。　行尚書省左右司員外郎：行省屬官。掌本司奏事，總察六部受事付事。

[6]國史院編修官：國史院屬官。掌修國史事，女真、漢人各四員。正八品。

[7]太常博士：太常寺屬官。掌檢討典禮。正七品。

[8]知登聞鼓院：登聞院屬官。掌奏進告御史臺，登聞檢院理斷不當事。從五品。

[9]翰林修撰：翰林學士院屬官。分掌詞命文字，分判院事。不限員，從六品。

[10]奉使夏國：官名。臨時官職。以他官兼之。

[11]接送伴使：官名。臨時官職。掌接送外國使臣，以他官兼之。

正大七年十二月，遷國子祭酒。[1]假翰林學士承旨，[2]充國信使。[3]以八年春奉國書朝見於虢縣御營。[4]有旨問："汝識鳳翔帥否？"對曰："識之。"又問："何如人？"曰："敏於事者也。"又問："汝能招之使降即貰汝死，不則殺汝矣。"曰："臣奉書請和，招降豈使職乎。招降亦死，還朝亦死，不若今日即死爲愈也。"明日，復問："汝曾思之不？"對如前，問至再三，執義不回。又明日，迺喻旨云："汝罪應死，但古無殺使者理，汝愛汝須髯猶汝命也。"叱左右以刀截去之，延登岸然不動，迺監之豐州。[5]二年後放還，哀宗撫慰久之，復以爲祭酒，歷禮、吏二部侍郎，[6]權刑部尚書。[7]

［1］國子祭酒：國子監長官。掌學校，國子學、太學隸屬之。正四品。

［2］翰林學士承旨：翰林學士院屬官。掌制撰詞命。正三品。

［3］國信使：臨時官職。爲金朝派往蒙古大汗御營送國信的使團長官。

［4］虢縣：縣名。治所在今陝西省寶鷄市。　御營：蒙古國汗窩闊台的駐地。

［5］豐州：治所在今内蒙古自治區呼和浩特市東。

［6］禮部侍郎：禮部屬官。佐掌禮樂、祭禮、學校、貢舉、册命、天文、釋道、使官之事。正四品。　吏部侍郎：吏部屬官。佐掌文武選授、勳封、考課、出給制誥之政。正四品。

［7］權刑部尚書：刑部長官。總掌律令、刑名、赦詔、懲没、官吏改正，以及宫、監户（官奴婢口）、良賤身份訴訟、功賞捕亡等諸種事務。正三品。權，爲代理之意。

明年，大元兵圍汴京，[1]倉猝逃難，爲騎兵所得，欲擁而北行。延登辭情慷慨，義不受辱，遂躍城旁井中，年五十八。

［1］汴京：治所在今河南省開封市，金末遷都於此。

烏古孫仲端本名卜吉，字子正。承安二年策論進士。[1]宣宗時，累官禮部侍郎。與翰林待制安延珍奉使乞和于大元，[2]謁見太師國王木華黎，[3]於是安延珍留止，仲端獨往。並大夏，涉流沙，[4]踰葱嶺，[5]至西域，進見太祖皇帝，[6]致其使事乃還。自興定四年七月啓行，明年十二月還至。朝廷嘉其有奉使勞，進官兩階，延珍進一階。歷裕州刺史。[7]正大元年，召爲御史中丞，[8]奉詔安撫陝西。[9]及歸，權參知政事。[10]

[1]策論進士：即女真進士。世宗大定十三年（1173）開設女真進士科，每場策一道，免鄉試、府試，止赴會試、御試。大定二十年定制，以策、詩試三場，策用女真大字，詩用女真小字。

[2]翰林待制：翰林學士院屬官。分掌詞命文字，分判院事。不限員，正五品。　安延珍：本書卷一六《宣宗紀上》，興定五年（1221）十二月"翰林待制安庭珍使北還"。"延"作"庭"。其他事迹不詳。

[3]太師國王木華黎：蒙古人。《元史》卷一一九有傳。

[4]流沙：泛指西北的沙漠地區。

[5]葱嶺：古代對今帕米爾高原、崑崙山和天山西段的統稱。

[6]太祖：廟號。此指鐵木真，即成吉思汗。蒙古帝國的創建者。1206年至1227年在位。

[7]裕州：治所在今河南省方城縣。

[8]御史中丞：御史臺屬官。掌糾察朝儀，彈劾官邪，審刑獄不當之事。從三品。

[9]陝西：今陝西省一帶地區。

[10]參知政事：尚書省執政官。爲宰相副佐，佐治尚書省事。從二品。

正大五年十二月，知開封府事完顏麻斤出、吏部郎中楊居仁以奉使不職，[1]尚書省具獄，[2]有旨釋之備再使。仲端言曰："麻斤出等辱君命，失臣節，大不敬，宜償禮幣誅之。"奏上，麻斤出等免死除名。會議降大軍事，及諍太后奉佛，[3]涉亡家敗國之語，上怒，貶同州節度使。[4]

[1]完顔麻斤出：女真人。正大五年（1228）正月以成吉思汗鐵木真卒，出使蒙古爲弔慰使。宣宗朝曾任户部侍郎，攝京南路行三司，掌勸農催租、軍須科差及鹽鐵酒榷等事。哀宗天興元年（1232），在汴京爲蒙古兵所殺。　吏部郎中：吏部屬官。正員二人。一員掌文武選、流外選用、官吏差使行止名簿、封爵制誥；一員掌勳級酬賞、承襲用廕、循選、致仕、考課、議謚之事。從五品。　楊居仁：哀宗天興元年任户部侍郎，出師蒙古乞和。

[2]尚書省：官屬名。海陵王正隆官制改革以後，是金朝最高權力機構。金末樞密院一度從尚書省分離出去，權力明顯減小。

[3]太后：王氏，漢人。爲宣宗明惠皇后，哀宗即位，尊爲皇太后，號其宫曰"慈聖"。

[4]同州：治所在今陝西省大荔縣。

哀宗將還歸德，[1]召爲翰林學士承旨，[2]兼同簽大睦親府事，[3]留守汴京。[4]及大元兵圍汴，日久食盡，諸將不相統一，仲端自度汴中事變不測。一日與同年汝州防禦裴滿思忠小飲，[5]談太學同舍事以爲笑樂，[6]因數言"人死亦易事耳"。思忠曰："吾兄何故頻出此語?"仲端因寫一詩示之，其詩大概謂人生大似巢燕，或在華屋杏梁，或在村居茅茨，及秋社甫臨，皆當逝去。人生雖有富貴貧賤不同，要之終有一死耳。書畢，連飲數杯，送思忠出門，曰："此別終天矣。"思忠去，仲端即自縊，其妻亦從死。明日，崔立變。[7]

[1]哀宗將還歸德：天興元年（1232），在蒙古大軍的攻擊下，

金朝已無力守南京，哀宗逃出南京，二年正月遷至歸德府。歸德府治所在今河南省商丘市。

[2]翰林學士承旨：翰林學士院屬官。掌制撰詞命。正三品。

[3]同簽大睦親府事：大宗正府屬官。掌敦睦糾率宗屬欽奉王命，由宗室充任。正三品。泰和六年（1206）避睿宗諱，大宗正府改爲大睦親府。

[4]留守：京長官。兼本路兵馬都總管，掌管一路軍政事務。正三品。

[5]裴滿思忠：女真人。姓裴滿氏。其他事迹不詳。

[6]太學：國子監下屬機構。爲金朝最高學府之一。

[7]崔立變：哀宗天興二年（1233）正月，安平都尉、京城西面元帥崔立發動政變，立衛紹王子從恪爲梁王監國，崔立自稱太師、軍馬都元帥、尚書令、鄭王，以汴京降蒙古。崔立，本書卷一一五有傳。

仲端爲人樂易寬厚知大體，奉公好善，獨得士譽。一子名愛實，[1]嘗爲護尉、奉御，[2]以誅官奴功授節度、世襲千户。[3]

思忠名正之，本名蒲剌篤，亦承安二年進士。

[1]愛實：即烏古孫愛實。天興二年（1233）哀宗在歸德府，馬軍元帥蒲察官奴爲變，愛實參與了誅殺蒲察官奴的行動。

[2]護尉：本書僅一見。按本書卷四四《兵志》，“禁军之制，又設護衛二百人，近侍之執兵仗者也”。中華點校本據改爲“護衛”。疑是。護衛，有皇帝護衛、東宮護衛、妃護衛、東宮妃護衛等類别，均由殿前左、右衛將軍與衛尉司掌领。選取五品至七品官子孫及宗室並親軍、諸局分承應人，以有才行及善射者充任。　奉御：宣徽院屬吏。

[3]官奴：女真人。蒲察官奴。本書卷一一六有傳。　世襲千户：又稱世襲猛安，女真世襲爵。猛安相當於防禦州。受封人有領地、封户。

烏古孫奴申，字道遠。由譯史入官。[1]性伉特敢爲有直氣，嘗爲監察御史，時中丞完顔百家以酷烈聞，[2]奴申以事糾罷，朝士聳然。後爲左司郎中、近侍局使，[3]皆有名。哀宗東遷，[4]爲諫議大夫、[5]近侍局使、行省左右司郎中、兼知宫省事，[6]留汴京居守。崔立變之明日，同御史大夫裴滿阿虎帶自縊死於臺中。[7]是日，户部尚書完顔珠顆亦自縊。[8]

[1]譯史：吏員其上脱機構名稱。

[2]完顔百家：即完顔伯嘉。本書卷一〇〇有傳。

[3]左司郎中：尚書省左司屬官。掌吏、户、禮三部受事付事，兼帶修起居注。正五品。　近侍局使：近侍局屬官。掌侍從，承勅令，轉進奏貼。從五品。

[4]哀宗東遷：天興元年（1232），在蒙古大軍的攻擊下，金朝已無力守南京，哀宗逃出南京，向東遷往歸德、蔡州。

[5]諫議大夫：諫院屬官。掌規諫朝政缺失，百官任用等。正四品。

[6]行省左右司郎中：行省屬官。掌受事付事。官品無載。　知宫省事：官名。本書《百官志》不載，或爲掌宫中事務的長官。

[7]御史大夫：御史臺長官。掌糾察、彈劾百官，復審内外刑獄所屬理斷不當案件。從二品。　裴滿阿虎帶：女真人。又作裴滿阿忽帶，哀宗朝曾任國子祭酒兼司農卿、諫議大夫等官職。

[8]完顔珠顆：女真人。其時官職還兼任裏城四面都總領。此

前在哀宗朝曾任轉運使。

阿虎帶字仲寧，珠顆字仲平，皆女直進士。[1]

［1］女直進士：金代科舉項目之一。見本卷前注“策論進士”。

時不辱而死者，奉御完顏忙哥、大睦親府事吾古孫仲端。[1]大理裴滿德輝、右副點檢完顏阿撒、參政完顏奴申之子麻因，[2]可知者數人，餘各有傳。

［1］完顏忙哥：女真人。哀宗朝曾任提控，以守城有功，授世襲謀克。　大睦親府事吾古孫仲端：原脱“仲”字。本書本卷云，“哀宗將遷歸德，召爲翰林學士承旨，兼同簽大睦親府事，留守汴京”，元兵圍汴，“仲端即自縊”。中華點校本據此補一“仲”字。今從之。“吾古孫”爲“烏古孫”的同名異譯。

［2］大理：大理寺屬官。其爲大理寺何官無考。　裴滿德輝：女真人。姓裴滿氏。其他事迹不詳。本書卷一一五《完顏奴申傳》，天興元年（1232）末有大理卿納合德輝。　右副點檢：殿前都點檢司屬官。兼侍衛親軍副都指揮使。掌宫掖及行從。從三品。　完顏阿撒：女真人。又作完顏阿散。按本書卷一一五《完顏奴申傳》，天興元年“冬十月，哀宗議親出捍禦，以……左副點檢完顏阿撒、右副點檢温敦阿里副之”。卷一八《哀宗紀下》、卷一一五《崔立傳》天興二年皆作左副點檢完顏阿散。與此異。　完顏奴申：女真人。姓完顏氏。本書卷一一五有傳。　麻因：女真人。姓完顏氏。其他事迹無考。

蒲察琦本名阿憐，字仁卿，棣州陽信人。[1]試補刑部掾。[2]兄世襲謀克，[3]兄死，琦承襲。正大六年，秦、藍總帥府辟琦爲安平都尉粘葛合典下都統兼知事。[4]其冬，小關破，[5]事勢已迫，琦常在合典左右，合典令避矢石，琦不去，曰："業已從公，死生當共之，尚安所避耶。"哀宗遷歸德，汴京立講議所，[6]受陳言文字，其官則御史大夫納合寧以下十七人，[7]皆朝臣之選，而琦以有論議預焉。時左司都事元好問領講議，[8]兼看讀陳言文字，與琦甚相得。

[1]棣州：治所在今山東省惠民縣。 陽信：縣名。治所在今山東省陽信縣。

[2]刑部掾：即刑部官吏。刑部，官署名。掌律令格式、審定刑名、赦詔、追徵給没、官吏改正，以及宮、監户（官奴婢口）、良賤身份訴訟、功賞捕亡等諸種事務。

[3]世襲謀克：女真地方行政設置及長官的名稱。謀克相當於縣及縣令，亦稱百户。同時又是女真貴族世襲爵，受封人有領地、封户。

[4]安平都尉：軍官名。哀宗正大二年（1225），選諸路精兵，直隸樞密院。先設六名總領，每名總領領兵數萬人，後改總領名爲都尉，正四品。天興初年已有十五都尉。安平都尉設在申州（治所在今河南省信陽市）、裕州（治所在今河南省方城縣）。 粘葛合典：女真人。姓粘葛氏。其他事迹無考。 都統：統兵官。 知事：官名。具體不詳。

[5]小關：具體位置無考。

[6]講議所：官署名。章宗承安二年（1197）至三年曾設講議所，共議錢穀。哀宗天興二年（1233）所設講議所，則爲政務機關。

[7]納合寧：女真人。姓納合氏。其他事迹無考。

[8]左司都事：左司屬官。掌本司受事付事，檢勾稽失，省署文牘，兼知省内宿直，檢校架閣等事。正七品。　元好問：鮮卑人後裔。本書卷一二六有傳。

崔立變後，令改易巾髻，琦謂好問曰："今日易巾髻，在京人皆可，獨琦不可。琦一刑部譯史，襲先兄世爵，安忍作此。今以一死付公，然死則即死，付公一言亦剩矣。"因泣涕而别。琦既至其家，母氏方晝寢，驚而寤。琦問阿母何爲，母曰："適夢三人潛伏梁間，故驚寤。"仁卿跪曰："梁上人，鬼也。兒意在懸梁，阿母夢先見耳。"家人輩泣勸曰："君不念老母歟。"母止之曰："勿勸，兒所處是矣。"即自縊，時年四十餘。

琦性沉静好讀書，知古今事，其母完顔氏，[1]以孝謹稱。

[1]完顔氏：女真人。其他事迹不詳。

蔡八兒，不知其所始。趫捷有勇，性純質可任。時爲忠孝軍元帥。[1]天興二年，自息州入援，會大將奔盞遣數百騎駐城東，[2]令人大呼曰："城中速降，當免殺戮，不然無噍類矣。"於是，上登城，遣八兒率挽强兵百餘潛出暗門，渡汝水，左右交射之，自是兵不復薄城，築長壘爲久困計。上令分軍防守四城，以殿前都點檢兀林荅胡土守西面，[3]八兒副之。

[1]忠孝軍元帥：軍官名。忠孝軍，本書卷四四《兵志》記

載：金哀宗時“復取河朔諸路歸正人，不問鞍馬有無、譯語能否，悉送密院，增月給三倍它軍，授以官馬，得千餘人，歲時犒燕，名曰忠孝軍”。本書卷一一三《赤盞合喜傳》：“忠孝軍萬八千人，皆回紇、河西及中州（中原）人被掠而逃歸者。”以勇猛善戰著稱。

[2]奔盞：蒙古人。本名塔察兒。《元史》卷一一九有傳。

[3]殿前都點檢：殿前都點檢司屬官，兼侍衛親軍都指揮使。掌行從宿衛，關防門禁，督攝隊仗，總判司事。正三品。　兀林荅胡土：女真人。又作烏林荅胡土、忽林荅胡土。本書卷一一一有傳。

已而，哀宗度蔡城不守，[1]傳位承麟。[2]群臣入賀，班定，八兒不拜，謂所親曰：“事至於此，有死而已，安能更事一君乎。”遂戰死。

[1]蔡城：即蔡州城。治所在今河南省汝南市。

[2]承麟：女真人。姓完顏氏，宗室出身，曾任都尉，東面元帥。天興三年（1234）正月，蒙古攻破蔡州城之前，哀宗傳與其皇位，又稱末帝。蔡州城破戰死。

毛佺者，恩州人。[1]貞祐中爲盜，宣宗南渡，率衆歸國，署爲義軍招撫。[2]哀宗遷蔡，[3]以佺爲都尉。[4]圍城之戰，佺力居多，城破自縊。其子先佺戰歿。

[1]恩州：治所在今山東省武城縣東北。

[2]義軍招撫：官名。義軍，爲金朝末年軍隊的一種，以河北、山西等地的漢人爲主。

[3]哀宗遷蔡：天興二年（1233），哀宗離開歸德府，遷至蔡州。

[4]都尉：宣宗元光年間，招義軍置總領使，從五品。正大二年（1225），更總領名都尉，升秩爲四品。四年，又升爲從三品，有建威、折冲、振武、蕩寇、果毅、殄寇、虎賁、鷹揚、破虜之名。

時死事者則有閻忠、郝乙、王阿驢、樊喬焉。

忠，滑州人。[1]衛王時，開州刺史賽哥叛，[2]忠單騎入城，縛賽哥以出，由是漸被擢用。

[1]滑州：治所在今河南省滑縣東。

[2]開州：治所在今河南省濮陽市。　賽哥：其他事迹不詳。

乙，磁州人，[1]同日戰死，哀宗贈官。

[1]磁州：治所在今河北省磁縣。

阿驢、樊喬皆河中人，初爲砲軍萬户。[1]鳳翔破，北降，從軍攻汴，司砲如故，即紿主者曰：[2]“砲利於短，不利於長。”信之，使截其木數尺、綆十餘握，由是機雖起伏，所擊無力。即日，二人皆捐家走城。

[1]砲軍萬户：軍官名。統領砲軍的指揮官。

[2]紿（dài）：欺騙。

是時，女直人無死事者，長公主言於哀宗曰：[1]“近來立功効命多諸色人，無事時則自家人争强，有事則他人盡力，焉得不怨。”上默然。餘各有傳。

[1]長公主：完顏氏。金承唐制，皇姊封長公主。其他事迹不詳。

温敦昌孫，皇太后之姪，衛尉七十五之子。[1]爲人短小精悍，性復豈弟。累遷諸局分官。上幸蔡，授殿前左副點檢。[2]圍城中，數引軍潛出巡邏。時尚食須魚，汝河魚甚美，[3]上以水多浮尸，惡之。城西有積水曰練江，[4]魚大且多，往捕必軍衛迺可。昌孫常自領兵以往，所得動千餘斤，分賜將士。後知其出，左右設伏，伺而邀之，力戰而死。蔡城破，前監察御史納坦胡失打聞之，[5]慟哭，投水而死。

[1]衛尉：太后兩宫官屬。從三品。正大元年（1224）置。七十五：姓温敦氏，其他事迹不詳。

[2]殿前左副點檢：殿前都點檢司屬官，兼侍衛親軍副都指揮使。從三品。

[3]汝河：在今河南省汝河。

[4]練江：在今河南省汝南市西。

[5]前監察御史納坦胡失打聞之："監察御史"，原作"御史監察"。據本書卷五五《百官志》，御史臺，"監察御史十二員"。《金史詳校》卷九，"'前御史監察'當作'前監察御史'"。中華點校本據乙正。今從之。納坦胡失打，女真人。姓納坦氏，其他事迹無考。

完顏絳山，哀宗之奉御也，系出始祖。[1]天興二年十月，蔡城被圍，城中飢民萬餘訴於有司求出，有司難之，民大呼於道。上聞之，遣近侍官分監四門，[2]門日出千人，必老稚羸疾者聽其出。絳山時在北門，憫人之飢，出過其數，命杖之四十。然出者多泄城中虛實，尋止之。

[1]始祖：即完顏函普。本書卷一《世紀》有紀。

[2]近侍官：近侍局署官。掌侍從，承勅令，轉進奏帖。

三年正月己酉，蔡城破，哀宗傳位承麟，即自縊于幽蘭軒。[1]權點檢内族斜烈矯制召承御石盞氏、近侍局大使焦春和、内侍局殿頭宋珪赴上前，[2]曉以名分大義，及侍從官巴良弼、阿勒根文卿皆從死。[3]斜烈將死，遺言絳山，使焚幽蘭軒。

[1]幽蘭軒：在蔡州城内。

[2]權點檢：爲權左副點檢。　斜烈：女真人。姓完顏氏，宗室出身。其他事迹不詳。　承御：皇帝的嬪妃之一。　石盞氏：女真人。其他事迹無考。　近侍局大使：即近侍局使。掌侍從，承勅令，轉進奏帖。從五品。　焦春和：其他事迹無考。　内侍局殿頭：此官名本書《百官志》無載。本書卷一八《哀宗紀下》天興二年（1233），“内局令宋珪等謀誅官奴”。内侍局殿頭即内侍局令，爲内侍局屬官。掌正位閤門之禁，率殿位都監、同監及御直各給其事。正員二人，從八品。　宋珪：本書卷一三一有傳。

[3]侍從官：或爲内侍局官員。　巴良弼、阿勒根文卿：皆爲女真人。其他事迹無考。

火方熾，子城破，大兵突入，近侍左右皆走避，獨絳山留不去，爲兵所執，問曰："汝爲誰?"絳山曰："吾奉御絳山也。"兵曰："衆皆散走，而獨後何也?"曰："吾君終于是，吾候火滅灰寒，收瘞其骨耳。"[1]兵笑曰："若狂者耶，汝命且不能保，能瘞而君耶?"絳山曰："人各事其君。吾君有天下十餘年，功業弗終，身死社稷，忍使暴露遺骸與士卒等耶?吾逆知君輩必不遺吾，吾是以留，果瘞吾君之後，雖寸斬吾不恨矣。"兵以告其帥，奔盞曰："此奇男子也。"許之。絳山迺掇其餘燼，裹以弊衾，瘞于汝水之旁，再拜號哭，將赴汝水死。軍士救之得免，後不知所終。

[1]瘞（yì）：埋葬之意。

畢資倫，縉山人也。[1]泰和南征，以傭雇從軍，軍還，例授進義副尉。[2]崇慶元年，[3]改縉山爲鎮州，术虎高琪爲防禦使、行元帥府事于是州，[4]選資倫爲防城軍千户。[5]至寧元年秋，大元兵至鎮州，高琪棄城遁。資倫行及昌平，[6]收避遷民兵，轉戰有功，擢授都統軍。[7]軍數千，與軍中將領沈思忠、甯子都輩同隸一府，[8]屯鄭州及衛州，[9]時號"沈、畢軍"。積功至都總領，[10]思忠爲副都尉。[11]

[1]縉山：縣名。治所在今北京市延慶縣。

[2]進義副尉：武散官。從九品下階。

[3]崇慶：金衛紹王年號（1212—1213）。

[4]术虎高琪：女真人。本書卷一〇六有傳。

[5]防城軍千户：軍官名。又作防城軍猛安。防城軍爲京師駐防軍，掌京師巡捕之事。

[6]昌平：縣名。治所在今北京市昌平區。

[7]都統軍：軍官名。統兵官。

[8]沈思忠：宣宗朝曾任順天軍節度副使，提控弘、蔚州軍馬。　奪子都：其他事迹不詳。

[9]鄭州：治所在今河南省鄭州市。　衛州：治所在今河南省衛輝市。

[10]都總領：又稱總領使、都尉。宣宗元光年間，置總領使，統兵官。從五品。

[11]副都尉：統兵官。從六品。

僕散阿海南征，[1]軍次梅林關不得過，[2]阿海問諸將誰能取此關者，資倫首出應命，問須軍士幾何，曰："止用資倫所統足矣，不煩餘軍。"明日遲明，出宋軍不意，引兵薄之，萬衆崩，遂取梅林關。阿海軍得南行，留提控王禄軍萬人守關。[3]不數日，宋兵奪關守之，阿海以梅林歸途爲敵據，計無所出，復問"誰能取梅林者，以帥職賞之"，資倫復出應命，以本軍再奪梅林。阿海破蘄、黄，[4]按軍而還，論功資倫第一，授遥領同知昌武軍節度使、宣差總領都提控。[5]

[1]僕散阿海：女真人。即僕散安貞。本書卷一〇二有傳。

[2]梅林關：具體位置無考。

[3]王禄：宣宗興定五年（1221），南宋兵破泗州，戰死。

[4]蘄：南宋州名。治所在今湖北省蘄春縣東北。　黄：南宋州名。治所在今湖北省黄崗市。

[5]宣差總領都提控：官名。爲提控兵馬的統兵官。

既而，樞密院以資倫、思忠不相能，恐敗事，以資倫統本軍屯泗州。興定五年正月戊戌，提控王禄湯餅會軍中宴飲，宋龜山統制時青乘隙襲破泗州西城。[1]資倫知失計，墮南城求死，爲宋軍所執，以見時青。青説之曰："畢宣差，我知爾好男子，亦宜相時達變。金國勢已衰弱，爾肯降我，宋亦不負爾。若不從，見劉大帥即死矣。"[2]資倫極口駡曰："時青逆賊聽我言。我出身至貧賤，結柳器爲生，自征南始得一官，今職居三品。不幸失國家城池，甘分一死尚不能報，肯從汝反賊求生耶。"青知無降意，下盱眙獄。

[1]龜山統制：南宋各屯駐大軍之下各軍的統兵官。每軍設置統制一人。龜山，南宋鎮名。治所在今江蘇省盱眙縣北。　時青：本書卷一一七有傳。

[2]劉大帥：南宋統帥。僅存姓氏，名無載，其他事迹不詳。

時臨淮令李某者亦被執，[1]後得歸，爲泗州從宜移剌羊哥言其事。[2]羊哥以資倫惡語駡時青必被殺，即以死不屈節聞于朝。時資倫子牛兒年十二，居宿州，[3]收充皇后位奉閤舍人。[4]

[1]臨淮：縣名。治所在今江蘇省盱眙縣西北。

[2]從宜：官名。以其兵假以便宜從事。　移剌羊哥：契丹人。宣宗朝曾任節度副使。

[3]宿州：治所在今安徽省宿州市。

[4]奉閣舍人：本書卷五六《百官志》作“奉閤”。衛尉司下屬給事局屬吏，正員十一人。

宋人亦賞資倫忠憤不撓，欲全活之，鈐以鐵繩，囚于鎮江府土獄，[1]略給衣食使不至寒餓，脅誘百方，時一引出問云：“汝降否?”資倫或罵或不語，如是十四年。及盱眙將士降宋，宋使總帥納合買住已下北望哭拜，[2]謂之辭故主，驅資倫在旁觀之。資倫見買住罵曰：“納合買住，國家未嘗負汝，何所求死不可，迺作如此背鼻耶。”買住俯首不敢仰視。

及蔡州破，哀宗自縊，宋人以告資倫。資倫歎曰：“吾無所望矣。容我一祭吾君迺降耳。”宋人信之，爲屠牛羊設祭鎮江南岸。資倫祭畢，伏地大哭，乘其不防投江水而死。宋人義之，宣示四方，仍議爲立祠。

鎮江之囚有方士者親嘗見之，以告元好問，及言泗州城陷資倫被執事，且曰：“資倫長身，面赤色，顴頰微高，髯疏而黄。資稟質直，重然諾，故其堅忍守節卓卓如此。”《宣宗實録》載資倫爲亂兵所殺，當時傳聞不得其實云。

[1]鎮江府：南宋府名。治所在今江蘇省鎮江市。

[2]納合買住：宣宗朝曾任提控、延安元帥，哀宗朝任潼關總帥，後降宋。

郭蝦蟆，會州人。[1]世爲保甲射生手，與兄禄大俱以善射應募。[2]興定初，禄大以功遷遥授同知平涼府事、兼會州刺史，進官一階，賜姓顔盞。夏人攻會州，禄大遥見其主兵者人馬皆衣金，出入陣中，約二百餘步，一發中其吭，殪之。又射一人，矢貫兩手於樹，敵大駭。城破，禄大、蝦蟆俱被禽。夏人憐其技，囚之，兄弟皆誓死不屈。朝廷聞之，議加優奬，而未知存没，乃特遷禄大子伴牛官一階，[3]授巡尉職，[4]以旌其忠。其後兄弟謀奔會，自拔其鬚，事覺，禄大竟爲所殺，蝦蟆獨拔歸。上思禄大之忠，命復遷伴牛官一階，遥授會州軍事判官，蝦蟆遥授鞏州鈐轄。[5]會言者乞奬用禄大弟，遂遷蝦蟆官兩階，授同知蘭州軍州事。[6]

[1]會州：治所在今甘肅省靖遠縣南。

[2]禄大：又作顔盞禄大，被稱爲陝西名將之一。

[3]伴牛：《元史》卷一二一《按竺邇傳》作郭斌。其他事迹不詳。

[4]巡尉：縣官。本書卷一二《章宗紀四》泰和五年（1205）七月，"詔諸縣盜賊多所選注巡尉"。

[5]鞏州鈐轄：鈐轄司屬官。掌管轄軍人、防衛警捕之事。正六品。鞏州治所在今甘肅省隴西縣。

[6]蘭州：治所在今甘肅省蘭州市。

興定五年冬，夏人萬餘侵定西，[1]蝦蟆敗之，斬首七百，獲馬五十匹，以功遷同知臨洮府事。

[1]定西：州名。治所在今甘肅省定西縣東南。

元光二年，夏人步騎數十萬攻鳳翔甚急，元帥赤盞合喜以蝦蟆總領軍事。[1]從巡城，濠外一人坐胡床，以箭力不及，氣貌若蔑視城守者。合喜指似蝦蟆云："汝能射此人否?"蝦蟆測量遠近，曰："可。"蝦蟆平時發矢，伺腋下甲不掩處射之，無不中，即持弓矢伺坐者舉肘，一發而斃。兵退，升遥授静難軍節度使，[2]尋改通遠軍節度使，[3]授山東西路斡可必剌謀克，[4]仍遣使賞賚，徧諭諸郡焉。

[1]赤盞合喜：女真人。姓赤盞氏。本書卷一一三有傳。

[2]静難軍：州軍名。治所在今陜西省彬縣。

[3]通遠軍：州軍名。治所在今甘肅省隴西縣。

[4]山東西路斡可必剌謀克：女真世爵名。山東西路，治所在今山東省東平縣。斡可必剌，張博泉認爲與本書卷二四《地理志上》上京路下恤品路之"斡可阿憐千户"、《慶源郡女真國書碑》中"斡合猛安"有關，推定斡可必剌謀克是從上京路移來（張博泉《金史論稿》第一卷，吉林文史出版社 1986 年版，第 328 頁）。郭蝦蟆爲會州人，與封爵地相距甚遠，受封後也没有領地、封户，受爵衹是一種榮譽。

是年冬，蝦蟆與鞏州元帥田瑞攻取會州。[1]蝦蟆率騎兵五百皆被赭衲，蔽州之南山而下，夏人猝望之以爲神。城上有舉手於懸風版者，蝦蟆射之，手與版俱貫。凡射死數百人。夏人震恐，迺出降。蓋會州爲夏人所據近四年，[2]至是復焉。

[1]田瑞：其他事迹不詳。

[2]蓋會州爲夏人所據近四年："四"，原作"十"。據本書卷一六《宣宗紀上》，興定四年（1220）八月庚午，"夏人陷會州"，至是年爲四年。《金史詳校》卷九，"'十'當作'四'"。中華點校本據改。今從之。

正大初，[1]田瑞據鞏州叛，詔陝西兩行省併力擊之。蝦蟆率衆先登，瑞開門突出，爲其弟濟所殺，[2]斬首五千餘級，以功遷遥授知鳳翔府事、本路兵馬都總管、元帥左都監、兼行蘭、會、洮、河元帥府事。[3]六年九月，蝦蟆進西馬二疋，詔曰："卿武藝超絶。此馬可充戰用，朕乘此豈能盡其力。既入進，即尚厩物也，就以賜卿。"仍賜金鼎一、玉兔鶻一，并所遣郭倫哥等物有差。[4]

[1]正大初：本書卷一七《哀宗紀上》繫此事於正大二年（1225）八月。

[2]田濟：又作田十哥。其他事迹不詳。

[3]兵馬都總管：總管府屬官。掌統諸城隍兵馬甲仗，總判府事。正三品。　元帥左都監：元帥府屬官。掌征討之事。從三品。洮：州名。治所在今甘肅省臨潭縣。　河：州名。治所在今甘肅省東鄉縣西南、臨夏市東北。

[4]郭倫哥：其他事迹無考。

天興二年，哀宗遷蔡州，慮孤城不能保，擬遷鞏昌，[1]以粘葛完展爲鞏昌行省。[2]三年春正月，完展聞蔡已破，欲安衆心，城守以待嗣立者，迺遣人稱使者至自蔡，有旨宣諭。綏德州帥汪世顯者亦知蔡凶問，[3]且嫉完展制己，欲發矯詔事，因以兵圖之，然懼蝦蟆威望，迺遣使約蝦蟆併力破鞏昌。使者至，蝦蟆謂之曰："粘葛公奉詔爲行省，號令孰敢不從。今主上受圍於蔡，擬遷鞏昌。國家危急之際，我輩既不能致死赴援，又不能叶衆奉迎，迺欲攻粘葛公，先廢遷幸之地，上至何所歸乎。汝師若欲背國家，任自爲之，何及於我。"世顯即攻鞏昌破之，劫殺完展，送款於大元，復遣使者二十餘輩諭蝦蟆以禍福，不從。

[1]鞏昌：府名。本書《地理志》無載，但卷一一六《徒單兀典傳》，哀宗元興年間有"鞏昌知府元帥完顔忽斜虎入陝州"。本書卷一一九《完顔仲德傳》，正大六年（1229）"移知鞏昌府"。可知金朝末年設有鞏昌府。本書卷一八《哀宗紀》，天興二年（1233）八月，以粘哥完展"行省事於陝西"。可知鞏昌府治所在陝西之地，具體位置不詳。

[2]粘葛完展：女真人。又作粘哥完展，哀宗朝任秦州元帥、權參知政事，行省事。

[3]綏德州：治所在今陝西省綏德縣。　汪世顯：其他事迹不詳。

甲午春，金國已亡，西州無不歸順者，[1]獨蝦蟆堅守孤城。丙申歲冬十月，大兵併力攻之。蝦蟆度不能支，集州中所有金銀銅鐵，雜鑄爲砲以擊攻者，殺牛馬以食戰士，又自焚廬舍積聚，曰："無至資兵。"日與血戰，而大兵亦不能卒拔。及軍士死傷者衆，乃命積薪於州廨，呼集家人及城中將校妻女，閉諸一室，將自焚之。蝦蟆之妾欲有所訴，立斬以徇。火既熾，率將士於火前持滿以待。城破，兵填委以入，鏖戰既久，士卒有弓盡矢絶者，挺身入火中。蝦蟆獨上大草積，以門扉自蔽，發二三百矢無不中者，矢盡，投弓劍于火自焚，城中無一人肯降者。蝦蟆死時年四十五。土人爲立祠。

［1］西州：或指陝西諸府州之意。

完展字世昌。泰和三年策論進士。初爲行省，以蠟丸爲詔，期以天興二年九月集大軍與上會於饒峰關，[1]出宋不意取興元。[2]既而不果云。

［1］饒峰關：本書又作“饒風關”。當爲饒風關之誤寫。今陝西省寧陝縣南有饒風嶺，饒風關當在此處某地。

［2］興元：南宋府名。治所在今陝西省漢中市。

金史　卷一二五

列傳第六十三

文藝上

韓昉　蔡松年 子珪　吴激　馬定國　任詢　趙可　郭長倩
蕭永祺　胡礪　王競　楊伯仁　鄭子聃　党懷英

金初未有文字。世祖以來漸立條教。[1]太祖既興，[2]得遼舊人用之，使介往復，其言已文。太宗繼統，[3]迺行選舉之法，[4]及伐宋，取汴經籍圖，[5]宋士多歸之。熙宗款謁先聖，[6]北面如弟子禮。世宗、章宗之世，[7]儒風丕變，庠序日盛，士繇科第位至宰輔者接踵。[8]當時儒者雖無專門名家之學，然而朝廷典策、鄰國書命，粲然有可觀者矣。金用武得國，無以異於遼，而一代製作能自樹立唐、宋之間，有非遼世所及，以文而不以武也。《傳》曰："言之不文，行之不遠。"文治有補於人之家國，豈一日之効哉。作《文藝傳》。

[1]世祖以來漸立條教：按本書卷一《世紀》："昭祖稍以條教爲治，部落寖强。"又謂："世祖乃因敗爲功，變弱爲强。""自景祖以來兩世四主，志業相因，卒定離析，一切治以本部法令。"此處則簡而言之。條教即本部法令。世祖，名劾里鉢，見本書卷一《世紀》。

[2]太祖：廟號。即完顏阿骨打，漢名旻。1115年至1123年在位。

[3]太宗：廟號。即完顏吴乞買，漢名晟。1123年至1135年在位。

[4]選舉之法：據本書卷五一《選舉志一》，太宗天會元年（1123）十一月，始舉進士。

[5]取汴經籍圖：汴，京城名，即北宋舊都汴梁，金初稱汴京，治所在今河南省開封市。此句"圖"字下疑有脱誤。施國祁《金史詳校》卷一〇認爲，"圖"下脱"書"字，中華點校本認爲或作"取汴京圖籍"。

[6]熙宗：廟號。即完顏合剌，漢名亶。1135年至1149年在位。據本書卷四《熙宗紀》，熙宗於皇統元年（1141）二月"親祭孔子廟，北面再拜"。

[7]世宗：廟號。即完顏烏禄，漢名雍。1161年至1189年在位。　章宗：廟號。即完顏麻達葛，漢名璟。1190年至1208年在位。

[8]繇：同"由"。

韓昉字公美，燕京人。[1]仕遼，累世通顯。昉五歲喪父，哭泣能盡哀。天慶二年，[2]中進士第一。補右拾遺，[3]轉史館修撰。[4]累遷少府少監、乾文閣待制。[5]加衛尉卿，[6]知制誥，[7]充高麗國信使。[8]

[1]燕京：京城名。遼開泰元年（1012）建號燕京，金初因之。金貞元元年（1153）遷都於此，改名中都。治所在今北京市。

[2]天慶：遼天祚帝年號（1111—1120）。

[3]右拾遺：諫院屬官。正七品。

[4]史館修撰：據《遼史》卷四七《百官志》載，史館修撰爲官名，國史院屬官，位在監修國史、史館學士之下。金初襲遼舊制，後則無。

[5]少府少監：少府監屬官。協助少府監管理邦國百工營造之事。從五品。　乾文閣待制：按《遼史》卷四七《百官志》，遼有乾文閣大學士。此乾文閣待制也應是遼官名。又，《宋史》卷一六二《職官志》，待制位於學士、直學士之下。遼設殿閣學士即爲仿宋制。此官應是金初効遼、宋而設，後則無。

[6]衛尉卿：本書卷五六《百官志二》，衛尉司的長官爲中衛尉，而非衛尉卿。宋、遼則皆設衛尉寺，衛尉卿爲衛尉寺的長官。此爲金初襲遼、宋舊官名，後則無，故《百官志》不載。

[7]知制誥：遼官名。據《遼史》卷四七《百官志》，是爲翰林院屬官，位在翰林都林牙、南面林牙、翰林學士承旨、翰林學士、翰林祭酒之下，金初沿襲。漢官改革後成爲一種加銜，翰林學士承旨、翰林學士、翰林侍讀學士、翰林侍講學士、翰林直學士都例帶知制誥。

[8]高麗：指王建建立的王氏高麗政權（918—1392）。

高麗雖舊通好，天會四年，[1]奉表稱藩而不肯進誓表，累使要約，皆不得要領。而昉復至高麗，移督再三。高麗徵國中讀書知古今者，商榷辭旨，使酬答專對。凡涉旬乃始置對，謂昉曰：“小國事遼、宋二百年無誓表，未嘗失藩臣禮。今事上國當與事遼、宋同禮。而屢盟長亂，聖人所不與，必不敢用誓表。”昉曰：“貴國必欲用古禮，舜五載一巡狩，[2]群后四朝。周六年五服一朝，[3]又六年王迺時巡，諸侯各朝于方岳。今天子方事西狩，則貴國當從朝會矣。”高麗人無以對，迺曰：“徐議之。”昉曰：“誓表朝會，一言决耳。”於是高麗迺進誓表如約，昉迺還。宗幹大説曰：[4]“非卿誰能辨此。”因謂執事者曰：“自今出疆之使皆宜擇人。”

[1]天會：金太宗年號（1123—1135），金熙宗沿用不改（1135—1137）。

[2]舜：五帝之一。見《史記》卷一《五帝本紀》。

[3]五服：古代王畿以外的地方，以五百里爲率，按距離遠近分爲五等，稱“五服”。其名稱爲甸服、侯服、綏服、要服、荒服。見《尚書·禹貢》。

[4]宗幹：女真人。本名斡本，金太祖庶長子，海陵王之父。本書卷七六有傳。　説：同“悦”。

明年，加昭文館直學士，[1]兼堂後官。[2]再加諫議大夫，[3]遷翰林侍講學士。[4]改禮部尚書，[5]遷翰林學士，[6]兼太常卿、修國史，[7]尚書如故。昉自天會十二年入禮部，[8]在職凡七年。當是時，朝廷方議禮，制度或因或革，故昉在禮部兼太常甚久云。

[1]昭文館直學士：遼官名。金初沿用，後則無。

[2]堂後官：遼官名。爲中書省屬官，金初沿用，後則無。

[3]諫議大夫：諫院下設左、右諫議大夫。皆正四品。

[4]翰林侍講學士：翰林學士院屬官。掌制撰詞命，凡應奉文字，銜内帶“知制誥”。從三品。

［5］禮部尚書：尚書禮部長官。掌禮樂、祭祀、燕享、學校、貢舉、儀式、制度、符印、表疏、圖書、册命、祥瑞、天文、漏刻、國忌、廟諱、醫卜、釋道、四方使客、諸國進貢、犒勞張設等事。正三品。

［6］翰林學士：翰林學士院屬官，掌制撰詞命。凡應奉文字，銜内帶“知制誥”。從三品。

［7］太常卿：太常寺長官。掌禮樂、郊廟、社稷、祠祀之事。從三品。

［8］禮部：官署名。尚書省下屬機構。長官爲禮部尚書。下設禮部侍郎、禮部郎中、禮部員外郎等官。《大金國志》卷三一《齊國劉豫録》載天會八年（1130），韓昉即爲禮部侍郎，《三朝北盟會編》卷一八一亦曰其在天會八年時爲“禮部侍郎知制誥”，與此云“天會十二年入禮部”異。如韓昉自天會十二年爲“禮部尚書”，在職凡七年，則已至皇統元年，考之本書卷四《熙宗紀》，皇統元年（1141）四月，“以濟南尹韓昉參知政事”，可證此處誤。

除濟南尹，[1]拜參知政事。[2]皇統四年，[3]表乞致仕，不許。六年，再表乞致仕，迺除汴京留守，[4]封鄆國公。[5]復請如初，以儀同三司致仕。[6]天德初，[7]加開府儀同三司。[8]薨。年六十八。

［1］濟南尹：府長官。掌宣風導俗，肅清所部，總判府事。正三品。濟南即濟南府，治所在今山東省濟南市。

［2］參知政事：執政官。爲宰相之貳，佐治省事。正二品。始設於天眷元年（1138）。

［3］皇統：金熙宗年號（1141—1149）。

［4］汴京留守：汴京留守司長官，例兼本府府尹、本路兵馬都總管。正三品。汴京，京路名，治所在今河南省開封市。本書卷四

《熙宗紀》，皇統七年（1147）十二月戊午，“參知政事韓昉罷”，繫年與此異。

[5]鄆國公：封爵名。天眷格，《大金集禮》爲次國封號第二十三，《金史·百官志》爲第二十一。

[6]儀同三司：文散官。爲從一品中階。

[7]天德：金海陵王年號（1149—1153）。

[8]開府儀同三司：文散官。爲從一品上階。

昉性仁厚，待物甚寬。有家奴誣告昉以馬資送叛人出境，考之無狀，有司以奴還昉，昉待之如初，曰：“奴誣主人以罪，求爲良耳，何足怪哉。”人稱其長者。昉雖貴，讀書未嘗去手，善屬文，最長於詔册，作《太祖睿德神功碑》，當世稱之。自使高麗歸，後高麗使者至，必問昉安否云。

蔡松年字伯堅。父靖，[1]宋宣和末，[2]守燕山。[3]松年從父來，管勾機宜文字。[4]宗望軍至白河，[5]郭藥師敗，[6]靖以燕山府降，元帥府辟松年爲令史。[7]天會中，遼、宋舊有官者皆换授，[8]松年爲太子中允，[9]除真定府判官，[10]自此爲真定人。

[1]靖：宋將名。本書見於卷七八、八〇、八一、八九、九〇、一二五。

[2]宣和：宋徽宗年號（1119—1125）。

[3]燕山：府名。治所在今北京市西城區。

[4]管勾機宜文字：主管機要文字或書寫機宜文字。

[5]宗望：女真人。本名斡魯補，金太祖之子。本書卷七四有

傳。　白河：即古沽水。發源於獨石口外河北省沽源縣，南流至北京市密雲縣與潮河合，也稱潮白河。

[6]郭藥師：本書卷八二有傳。

[7]元帥府：官署名。金太宗天會三年（1125）設元帥府，掌征討之事。長官爲都元帥，從一品。下設左、右副元帥，元帥左、右監軍，元帥左、右都監。　令史：爲元帥府辦事員，無品級小官，負責文書案牘之事。《中州集》卷一《蔡丞相松年》作“尚書省令史”，《建炎以來繫年要録》卷一三四稱“元帥府主管漢兒文字”，與此異。

[8]遼、宋舊有官者皆换授：本書卷三《太宗紀》天會八年十月“詔遼宋官上本國誥命，等第换授”。

[9]太子中允：遼官名。東宫左春坊屬官。金初沿之，官制改革以後取消。

[10]真定府判官：府官名。爲府尹的屬官，掌諮議參佐，糾正非違，紀綱衆務，分判吏、禮、工案事。從五品。真定府，治所在今河北省正定縣。

嘗從元帥府與齊俱伐宋。[1]是時，初平真定西山群盜，[2]山中居民爲賊污者千餘家，松年力爲辨論，竟得不坐。齊國廢，置行臺尚書省於汴，[3]松年爲行臺刑部郎中。[4]都元帥宗弼領行臺事，[5]伐宋，松年兼總軍中六部事。[6]宋稱臣，師還，宗弼入爲左丞相，[7]薦松年爲刑部員外郎。[8]

[1]齊：天會八年（1130），金太宗册立宋降將劉豫爲帝，國號齊。天會十五年廢，以原齊國統治區設行臺尚書省。

[2]真定：原文作“鎮定”，從中華點校本改。

[3]行臺尚書省：官署名。管理原齊國統治區，天眷元年

(1138)以河南地與宋，改燕京樞密院爲行臺尚書省，天眷三年復移置於汴京。行臺尚書省各官品級較尚書省相應各官品級低一級。

[4]行臺刑部郎中：行臺尚書省屬官。正六品。

[5]都元帥：元帥府長官。位在左右副元帥、元帥左右監軍、元帥左右都監之上，掌征討之事。從一品。　宗弼：女真人。本名斡啜，又作斡出、兀术、晃斡出，金太祖之子。本書卷七七有傳。領行臺事：爲行臺尚書省長官，又稱領行臺尚書省事。

[6]兼總軍中六部事：當是在軍事占領區臨時負責當地民政的官員。本書《百官志》不載，品秩不詳。

[7]左丞相：爲宰相，掌丞天子，平章萬機。從一品。

[8]刑部員外郎：尚書刑部屬官。從六品。

皇統七年，尚書省令史許霖告田瑴黨事，[1]松年素與瑴不相能。是時宗弼當國，瑴性剛正，好評論人物，其黨皆君子，韓企先爲相，[2]愛重之。而松年、許霖、曹望之欲與瑴相結，[3]瑴拒之，由是構怨。故松年、許霖構成瑴等罪狀，勸宗弼誅之，君子之黨熄焉。是歲，松年遷左司員外郎。[4]

[1]尚書省令史：尚書省左、右司辦事員。無品級小官，負責文書案牘之事。定員七十人，女真、漢人各半。　許霖：天眷年間，曾與蔡松年等人結黨構陷田瑴，至釀成“田瑴之獄”。貞元二年(1154)，曾以吏部侍郎使宋。後官至左諫議大夫、户部尚書、左宣徽使、御史大夫。大定二年(1162)，金世宗將其降官，放歸田里。大定五年曾與高懷貞一起被金世宗再度起用。　田瑴：本書卷八九有傳。

[2]韓企先：本書卷七八有傳。

[3]曹望之：本書卷九二有傳。

[4]左司員外郎：尚書省屬官。掌本司奏事，總察吏、户、禮三部受事付事，兼帶修起居注。正六品。

松年前在宗弼府，而海陵以宗室子在宗弼軍中任使，用是相厚善。天德初，擢吏部侍郎，[1]俄遷户部尚書。[2]海陵遷中都，[3]徙榷貨務以實都城，[4]復鈔引法，[5]皆自松年啓之。海陵謀伐宋，[6]以松年家世仕宋，故亟擢顯位以聳南人觀聽，遂以松年爲賀宋正旦使。使還，改吏部尚書，[7]尋拜參知政事。是年，[8]自崇德大夫進銀青光禄大夫，[9]遷尚書右丞，[10]未幾，爲左丞，[11]封郜國公。[12]

[1]吏部侍郎：尚書吏部屬官。正四品。

[2]户部尚書：尚書户部長官。掌户口、錢糧、田土的政令及貢賦出納、金幣轉通、府庫收藏等事。正三品。

[3]中都：京路名。即原燕京，金貞元元年（1153）遷都於此後更名。治所在今北京市。

[4]榷貨務：官署名。隸尚書户部，負責發放鹽、茶的專賣證券。長官爲榷貨務，從六品。

[5]鈔引法：部分商品的賣買由政府控制，政府發給特許經營的商人支領和運銷這類産品的證券名爲鈔引。此即指政府控制部分商品買賣的制度。本書卷五《海陵紀》，貞元二年七月初設鹽鈔香茶文引印造庫使副，則此處當指鹽茶的專賣。

[6]海陵：謚號。即完顔迪古迺，漢名亮。1149 年至 1161 年在位。

[7]吏部尚書：尚書吏部長官。掌文武選授、勳封、考課、出給制誥等政事。正三品。

[8]是年：承上文應與使宋爲同一年，但考之本書卷五《海陵紀》，貞元元年十一月，“以户部尚書蔡松年等爲賀宋正旦使”，貞元三年二月，“吏部尚書蔡松年爲參知政事”，正隆元年（1156）正月，“參知政事蔡松年爲尚書右丞”。則其“自崇德大夫進銀青光禄大夫”不是在同一年内的事，此處稱是年不確。疑“是年”上有脱文。

[9]崇德大夫：本書卷五五《百官志一》無崇德大夫。從行文看，蔡松年自正三品的吏部尚書升至正二品的尚書右丞，則此崇德大夫應即後來的資德大夫。爲文散官，正三品上階。　銀青光禄大夫：文散官。本書卷五五《百官志》作銀青榮禄大夫，爲正二品下階。

[10]尚書右丞：執政官。爲宰相之貳，佐治省事。正二品。

[11]左丞：執政官。即尚書左丞，爲宰相之貳，佐治省事。正二品。

[12]郜國公：封爵名。天眷格，爲小國封號第十二。

初，海陵愛宋使人山呼聲，使神衛軍習之。[1]及孫道夫賀正隆三年正旦，[2]入見，山呼聲不類往年來者。道夫退，海陵謂宰臣曰：“宋人知我使神衛軍習其聲，此必蔡松年、胡礪泄之。”[3]松年皇恐對曰：[4]“臣若懷此心，便當族滅。”

[1]神衛軍：軍種名。爲皇帝親軍之一。

[2]孫道夫：《宋史》卷三八二有傳。　正隆：金海陵王年號（1156—1161）。

[3]胡礪：本書卷一二五有傳。

[4]皇恐：同“惶恐”。

久之，進拜右丞相，[1]加儀同三司，封衛國公。[2]正隆四年薨，年五十三。海陵悼惜之，奠于其第，命作祭文以見意。加封吴國公，[3]謚文簡。起復其子三河主簿珪爲翰林修撰，[4]璋賜進士第。[5]遣翰林待制蕭籲護送其喪，[6]歸葬真定，四品以下官離都城十里送之，道路之費皆從官給。

[1]右丞相：爲宰相，掌丞天子，平章萬機。從一品。

[2]衛國公：封爵名。天眷格，《大金集禮》爲次國封號第四，《金史·百官志》爲第三。

[3]吴國公：封爵名。大眷格，爲次國封號第五。此云加封，而“吴”却在“衛”下，疑誤。

[4]三河主簿：縣官名。主簿爲縣令屬官，協助縣令掌養百姓、按察所部、宣導風化、勸課農桑、平理獄訟、捕除盗賊、禁止游惰，兼管常平倉及通檢推排簿籍。正九品。三河，縣名，治所在今河北省三河市。　珪：字正甫。本書卷一二五有傳。　翰林修撰：翰林學士院屬官。分掌詞命文學，分判院事，凡應奉文字，銜内帶“同知制誥”。從六品。

[5]璋：本書僅此一見。《中州集》卷一《蔡丞相松年》，“璋字特甫”，“第進士，號稱文章家”。

[6]翰林待制：翰林學士院屬官。分掌詞命文學，分判院事。正五品。　蕭籲：本書僅此一見。

松年事繼母以孝聞，喜周恤親黨，性復豪侈，不計家之有無。文詞清麗，尤工樂府，與吴激齊名，[1]時號“吴、蔡體”。有集行于世。子珪。

[1]吴激：本卷有傳。

珪字正甫。中進士第，不求調，久迺除澄州軍事判官，[1]遷三河主簿。丁父憂，起復翰林修撰，同知制誥。[2]在職八年，改户部員外郎，[3]兼太常丞。[4]珪號爲辨博，凡朝廷制度損益，珪爲編類詳定檢討删定官。[5]

[1]澄州軍事判官：州官名。刺史州屬官。參掌州事，專掌通檢推排簿籍。從八品。澄州，天德三年（1151）以海州改名。治所在今遼寧省海城市。

[2]同知制誥：爲翰林學士院屬官，應奉翰林文字、翰林修撰、翰林待制所帶的加銜。

[3]户部員外郎：尚書户部屬官。從六品。

[4]太常丞：太常寺屬官。協助太常卿掌禮樂、郊廟、社稷、祠祀之事。正六品。

[5]編類詳定檢討删定官：此官名本書僅此一見，且不倫不類。《中州集》卷一《蔡太常珪》及《大金國志》卷二八《文學翰苑傳》皆爲“正隆三年，銅禁行，官得三代以來鼎鐘彝器無慮千數，禮部官以珪博物，且識古文奇字，辟爲編類官。……朝廷稽古禮文之事，取其議論爲多”。疑此處有脱文。

初，兩燕王墓舊在中都東城外，海陵廣京城，圍墓在東城内。前嘗有盜發其墓，大定九年詔改葬於城外。[1]俗傳六國時燕王及太子丹之葬，及啓壙，其東墓之柩題其和曰“燕靈王舊”。[2]“舊”，古“柩”字，通用。迺西漢高祖子劉建葬也。[3]其西墓，蓋燕康王劉嘉之葬也。珪作《兩燕王墓辯》，[4]據葬制名物款刻甚詳。

[1]大定：金世宗年號（1161—1189）。

[2]和：棺材兩頭的木板。

[3]高祖：指漢高祖劉邦，前206年至前195年在位。

[4]《兩燕王墓辯》：下文《馬定國傳》作“燕王墓辯”，《大金國志》卷二八《翰苑文學傳》作“燕王墓辨”。

安國軍節度判官高元鼎坐監臨奸事，[1]求援於太常博士田居實、大理司直吴長行、吏部主事高震亨、大理評事王元忠。[2]震亨以屬鞫問官御史臺典事李仲柔，[3]仲柔發之。珪與刑部員外郎王倏、宛平主簿任詢、前衛州防禦判官閻恕、承事郎高復亨、文林郎翟詢、敦武校尉王景晞、進義校尉任師望，[4]坐與居實等轉相傳教，或令元鼎逃避，居實、長行、震亨、元忠各杖八十，倏、珪、詢、恕、復亨、翟詢各笞四十，景晞、師望各徒二年，官贖外並的决。

[1]安國軍節度判官：節度使屬官。掌紀綱節鎮衆務，分判兵馬之事，兼判兵、刑、工案事。正七品。安國軍設在邢州，治所在今河北省邢臺市。　高元鼎：本書僅此一見。

[2]太常博士：太常寺屬官。掌檢討典禮。正七品。　田居實：本書僅此一見。　大理司直：大理寺屬官。掌參議疑獄、披詳法狀。正七品。　吴長行：本書僅此一見。　吏部主事：尚書省吏部屬官。掌知管差除、校勘行止，分掌封勳資考之事，惟選事則通署，及掌受事付事、檢勾稽失省署文牘，兼知本部宿直、檢校架閣，正員四人。從七品。　高震亨：本書僅此一見。　大理評事：大理寺屬官。掌參議疑獄、披詳法狀。正八品。　王元忠：本書僅

見於此卷。

[3]御史臺典事：御史臺屬官。正員二人，從七品。　李仲柔：本書僅此一見。

[4]王脩：本書卷一〇五有傳。　宛平主簿：縣官名。主簿爲縣令屬官。正九品。宛平，縣名，治所在今北京市。　任詢：本書卷一二五有傳。　衛州防禦判官：防禦使屬官。掌簽判州事，專掌通檢推排薄籍。正八品。衛州，治所在今河南省衛輝市。　閻恕：僅見於此及卷四五。　承事郎：文散官。爲正八品下階。　高復亨：本書僅此一見。　文林郎：文散官。爲正八品上階。　翟詢：本書僅此一見。　敦武校尉：武散官。爲從八品下階。　王景晞：本書僅此一見。　進義校尉：武散官。爲正九品下階。　任師望：本書僅此一見。

久之，除河東北路轉運副使，[1]復入爲修撰，遷禮部郎中，[2]封真定縣男。[3]珪已得風疾，失音不能言，迺除濰州刺史，[4]同輩已奏謝，珪獨不能入見。世宗以讓右丞唐括安禮、參政王蔚曰：[5]"卿等閱書史，亦有不能言之人可以從政者乎。"又謂中丞劉仲誨曰：[6]"蔡珪風疾不能奏謝，卿等何不糾之。人言卿等相爲黨蔽，今果然邪。"珪迺致仕，尋卒。[7]

[1]河東北路轉運副使：河東北路轉運司屬官。協助轉運使掌稅賦錢穀，倉庫出納，及度量之制。正五品。河東北路轉運司設在太原府，治所在今山西省太原市。

[2]禮部郎中：尚書禮部屬官。從五品。

[3]真定縣男：封爵名。本書卷五五《百官志一》，縣男爲從五品，食邑三百户，無實封，同散官入銜。

[4]濰州刺史：州官名。刺史州長官。負責本州政務。正五品。濰州，治所在今山東省濰坊市。

[5]唐括安禮：女真人。本名斡魯古。本書卷八八有傳。　王蔚：本書卷九五有傳。

[6]中丞：指御史中丞，爲御史臺屬官。協助御史大夫掌糾察朝儀、彈劾官邪、勘鞫官府公事，審斷所屬部門理斷不當引起上訴的案件。從三品。　劉仲誨：本書卷七八有傳。

[7]珪迺致仕，尋卒：按：《中州集》卷一《蔡太常珪》“出守濰州，道卒”，與此不同。

珪之文有《補正水經》五篇，合沈約、蕭子顯、魏收《宋》《齊》《北魏志》作《南北史志》三十卷，[1]《續金石遺文跋尾》十卷，[2]《晉陽志》十二卷，文集五十五卷。《補正水經》《晉陽志》、文集今存，餘皆亡。[3]

[1]沈約：南朝梁文學家、史學家，著《宋書》。《南史》卷五七與《梁書》卷一三有傳。　蕭子顯：南朝梁史學家，著《齊書》，今稱《南齊書》。見《南史》卷四二《高帝諸子傳》及《梁書》卷一二五。　魏收：北齊史學家，著《魏書》，即此所云《北魏書》。見《北史》卷五六、《北齊書》卷三七。按，《宋書》有志三〇卷，《南齊書》有志一一卷，《魏書》有志一〇卷。　三十卷：《中州集》作六〇卷。

[2]《續金石遺文跋尾》：《大金國志》卷二八《文學翰苑傳》爲“續歐陽文忠公《集古録金石遺文》”。

[3]餘皆亡：《中州集》作“續歐陽文忠公《集古録金石遺文》六十卷，《古器類編》三十卷，《補南北史志書》六十卷，《水經補亡》四十篇，《晉陽志》十二卷，《金石遺文跋尾》十卷，《燕王墓

辨》一卷傳於世”。

吴激字顔高，建州人。[1]父拭，[2]宋進士，官終朝奉郎、知蘇州。[3]激，米芾之壻也，[4]工詩能文，字畫俊逸得芾筆意。尤精樂府，造語清婉，哀而不傷。將宋命至金，以知名留不遣，命爲翰林待制。皇統二年，出知深州，[5]到官三日卒。詔賜其子錢百萬、粟三百斛、田三頃以周其家。有《東山集》十卷行于世。“東山”，其自號也。

[1]建州：治所在今福建省建甌市。

[2]拭：本書僅此一見。《中州集》卷一《吴學士激》：“宋宰臣拭之子。”

[3]朝奉郎：宋文散官。爲正六品上階。　知蘇州：宋州官名。帶京朝官銜者或試銜者主持州事時稱知州事，簡稱知州。蘇州，宋州名，治所在今江蘇省蘇州市。

[4]米芾：北宋書畫家（1051—1107）。《宋史》卷四四四有傳。

[5]知深州：州官名。深州，州名，治所在今河北省深州市西南。本書卷四《熙宗紀》與卷六一《交聘表》皆載吴激以乾文閣待制爲賜高麗生日使。本傳漏載。

馬定國字子卿，茌平人。[1]自少志趣不群。宣、政末，[2]題詩酒家壁，坐譏訕得罪，亦因以知名。阜昌初，[3]游歷下，[4]以詩撼齊王豫，[5]豫大悦，授監察御史，[6]仕至翰林學士。《石鼓》自唐以來無定論，定國以字畫考之，云是宇文周時所造，[7]作辯萬餘言，出入傳記，引據甚明，學者以比蔡正甫《燕王墓辯》。初，學詩未有入處，夢其父與方寸白筆，從是文章大進。有集傳于世。

[1]茌平：縣名。治所在今山東省茌平縣。

[2]宣、政：皆宋徽宗年號。宣指宣和（1119—1125），政指政和（1111—1118）。政和在宣和前，此處似應爲政宣，但是《大金國志》與《中州集》中亦有宣政之稱，疑爲當時人的慣稱。此處當作“宣和末”爲是。據《大金國志》卷二八《文學翰苑傳》，其詩“有‘蘇黄不作文章伯，童蔡翻爲社稷臣’之句，用是得罪”。《中州集》卷一同。

[3]阜昌：齊劉豫年號（1130—1137）。

[4]歷下：古邑名。在今山東省濟南市西，因南對歷山而得名。《中州集》卷一與《大金國志》卷二八皆作“歷下亭”。是亭一名客亭，在今山東省濟南市大明湖邊。阜昌初未見劉豫至濟南，此處疑誤。

[5]齊王豫：劉豫，北宋人，後降金。金天會八年（1130）立爲帝，國號齊，天會十五年廢齊，改封劉豫爲蜀王，徙居臨潢府。本書卷七七與《宋史》卷二三四皆有傳。

[6]監察御史：劉豫齊國官號。御史臺屬官。

[7]宇文周：即北周（557—581）。

任詢字君謨，[1]易州軍市人。[2]父貴有才幹，善畫，喜談兵，宣、政間游江、浙。詢生於虔州，[3]爲人慷慨多大節。書爲當時第一，畫亦入妙品。評者謂畫高於書，書高於詩，詩高於文，然王庭筠獨以其才具許之。[4]登正隆二年進士第。歷益都都勾判官，[5]北京鹽使。[6]年六十四致仕，優游鄉里，家藏法書名畫數百軸。年七十卒。

[1]任詢字君謨：按，任詢書韓愈《秋懷詩》石刻的署款作“龍岩君謀”（見籍和平、鮑里《君謨還是君謀？——任詢表字考》，載北京遼金城垣博物館《北京遼金文物研究》，北京燕山出版社2005年版）。

[2]易州：治所在今河北省易縣。　軍市：縣名。本書卷二四《地理志上》“易州”下無軍市縣。待考。

[3]虔州：治所在今江西省贛州市。《中州集》卷二《任南麓詢》作“處州”。

[4]王庭筠：本書卷一二六有傳。

[5]益都都勾判官：山東東路轉運司屬官。因山東東路轉運司設在益都府，即今山東省青州市，故有此稱。都勾判官掌紀綱衆務，分判勾案。從六品。《中州集》卷二《任南麓詢》：“正隆二年進士，歷省掾、大名總幕、益都都司判官、北京鹽使，課殿，降泰州節廳。”

[6]北京鹽使：鹽使司長官。掌幹鹽利以佐國用。正五品。

趙可字獻之，高平人。[1]貞元二年進士。[2]仕至翰林直學士。[3]博學高才，卓犖不羈。天德、貞元間，有聲場屋。後入翰林，[4]一時詔誥多出其手，流輩服其典雅。其歌詩樂府尤工，號《玉峰散人集》。

[1]高平：縣名。治所在今山西省高平市。

[2]貞元：金海陵王年號（1153—1155）。

[3]翰林直學士：翰林學士院屬官。掌制撰詞命，凡應奉文字，銜内帶“知制誥”，不限員。從四品。

［4］翰林：官署名。指翰林學士院，長官爲翰林學士承旨。本書卷一九《世紀補》趙可官爲翰林修撰，卷八《世宗紀下》與卷六一《交聘表中》皆載其官爲翰林待制。

郭長倩字曼卿，文登人。[1]登皇統丙寅經義乙科。[2]仕至祕書少監，[3]兼禮部郎中，修起居注。[4]與施朋望、王無競、劉嵓老、劉無党相友善。[5]所撰《石决明傳》爲時輩所稱。有《崑崙集》行于世。

［1］文登：縣名。治所在今山東省文登市。

［2］皇統丙寅：即皇統六年（1146）。

［3］祕書少監：秘書監屬官。正五品。

［4］修起居注：記注院長官。負責記録皇帝言行。貞祐三年（1215）定爲以左右司首領官兼。

［5］施朋望：本書僅此一見。“朋”疑爲“明”字之誤。施宜生字明望。本書卷七九有傳。　王無競：王競字無競。本卷有傳。　劉嵓老：本書僅此一見。《中州集》卷二，劉汲“字伯深，南山翁之子，天德三年（1151）進士，釋褐慶州軍事判官，入翰林爲供奉，自號西嵓老人。有《西嵓集》傳於家”。卷八《郭祕監長倩》則爲劉嵓老。　劉無黨：本書僅此一見。

蕭永祺字景純，本名蒲烈。少好學，通契丹大小字。廣寧尹耶律固奉詔譯書，[1]辟置門下，因盡傳其業。固卒，永祺率門弟子服齊衰喪。固作《遼史》未成，[2]永祺繼之，作紀三十卷、志五卷、傳四十卷，上之。加宣武將軍，[3]除太常丞。

[1]廣寧尹：府長官。正三品。廣寧即廣寧府，治所在今遼寧省北寧市。　耶律固：本書卷八九《移剌子敬傳》作“特進耶律固”，卷三與卷六〇皆載其於天會三年（1125）使宋。本書中僅見於此四卷。

[2]遼史：金修《遼史》計兩部，另一部爲党懷英、陳大任所修。

[3]宣武將軍：武散官。爲從五品下階。

海陵爲中京留守，[1]永祺特見親禮。天德初，擢左諫議大夫，[2]遷翰林侍講學士，同修國史，再遷翰林學士。明年，遷承旨。[3]尚書左丞耶律安禮出守南京，[4]海陵欲以永祺代之，召見于内閤，諭以旨意，永祺辭曰：“臣材識卑下，不足以辱執政。”[5]海陵曰：“今天下無事，朕方以文治，卿爲是優矣。”永祺固辭，既出，或問曰：“公遇知人主，進取爵位，以道佐時，何多讓也。”永祺曰：“執政繫天下休戚，縱欲貪冒榮寵，如蒼生何。”海陵嘗選廷臣十人備諮訪，獨永祺議論寬厚，時稱長者。卒年五十七。

[1]中京留守：中京留守司長官，例兼本府府尹、本路兵馬都總管。正三品。中京，京路名，治所在今内蒙古自治區寧城縣大明城。

[2]左諫議大夫：諫院長官。正四品。

[3]承旨：即翰林學士承旨，爲翰林學士院長官。掌制撰詞命，凡應奉文字，銜内帶“知制誥”。正三品，貞祐三年（1215）升爲從二品。

[4]耶律安禮：契丹人。本名納合。本書卷八三有傳。

[5]執政：金執政官有，尚書左丞與尚書右丞，皆正二品；參知政事，從二品。

胡礪字元化，磁州武安人。[1]少嗜學。天會間，大軍下河北，[2]礪爲軍士所掠，行至燕，亡匿香山寺，與傭保雜處。韓昉見而異之，[3]使賦詩以見志，礪操筆立成，思致清婉，昉喜甚，因館置門下，使與其子處，同教育之，自是學業日進。昉嘗謂人曰："胡生才器一日千里，他日必將名世。"十年，舉進士第一，授右拾遺，[4]權翰林修撰。久之，改定州觀察判官。[5]定之學校爲河朔冠，士子聚居者常以百數，礪督教不倦，經指授者悉爲場屋上游，稱其程文爲"元化格"。

[1]磁州：治所在今河北省磁縣。　武安：縣名。治所在今河北省武安市。《三朝北盟會編》卷二五引《族帳部曲録》作"山東密州人"。

[2]河北：路名。天會七年（1129）析置河北東、西路。河北東路，治所在今河北省河間市。河北西路，治所在今河北省正定縣。

[3]韓昉：本卷有傳。

[4]右拾遺：諫院屬官。正七品。

[5]定州觀察判官：州官名。節度使屬官。掌紀綱觀察衆務，分判吏、户、禮案事，掌通檢推排簿籍。正七品。定州，宋時爲中山府，金屬河北西路，天會七年降爲州，治所在今河北省定州市。

皇統初，爲河北西路轉運都勾判官。[1]礪性剛直無所屈。行臺平章政事高楨之汴，[2]道真定，燕于漕司。[3]

礪欲就坐，楨責之，礪曰："公在政府則禮絶百僚，今日之會自有賓主禮。"楨曰："汝他日爲省吏，當何如？"礪曰："當官而行，亦何所避。"楨壯其言，改謝之。[4]

[1]河北西路轉運都勾判官：河北西路轉運司屬官。河北西路轉運司治真定府。

[2]行臺平章政事：行臺尚書省屬官。也稱平章行臺尚書省事。正二品。　高楨：本書卷八四有傳。"楨"，原作"禎"，從中華點校本改。

[3]燕于漕司：河北西路轉運使司設在真定，這裏指的是在轉運使衙門設宴，所以胡礪才自居主人，與高楨争辯。

[4]改謝之：施國祁《金史詳校》卷一〇認爲"改"下脱"容"字。

改同知深州軍州事，[1]加朝奉大夫。[2]郡守暴戾，蔑視僚屬，礪常以禮折之，守愧服，郡事一委于礪。州管五縣，例置弓手百餘，少者猶六七十人，歲徵民錢五千餘萬爲顧直。[3]其人皆市井無賴，以迹盗爲名，所至擾民。礪知其弊，悉罷去。繼而有飛語曰："某日賊發，將殺通守。"或請爲備，礪曰："盗所利者財耳，吾貧如此，何備爲。"是夕，令公署撤關，竟亦無事。

[1]同知深州軍州事：刺史州屬官。掌通判州事。正七品。

[2]朝奉大夫：金初文散官名。沿宋制。宋元豐改制爲正五品下階文散官，元豐三年（1080）後取消文散官，遂爲新寄禄官。

[3]歲徵民錢：原脱"徵"字，從中華點校本補。　顧：同

"雇"。 直：同"值"。

再補翰林修撰，遷禮部郎中，一時典禮多所裁定。海陵拜平章政事，[1]百官賀於廟堂，礪獨不跪。海陵問其故，礪以令對，且曰："朝服而跪，見君父禮也。"海陵深器重之。天德初，再遷侍講學士，同修國史。[2]以母憂去官。起復爲宋國歲元副使，刑部侍郎白彦恭爲使，[3]海陵謂礪曰："彦恭官在卿下，以其舊勞，故使卿副之。"遷翰林學士，改刑部尚書。[4]扈從至汴得疾，海陵數遣使臨問，卒，深悼惜之。年五十五。[5]

[1]平章政事：爲宰相，掌丞天子，平章萬機，始設於天眷元年（1138）。從一品。

[2]同修國史：國史院屬官。位在監修國史、修國史之下，負責國史的編寫工作。定員二人。

[3]刑部侍郎：尚書刑部屬官。正四品。 白彦恭：部羅火部族人。本名遥設，初名彦恭，因避諱改。本書卷八四有傳。

[4]刑部尚書：尚書刑部長官。掌律令、刑名、監户、官户、配隸、功賞、捕亡等事。正三品。

[5]年五十五：據《族帳部曲録》下還有"葛王立，改翰林承旨"。

王競字無競，彰德人。[1]警敏好學。年十七以廕補官。宋宣和中，太學兩試合格，調屯留主簿。[2]入國朝，除大寧令，[3]歷寶勝鹽官，[4]轉河内令。[5]時歲饑盜起，競設方略以購賊，不數月盡得之。夏秋之交，沁水泛溢，[6]歲發民築堤，豪民猾吏因緣爲奸，競核實之，減費幾半，縣民爲之諺曰："西山至河岸，縣官兩人半。"蓋以前政韓希甫與競相繼治縣，[7]皆有幹能，絳州正平令張元亦有治績，[8]而差不及，故云然。

[1]彰德：府名。治所在今河南省安陽市。《中州集》卷八《王禮部競》作"安陽人"。

[2]屯留主簿：宋縣官名。屯留，縣名，治所在今山西省屯留縣。

[3]大寧令：縣長官。掌養百姓、按察所部、宣導風化、勸課農桑、平理獄訟、捕除盜賊、禁止游惰，兼管常平倉及通檢推排簿籍。大縣正七品，小縣從七品。大寧，縣名，治所在今山西省大寧縣。

[4]寶勝鹽官：指鹽使司屬官。寶勝當是地名，本書僅此一見。本書卷五七《百官志三》，鹽使司七處置，無寶勝，有寶坻。疑此寶勝爲寶坻之誤。寶坻，縣名，治所在今天津市寶坻區。

[5]河内令：縣長官。河内，縣名，治所在今河南省沁陽市。

[6]沁水：河名。源出山西省沁源縣北綿山諸谷，流到武陟縣入黄河。

[7]韓希甫：本書僅此一見。

[8]絳州：治所在今山西省新絳縣。　正平令：縣長官。正平，縣名，治所在今山西省新絳縣。　張元：本書僅此一見。

天眷元年，[1]轉固安令。[2]皇統初，參政韓昉薦之，召權應奉翰林文字，[3]兼太常博士。詔作《金源郡王完顏婁室墓碑》，[4]競以行狀盡其實，迺請國史刊正之，時人以爲法。二年，試館閣，競文居最，遂爲真。

[1]天眷：金熙宗年號（1138—1140）。

[2]固安令：縣長官。固安，縣名，治所在今河北省固安縣。

[3]權應奉翰林文字：翰林學士院屬官。分掌詞命文字，分判院事，凡應奉文字，銜內帶“同知制誥”。從七品。代理、攝守之官稱“權”。

[4]《金源郡王完顏婁室墓碑》：中華點校本校勘記謂，楊賓《柳邊紀略》卷四載，“船廠西二百里薄屯山有金《完顏婁室神道碑》”，乃王彥潛撰文。又，本卷下文云，“競以行狀盡其實，迺請國史刊正之”，則王競似是校者而非作者。疑此“詔作”當爲“詔校”。

遷尚書禮部員外郎。[1]時海陵當國，政由己出，欲令百官避堂諱，競言人臣無公諱，遂止。蕭仲恭以太傅領三省事封王，[2]欲援遼故事，親王用紫羅傘。事下禮部，競與郎中翟永固明言其非是，[3]事竟不行，海陵由是重之。天德初，轉翰林待制，遷翰林直學士，改禮部侍郎，遷翰林侍講學士，改太常卿，[4]同修國史，擢禮部尚書，同修國史如故。

[1]尚書禮部員外郎：尚書禮部屬官。從六品。

[2]蕭仲恭：契丹人。本名术里者。本書卷八二有傳。《遼史》卷三〇《天祚紀四》保大五年（1125）作术者。　太傅：三師之一。正一品。　領三省事：屬於金初中央官制改革期間，由勃極烈制向三省制轉變過程中的過渡性官稱。原勃極烈以三師的身份出任領三省事，爲三省實際負責人。

[3]翟永固：本書卷八九有傳。

[4]太常卿：太常寺長官。負責禮樂、郊廟、社稷、祠祀之事。從三品。

大定二年春，從太傅張浩朝京師，[1]詔復爲禮部尚書。是歲，[2]奉遷睿宗山陵，[3]儀注不應典禮，競削官兩階。詔改創五龍車，兼翰林學士承旨，修國史。四年，卒官。

競博學而能文，善草、隸書，工大字，兩都宫殿牓題皆競所書，士林推爲第一云。

[1]張浩：渤海人。字浩然。本書卷八三有傳。

[2]是歲：施國祁《金史詳校》卷一〇認爲當改爲“十月”。

[3]睿宗：廟號。完顏宗輔本名訛里朵，大定間追尊爲帝。本書卷一九《世紀補》有傳。

楊伯仁字安道，伯雄之弟也。[1]天性孝友，讀書一過成誦。登皇統九年進士第，事親不求調。天德二年，除應奉翰林文字。初名伯英，避太子光英諱，[2]改今名。

[1]伯雄：字希雲。本書卷一〇五有傳。

[2]光英：女真人。金海陵王太子。本書卷八二有傳。

海陵嘗夜召賦詩，傳趣甚亟，未二鼓奏十咏，海陵喜，解衣賜之。海陵射烏，伯仁獻《獲烏詩》以諷。丁父憂，起復，賜金帶襲衣，及賜白金以奉母。改左拾遺。[1]進士吕忠翰廷試已在第一，[2]未唱名，海陵以忠翰程文示伯仁，問其優劣，伯仁對曰：“當在優等。”海陵曰：“此今試狀元也。”伯仁自以知忠翰姓名在第一，遂宿諫省，俟唱名迺出，海陵嘉其慎密。轉翰林修撰。

[1]左拾遺：諫院屬官。正七品。

[2]呂忠翰：字周卿，燕人。海陵時中進士第一。世宗時仕至翰林修撰。

孟宗獻發解第一，[1]伯仁讀其程文稱之“此人當成大名”。[2]是歲，宗獻府試、省試、廷試皆第一，號“孟四元”，時論以爲知文。故事，狀元官從七品，階承務郎，[3]世宗以宗獻獨異等，與從六品，階授奉直大夫。[4]

[1]孟宗獻：開封人。字友之，中大定三年（1163）進士第一名。授翰林應奉文字同知制誥，後爲左贊善大夫。本書卷九五《移剌履傳》作孟崇獻，係避睿宗諱，改宗爲崇。

[2]稱之：施國祁《金史詳校》卷一〇認爲此下當加“曰”字。

[3]承務郎：文散官。爲從七品上階。

[4]奉直大夫：文散官。爲從六品上階。

改著作郎。[1]居母喪，服除，調鎮西節度副使。[2]入爲起居注兼左拾遺，上書論時務六事。改大名少尹。[3]郡中豪民横恣甚，莫可制，民受其害，伯仁窮竟渠黨，四境帖然。讞館陶大辟，[4]得其冤狀，館陶人爲立祠。府尹荆王文坐贓削封，[5]降德州防禦使，[6]同知裴滿子寧及伯仁、判官謝奴皆以不能匡正解職。[7]伯仁降南京留守判官，[8]改同知安化軍節度使，[9]到官三日，召爲太子右諭德，[10]兼侍御史，[11]改翰林待制，復兼右諭德。

[1]著作郎：著作局長官。掌修日曆。從六品。施國祁《金史

詳校》卷一〇認爲，此前當加“伯仁”二字。

［2］鎮西節度副使：州官名。節度州屬官。協助節度使處理本州政務。從五品。鎮西軍設在寧邊州，治所在今内蒙古自治區清水河縣西南窑溝鄉下城灣古城。

［3］大名少尹：府官名。爲府尹之佐，協助府尹處理本府政務。正五品。大名即大名府，治所在今河北省大名縣東。

［4］館陶：縣名。治所在今山東省冠縣北舊館陶。

［5］府尹：指大名尹，大名府長官。正三品。　荆王：金封爵名。大定格，《大金集禮》爲次國封號第二十七，《金史·百官志》爲第二十六。　文：女真人。宗望子，本名胡剌。本書卷七四有傳。

［6］德州防禦使：防禦州長官。掌防捍不虞，禦制盗賊，總理本州政務。從四品。德州，治所在今山東省陵縣。

［7］同知：指同知大名府事。大名即大名府。同知爲府尹之佐，協助府尹處理本府政務。從四品。　裴滿子寧：女真人。曾爲近侍局使。見本書卷八七《僕散忠義傳》。　判官：指大名府總管判官。從五品。　謝奴：本書僅此一見。

［8］南京留守判官：南京留守司屬官。掌紀綱總府衆務，分判兵案之事。從五品。

［9］同知安化軍節度使：爲節度使之佐，通判節度使事。正五品。安化軍設在密州，治所在今山東省諸城市。

［10］太子右諭德：東宫屬官。掌贊諭道德，侍從文章。正五品。

［11］侍御史：御史臺屬官。掌奏事、判臺事，定員二人。從五品。

除濱州刺史。[1]郡俗有遺奴出亡、捕之以規賞者，伯仁至，責其主而杖殺其奴，如是者數輩，其弊遂止。

入爲左諫議大夫，兼禮部侍郎、翰林直學士。故事，諫官詞臣入直禁中，上閔其勞，特免入直。改吏部侍郎，直學士如故。鄭子聃卒，[2]宰相舉伯仁代之，[3]遒遷侍講，[4]兼禮部侍郎。

[1]濱州刺史：刺史州長官。正五品。濱州，治所在今山東省濱州市。

[2]鄭子聃：本書卷一二五有傳。

[3]宰相：金於尚書省設尚書令一員、左右丞相各一員、平章政事二員，皆爲宰相。

[4]侍講：即翰林侍講學士。

伯仁久在翰林，文詞典麗，上曰："自韓昉、張鈞後，[1]則有翟永固，近日則張景仁、鄭子聃，[2]今則伯仁而已，其次未見能文者。吕忠翰草《降海陵庶人詔》，點竄再四，終不能盡朕意，狀元雖以詞賦甲天下，至於辭命未必皆能。凡進士可令補外，考其能文者召用之。"不數月，兼左諫議大夫，俄兼太常卿。

[1]張鈞：金熙宗時官爲翰林學士，因草詔得罪被殺。事見本書卷一二九《蕭肄傳》中。

[2]張景仁：本書卷八四有傳。本傳稱其字壽甫，《三朝北盟會編》卷二四五引《族帳部曲録》稱其字壽寧。

大臣舉可修起居注者數人，上以伯仁領之。從幸上京，[1]伯仁多病，至臨潢，[2]地寒，[3]因感疾，還中都。明年，上還幸中都，遣使勞問，賜以丹劑。是歲，卒。

[1]上京：京路名。治所在今黑龍江省阿城市白城。

[2]臨潢：府名。治所在今内蒙古自治區巴林左旗林東鎮南波羅城。

[3]地寒："地"，原作"池"，從中華點校本改。

鄭子聃字景純，大定府人。[1]父宏，[2]遼金源令，[3]二子子京、子聃。[4]楊丘行嘗謂人曰：[5]"金源二子，鳳毛也。小者尤特達，後必名世。"子聃及冠有能賦聲。天德三年，丘行爲太子左衛率府率，[6]廷試明日，海陵以子聃程文示丘行，對曰："可入甲乙。"及拆卷，果中第一甲第三人。調翼城丞，[7]遷贊皇令，[8]召爲書畫直長。[9]

[1]大定府：治所在今内蒙古自治區寧城縣西大明城。

[2]宏：本書僅此一見。

[3]金源令：遼縣官名。金源，縣名，治所在今遼寧省建平縣東北喀喇沁鄉。

[4]子京：本書僅此一見。

[5]楊丘行：楊伯雄、伯仁之父。亦見於本書卷一〇五。

[6]太子左衛率府率：東宫下屬機構左衛率府屬官。掌周衛導從儀仗。從五品。

[7]翼城丞：縣官名。縣丞爲縣令之佐。正九品。翼城，縣名，治所在今山西省翼城縣，興定四年（1220）升爲翼州。

[8]贊皇令：縣長官。贊皇，縣名，治所在今河北省贊皇縣。

[9]書畫直長：書畫局長官。爲秘書監的下屬機構書畫局的負責人，掌御用書畫紙札。正八品。

子聃頗以才望自負，常慊不得爲第一甲第一人。正隆二年會試畢，海陵以第一人程文問子聃，子聃少之。海陵問作賦何如，對曰："甚易。"因自矜，且謂他人莫己若也。海陵不悦，迺使子聃與翰林修撰綦戩、楊伯仁、宣徽判官張汝霖、應奉翰林文字李希顔同進士雜試。[1]七月癸未，海陵御寶昌門臨軒觀試，[2]以"不貴異物民迺足"爲賦題，"忠臣猶孝子"爲詩題，"憂國如饑渴"爲論題。上謂讀卷官翟永固曰："朕出賦題，能言之或能行之，未可知也。詩、論題，庶戒臣下。"丁亥，御便殿親覽試卷，中第者七十三人，子聃果第一，海陵奇之。有頃，進官三階，除翰林修撰。改侍御史。[3]

[1]綦戩："綦"，原作"綦"，殿本同。中華點校本認爲"綦"是"綦"之誤。綦戩，祁宰之婿，亦見於本書卷八三。據《三朝北盟會編》卷二四五引《族帳部曲録》，字天錫，山東膠東人。世宗時以應奉翰林文字遷翰林待制，與此異。　楊伯仁：本卷有傳。　宣徽判官：宣徽院屬官。協助宣徽使掌朝會、燕享、殿庭禮儀及監知御膳。從六品。　張汝霖：渤海人。本書卷八三有傳。　李希顔：本書僅此一見。《中州集》卷九《鄭内翰子聃》作"李師顔"。

[2]寶昌門：宫門名。在中都路大興府皇城中。

[3]侍御史：據《三朝北盟會編》卷二四五引《族帳部曲録》，"亮時爲翰林修撰，録遷修起居注。葛王除爲殿中侍御史兼侍講學士"，參之下文世宗説"修《海陵實録》，知其詳無如子聃者"，則鄭子聃在海陵時爲修起居注應是正確的。

京畿旱，詔子聃決囚，遂澍雨，[1]人以比顔真卿。[2]

遷待制，兼吏部郎中，改祕書少監。遷翰林直學士，兼太子左諭德，[3]顯宗深器重之。[4]以疾求補外，遂爲沂州防禦使，[5]皇太子幣贐甚厚，命以安輿之官。召還，爲左諫議大夫、兼直學士。改吏部侍郎、同修國史，直學士如故。遷侍講、兼修國史，上曰："修《海陵實録》，[6]知其詳無如子聃者。"蓋以史事專責之也。二十年，[7]卒，年五十五。子聃英俊有直氣，其爲文亦然。平生所著詩文二千餘篇。

[1]澍（shù）：時雨。

[2]顔真卿：唐代著名大臣、書法家。《新唐書》卷一五三與《舊唐書》卷一二八有傳。

[3]太子左諭德：東宫屬官。掌贊諭道德、侍從文章。正五品。

[4]顯宗：女真人。即完顔允恭。見本書卷一九《顯宗紀》。

[5]沂州防禦使：爲防禦州長官。從四品。沂州，治所在今山東省臨沂市。

[6]《海陵實録》：金朝實録之一。又名《海陵庶人實録》，鄭子聃所編。

[7]二十年：中華點校本認爲，此上脱"大定"二字。

党懷英字世傑，故宋太尉進十一代孫，[1]馮翊人。[2]父純睦，[3]泰安軍録事參軍，[4]卒官，妻子不能歸，因家焉。[5]應舉不得意，遂脱略世務，放浪山水間。簞瓢屢空，晏如也。大定十年，中進士第，調莒州軍事判官，[6]累除汝陰縣令、國史院編修官、應奉翰林文字、翰林待制、兼同修國史。[7]

［1］進：人名。見《宋史》卷二六〇《党進傳》。

［2］馮翊：縣名。治所在今陝西省大荔縣。

［3］純睦：人名。本書僅此一見。

［4］泰安軍録事參軍：州官名。金仿宋制設此官，掌州院庶務，糾諸曹延誤、違失。泰安軍，治所在今山東省泰安市。

［5］因家焉：《中州集》卷三《承旨党公》作“遂爲奉符人”。

［6］莒州軍事判官：州官名。刺史州屬官。參掌州事，專掌通檢推排簿籍。從八品。按，莒州軍《中州集》卷三作“成陽軍”。本書卷二五《地理志中》莒州刺史本城陽軍，大定二十二年（1182）改城陽州置，二十四年改莒州。治所在今山東省莒縣。党懷英調此官在大定十年（1170），莒州軍當作“城陽軍”是。《中州集》《大金國志》城陽皆作“成陽”。

［7］汝陰縣令：縣長官。汝陰，縣名，治所在今安徽省阜陽市。按，原作“縣尹”，金無“縣尹”之稱，從中華點校本改。　國史院編修官：國史院屬官。正八品。本書卷九六《李晏傳》，章宗立，晏畫十事以上，又奏“乞委待制党懷英、修撰張行簡更直進讀陳言文字”。是其時官爲翰林待制。而《中州集》則稱“史館修撰”。《中州集》卷三於應奉翰林文字下有“出爲泰定軍節度使”。

懷英能屬文，工篆籀，當時稱爲第一，學者宗之。大定二十九年，與鳳翔府治中郝俣充《遼史》刊修官，［1］應奉翰林文字移剌益、趙渢等七人爲編修官。［2］凡民間遼時碑銘墓志及諸家文集，或記憶遼舊事，悉上送官。

［1］鳳翔府治中：府官名。鳳翔府，治所在今陝西省鳳翔縣。治中爲府尹屬官，本書《百官志》不載。據本書卷八五《永功傳》，“家奴王唐犯罪至徒，永功曲庇之。平陽治中高德裔失覺察，

笞四十”，則此官當是負責本府司法工作。據本書卷一二八《孫德淵傳》，“歷大興治中、同知府事”，《武都傳》，“調太原治中，復爲都轉運副使”，《紇石烈德傳》，歷“大名治中、安、曹、裕三州刺史”，同知府事從四品，都轉運副使正五品，刺史正五品，則此官當爲五品官。　郝俣：大定二十四年（1184）以翰林修撰出使夏國。據《中州集》卷二與《大金國志》卷二八《文學翰苑傳》知其字子玉，太原人。正隆二年（1157）進士，仕至河東北路轉運使。　《遼史》刊修官：國史院屬官。按，本書卷五五《百官志》，“修《遼史》刊修官一員，編修官三員”，與此異。又，本書卷九《章宗紀一》，大定二十九年十一月，“命參知政事移剌履提控刊修《遼史》”，卷九五《移剌履傳》，大定二十九年，“七月，拜知行政事，提控刊修《遼史》”。則刊修官上復有提控官。此處所記修《遼史》人員組成爲：提控官一名，刊修官二名，編修官七名。與《百官志》不同。參之下文，“泰和元年，增修《遼史》編修官三員，詔分紀、志、列傳刊修官”，則此後修《遼史》人員又有所擴充，變爲刊修官三人，編修官十人。本書卷九九《賈鉉傳》，“與党懷英同刊修《遼史》”，卷一〇五《蕭貢傳》，“與陳大任刊修《遼史》”，本卷下文，“懷英致仕後，章宗詔直學士陳大任繼成《遼史》”，皆可證刊修官一直非一人。《百官志》誤。

［2］移剌益：契丹人。本名特末阿不。本書卷九七有傳。　趙渢：本書卷一二六有傳。

是時，章宗初即位，好尚文辭，旁求文學之士以備侍從，謂宰臣曰：“翰林闕人，[1]如之何？”張汝霖奏曰：“郝俣能屬文，宦業亦佳。”[2]上曰：“近日制詔惟党懷英最善。”移剌履進曰：“進士擢第後止習吏事，更不復讀書，近日始知爲學矣。”上曰：“今時進士甚滅裂，《唐書》中事亦多不知，朕殊不喜。”上謂宰臣曰：“郝俣賦詩頗佳，舊時劉迎能之，[3]李晏不及也。”[4]

[1]闕：同“缺”。

[2]宦：原作“官”，此據殿本改。

[3]劉迎：本書僅此一見。

[4]李晏：字致美。本書卷九六有傳。

明昌元年，[1]懷英再遷國子祭酒。[2]二年，遷侍講學士。明年，議開邊防濠塹，懷英等十六人請罷其役，詔從之。遷翰林學士。[3]七年，[4]有事于南郊，攝中書侍郎讀祝册，[5]上曰：“讀册至朕名，聲微下，雖曰尊君，然在郊廟，禮非所宜，當平讀之。”承安二年乞致仕，[6]改泰寧軍節度使。[7]明年，召爲翰林學士承旨。泰和元年，[8]增修《遼史》編修官三員，詔分紀、志、列傳刊修官，有改除者以書自隨。久之，致仕。大安三年卒，[9]年七十八，謚文獻。懷英致仕後，章宗詔直學士陳大任繼成《遼史》云。[10]

[1]明昌：金章宗年號（1190—1196）。

[2]國子祭酒：國子監長官。掌管學校。正四品。

[3]遷翰林學士：據本書卷九《章宗紀一》，明昌三年（1192）十一月，“尚書省奏：‘翰林侍講學士党懷英舉孔子四十八代孫端甫’”，“權尚書禮部郎中党懷英”，卷一〇六《張行簡傳》亦可證明其明昌三年爲侍講學士。而此則書“明年”，承上文爲明昌三年，爲翰林學士。顯繫年有誤。

[4]七年：原作“六年”，從中華點校本改。

[5]攝中書侍郎：中書省屬官。此時中書省久已取消，此處當

是爲舉行祭祀而設的臨時性官職。代理、攝守之官稱“攝”。

［6］承安：金章宗年號（1196—1200）。

［7］泰寧軍節度使：節度州長官。從三品。泰寧軍設在兖州，治所在今山東省兖州市。大定十九年（1179）改名爲泰定軍，此處應稱泰定軍。

［8］泰和：金章宗年號（1201—1208）。

［9］大安：金衛紹王年號（1209—1211）。

［10］陳大任：見於本書卷一二、一〇五、一二五。

金史　卷一二六

列傳第六十四

文藝下

趙渢　周昂　王庭筠　劉昂　李經　劉從益　吕中孚　張建附　李純甫　王鬱　宋九嘉　龐鑄　李獻能　王若虚　王元節　麻九疇　李汾　元德明　子好問

趙渢字文孺，東平人。[1]大定二十二年進士，仕至禮部郎中。[2]性沖澹，學道有所得，尤工書，自號“黄山”。趙秉文云：[3]“渢之正書體兼顔、蘇，[4]行草備諸家體，其超放又似楊凝式，[5]當處蘇、黄伯仲間。”[6]党懷英小篆，[7]李陽冰以來鮮有及者，[8]時人以渢配之，號曰“党、趙”。有《黄山集》行於世。

[1]東平：縣名。遼太祖時置。治所在今遼寧省開原市南中固。大定二十九年（1189）改名爲銅山縣。

[2]禮部郎中：尚書禮部屬官。協助禮部尚書掌禮樂、祭祀、

燕享、學校、貢舉、儀式、制度、符印、表疏、圖書、册命、祥瑞、天文、漏刻、國忌、廟諱、醫卜、釋道、四方使客、諸國進貢、犒勞張設等事。從五品。本書卷八《世宗紀下》，“以襄城令趙渢爲應奉翰林文字”，本傳失載。

[3]趙秉文：本書卷一一〇有傳。

[4]顔：指顔真卿。唐書法家。《舊唐書》卷一二八與《新唐書》卷一五三有傳。　蘇：指蘇軾。北宋文學家、書畫家。《宋史》卷三三八有傳。

[5]楊凝式：五代書法家。《舊五代史》卷一二八有傳。

[6]黄：指黄庭堅。北宋詩人、書法家。《宋史》卷四四四有傳。

[7]党懷英：本書卷一二五有傳。

[8]李陽冰：唐文字學家、書法家。

周昂字德卿，真定人。[1]父伯禄字天錫，[2]大定進士，[3]仕至同知沁南軍節度使。[4]

[1]真定：府名。治所在今河北省正定縣。

[2]伯禄：本書僅此一見。

[3]大定：金世宗年號（1161—1189）。

[4]同知沁南軍節度使：州官名。同知爲節度使之佐，協助節度使處理本州政務，例兼同知本州管内觀察使。正五品。沁南軍設在懷州，治所在今河南省沁陽市。

昂年二十四擢第。[1]調南和簿，[2]有異政。遷良鄉令，[3]入拜監察御史。[4]路鐸以言事被斥，[5]昂送以詩，語涉謗訕，坐停銓。久之，起爲隆州都軍，[6]以邊功復召爲三司官。[7]大安兵興，[8]權行六部員外郎。[9]

[1]昂年二十四擢第：《中州集》卷四《常山周先生昂傳》，“德卿年二十一擢第”，所記年齡與此不同。本書卷一〇四《鄒谷傳》記周昂爲尚書省令史。本傳失載。

[2]南和簿：縣官名。簿即主簿，縣令佐貳。正九品。南和，縣名，治所在今河北省南和縣。

[3]良鄉令：縣官名。爲一縣之長，掌養百姓、按察所部、宣導風化、勸課農桑、平理獄訟、捕除盜賊、禁止游惰，兼管常平倉及通檢推排簿籍。小縣爲從七品，大縣爲正七品。良鄉，縣名，治所在今北京市房山區良鄉鎮。

[4]監察御史：御史臺屬官。掌糾察内外非違，刷磨諸司察帳並監祭禮及出使之事。正員十二人，正七品。

[5]路鐸：字宣叔。本書卷一〇〇有傳。

[6]隆州都軍："隆"，原作"龍"，從中華點校本改。隆州，治所在今吉林省農安縣。都軍，官名，即諸府鎮都軍司長官都指揮使，掌軍率差役、巡捕盜賊，總判軍事。正七品。

[7]三司官：指三司所屬各官。泰和八年（1208），省户部官員置三司，負責勸農、鹽鐵、度支，長官爲三司使，從二品。下設副使一員，簽三司事一員，同簽三司事一員，判官三員，規措審計官三員，知事二員，勾當官二員，管勾架閣庫一員，知法三員。《中州集》卷四："以邊功得復，召超三司判官。"

[8]大安：金衛紹王年號（1209—1211）。

[9]權行六部員外郎：行尚書省屬官。金末地方有征伐時，設行尚書省以分任軍民之事。爲中央尚書省的派出機構，非定制，兵罷則取消，故本書《百官志》不載。代理、攝守之官稱權。

其甥王若虚嘗學於昂，[1]昂教之曰："文章工於外而拙於内者，可以驚四筵而不可以適獨坐，可以取口稱而不可以得首肯。”又云：“文章以意爲主，以言語爲役，主强而役弱則無令不從。今人往往驕其所役，至跋扈難制，甚者反役其主，雖極辭語之工，而豈文之正哉。”

［1］王若虛：本卷有傳。

昂孝友，喜名節，學術醇正，文筆高雅，諸儒皆師尊之。既歷臺省，[1]爲人所擠，竟坐詩得罪，謫東海上十數年。始入翰林，[2]言事愈切。出佐三司非所好，從宗室承裕軍。[3]承裕失利，跳走上谷，[4]衆欲徑歸，昂獨不從，城陷，與其從子嗣明同死於難。[5]嗣明字晦之。

［1］臺省：官署名。臺指御史臺。掌糾察朝儀、彈劾官邪、勘鞫官府公事，審斷所屬部門理斷不當引起上訴的案件。長官爲御史大夫，正三品，大定十二年（1172）升爲從二品。省指尚書省，爲金最高政務機構，長官爲尚書令，從一品。下屬機構有吏、户、禮、兵、刑、工六部與左、右司。

［2］翰林：官署名。指翰林學士院。掌制撰詞命，應奉文字。長官爲翰林學士承旨，正三品，貞祐三年（1215）升從二品。下設翰林學士、翰林侍讀學士、翰林侍講學士、翰林待制、翰林修撰、應奉翰林文字等官。

［3］承裕：女真人。本名胡沙。本書卷九三有傳。

［4］跳走上谷：本書卷九三《承裕傳》謂，“退至宣平”，“走入宣德”，即指此。“跳”同“逃”。宣德即古上谷之地，在今河北省宣化縣。

［5］嗣明：字晦之。見《中州集》卷四。

王庭筠字子端，遼東人。[1]生未期，視書識十七字。七歲學詩，十一歲賦全題。稍長，涿郡王翛一見，[2]期以國士。登大定十六年進士第。調恩州軍事判官，[3]臨政即有聲。郡民鄒四者謀爲不軌，[4]事覺，逮捕千餘人，而鄒四竄匿不能得。朝廷遣大理司直王仲軻治其獄，[5]庭筠以計獲鄒四，分别詿誤，坐預謀者十二人而已。再調館陶主簿。[6]

[1]遼東："遼"，原作"河"。《中州集》卷三《黄華王先生庭筠》載王庭筠爲"熊岳人"，本書卷一二八《王政傳》稱其祖父王政爲"熊岳人。"中華點校本從施國祁《金史詳校》卷一〇改爲"遼"，是。此處以"遼東"代指金東京路。

[2]涿郡：本書卷一〇五《王翛傳》稱涿州，即漢代涿郡，在今河北省涿州市。　王翛：本書卷一〇五有傳。

[3]恩州軍事判官：州官名。刺史州屬官。参掌州事，專掌通檢推排簿籍。從八品。恩州，州名，北宋慶曆八年（1048）改貝州置，治所在今河北省清河縣西，金移治山東省武城縣東北舊城。

[4]鄒四：本書僅見於本卷。

[5]大理司直：大理寺屬官。掌参議疑獄，披詳法狀，正員四人。正七品。　王仲軻：本書僅此一見。

[6]館陶主簿：縣官名。主簿爲縣令佐貳。正九品。館陶，縣名，治所在今河北省館陶縣北。

明昌元年三月，[1]章宗諭旨學士院曰：[2]"王庭筠所試文，句太長，朕不喜此，亦恐四方効之。"又謂平章張汝霖曰：[3]"王庭筠文藝頗佳，然語句不健，其人才高，亦不難改也。"四月，召庭筠試館職，中選。御史臺言庭筠在館陶嘗犯贓罪，不當以館閣處之，遂罷。迺卜居彰德，[4]買田隆慮，[5]讀書黄華山寺，[6]因以自號。是年十二月，上因語及學士，[7]嘆其乏材，參政守貞曰：[8]“王庭筠其人也。”三年，召爲應奉翰林文字，[9]命與祕書郎張汝方品第法書、名畫，[10]遂分入品者爲五百五十卷。

[1]明昌：金章宗年號（1190—1196）。

[2]章宗：廟號。即完顔麻達葛，漢名璟。1190年至1208年在位。　學士院：官署名。指翰林學士院，長官爲翰林學士承旨。正三品。

[3]平章：即平章政事，爲宰相。掌丞天子，平章萬機。始設於天眷元年（1138）。從一品。　張汝霖：渤海人。本書卷八三有傳。

[4]彰德：府名。治所在今河南省安陽市。

[5]隆慮：縣名。治所在今河南省林州市。

[6]黄華山：在今河南省林州市西。

[7]學士：指翰林學士，翰林學士院屬官。掌制撰詞命，凡應奉文字，銜内帶“知制誥”。正三品。

[8]參政：即參知政事，爲執政官。宰相之貳，佐治省事，始設於天眷元年（318）。從二品。　守貞：女真人。完顔希尹之孫。本書卷七三有傳。

[9]應奉翰林文字：翰林學士院屬官。分掌制撰詞命，分判院事，凡應奉文字，銜内帶“同知制誥”。從七品。

[10]祕書郎：秘書監屬官。掌經籍圖書。正七品。　張汝方：渤海人。張浩第四子，官至右宣徽使。

五年八月，上顧謂宰執曰：[1]“應奉王庭筠，朕欲以詔誥委之，其人才亦豈易得。近黨懷英作《長白山册文》，殊不工。聞文士多妒庭筠者，不論其文，顧以行止爲訾。大抵讀書人多口頰，或相黨。昔東漢之士與宦官分朋，固無足怪。如唐牛僧孺、李德裕，[2]宋司馬光、王安石，[3]均爲儒者，而互相排毀，何耶?”遂還庭筠爲翰林修撰。[4]

[1]宰執：指宰相與執政官。金於尚書省設尚書令一員、左右丞相各一員、平章政事二員，皆爲宰相，設左右丞各一員、參知政事二員，爲執政官。

[2]牛僧孺：唐大臣。《舊唐書》卷一七二與《新唐書》卷一七四有傳。 李德裕：唐大臣。《舊唐書》卷一七四與《新唐書》卷一八〇有傳。

[3]司馬光：北宋大臣、史學家。《宋史》卷三三六有傳。王安石：北宋政治家、文學家、思想家。《宋史》卷三二七有傳。

[4]翰林修撰：翰林學士院屬官。分掌制撰詞命，分判院事，凡應奉文字，銜内帶“同知制誥”。從六品，不限員。

承安元年正月，[1]坐趙秉文上書事，削一官，杖六十，解職，語在《秉文傳》。二年，降授鄭州防禦判官。[2]四年，起爲應奉翰林文字。泰和元年，[3]復爲翰林修撰，扈從秋山，應制賦詩三十餘首，上甚嘉之。明年，卒，年四十有七。上素知其貧，詔有司賻錢八十萬以給喪事，求生平詩文藏之祕閣。又以御製詩賜其家，其引云：“王遵古，[4]朕之故人也。迺子庭筠，復以才選直禁林者首尾十年，今兹云亡，玉堂、東觀無復斯人矣。”

[1]承安：金章宗年號（1196—1200）。

[2]鄭州防禦判官：州官名。防禦州屬官。協助防禦使處理本州政務，專掌通檢推排簿籍。正八品。《中州集》卷三爲“鄭州幕官”。鄭州爲防禦州，設判官屬州使之僚屬。此據實書爲“判官”。鄭州，治所在今河南省鄭州市。

[3]泰和：金章宗年號（1201—1208）。

[4]王遵古：渤海人。王政之子，字仲元，正隆五年（1160）進士，承安二年（1197）以澄州刺史任翰林直學士。

庭筠儀觀秀偉，善談笑，外若簡貴，人初不敢與接。既見，和氣溢於顏間，殷勤慰藉如恐不及，少有可取，極口稱道，他日雖百負不恨也。從游者如韓温甫、路元亨、張進卿、李公度，[1]其薦引者如趙秉文、馮璧、李純甫，[2]皆一時名士，世以知人許之。

[1]韓温甫：韓玉字温甫。本書卷一一〇有傳。　路元亨：本書僅此一見。　張進卿：本書僅此一見。　李公度：本書僅此一見。

[2]馮璧：字叔獻。本書卷一一〇有傳。　李純甫：字之純。本卷有傳。

爲文能道所欲言，暮年詩律深嚴，七言長篇尤工險韻。有《藂辨》十卷，文集四十卷。書法學米元章，[1]與趙渢、趙秉文俱以名家，[2]庭筠尤善山水墨竹云。

[1]米元章：即米芾。《宋史》卷四四四有傳。

［2］趙渢：字文孺。本卷有傳。

子曼慶，[1]亦能詩并書，仕至行省右司郎中，[2]自號“澹游”云。

［1］曼慶：本書僅見於此。

［2］行省右司郎中：行臺尚書省屬官。從五品。另，《中州集》卷三《黄華王先生庭筠》：“子萬慶，字禧伯，詩筆字畫俱有父風，仕爲行臺尚書省左右司郎中。”《遺山集》卷一六《王黄華墓碑》：“公既無子，以弟庭淡之次子萬慶爲之後，以廕補官至行尚書省左右司郎中”。“曼慶”皆作“萬慶”，“右司郎中”皆作“左右司郎中”，與此異。

劉昂字之昂，興州人。[1]大定十九年進士。曾、高而下七世登科。昂天資警悟，律賦自成一家，作詩得晚唐體，尤工絶句。李純甫《故人外傳》云，昂早得仕，年三十三爲尚書省掾，[2]調平凉路轉運副使。[3]時術士有言昂官止五品，昂不信。俄以母憂去職，連蹇十年，卜居洛陽，[4]有終焉之志。有薦其才于章宗者，泰和初，自國子司業擢爲左司郎中。[5]會掌書大中與賈鉉漏言除授事，[6]爲言者所劾，獄辭連昂。章宗震怒。一時聞人如史肅、李著、王宇、宗室從郁皆譴逐之，[7]鉉尋亦罷政。昂降上京留守判官，[8]道卒，竟如術者之言。

［1］興州：遼州名。治所在今遼寧省瀋陽市東北懿路村。金廢。

［2］尚書省掾：指尚書省所屬副職佐貳官。

［3］平凉路轉運副使：陝西西路轉運司屬官。協助轉運使掌税

賦錢穀、倉庫出納及度量之制。正五品。陝西西路轉運司設在平涼府，故有此稱，治所在今甘肅省平涼市。本書卷一〇〇《孟鑄傳》記劉昂自尚書省令史爲户部主事，與此不同。

[4]洛陽：縣名。治所在今河南省洛陽市。

[5]國子司業：國子監屬官。掌學校。正五品。　左司郎中：尚書省屬官。掌本司奏事，總察吏、户、禮三部受事付事，兼帶修起居注。正五品。

[6]掌書：審官院辦事員。　大中：僅見於此及卷九九。《中州集》卷四作"遼陽人大中"。　賈鉉：字鼎臣。本書卷九九有傳。

[7]史肅：自南皮縣令仕至通州刺史。《大金國志》卷二八，"肅字舜元，京兆人"，後爲静難軍節度副使，"大安初，召爲中都路轉運副使，超户部正郎。復坐鐫降同知汾州，卒官"。　李著：章宗時中山縣人。後爲户部員外郎。　王宇：後官至監察御史。　從郁：本書僅此一見。

[8]上京留守判官：上京留守司屬官。掌紀綱總府衆務，分判兵案之事。從五品。上京，京路名，治所在今黑龍江省阿城市白城。

李經字天英，錦州人。[1]作詩極刻苦，喜出奇語，不蹈襲前人。李純甫見其詩曰："真今世太白也。"由是名大震。再舉不第，拂衣去。南渡後，其鄉帥有表至朝廷，士大夫識之曰："此天英筆也。"朝議以武功就命倅其州，後不知所終。

[1]錦州：治所在今遼寧省錦州市。《中州集》卷五載李經爲"大定人"。

劉從益字雲卿，渾源人。[1]其高祖撝，[2]天會元年詞賦進士，[3]子孫多由科第入仕。從益登大安元年進士第，累官監察御史，坐與當路辨曲直，得罪去。

[1]渾源：縣名。治所在今山西省渾源縣。

[2]撝：即劉撝。本書僅見於本卷。

[3]天會：金太宗年號（1123—1135），金熙宗初年沿用不改（1135—1137）。施國祁《金史詳校》卷一〇認爲，“元年”當作“二年”，“進士”下當加“第一”。

久之，起爲葉縣令，[1]修學勵俗，有古良吏風。葉自兵興，户減三之一，田不毛者萬七千畝有奇，其歲入七萬石如故。[2]從益請於大司農，[3]爲減一萬，民甚賴之，流亡歸者四千餘家。[4]未幾被召，百姓詣尚書省乞留，[5]不聽。入授應奉翰林文字，踰月以疾卒，年四十四。葉人聞之，以端午罷酒爲位而哭，且立石頌德，以致哀思。

[1]葉縣令：縣長官。葉縣，治所在今河南省葉縣西南舊縣鎮。

[2]其歲入七萬石如故：中華點校本校勘記已指出，趙秉文《葉令劉君德政碑》（《金文最》卷七〇引石刻拓本）、《滏水集》卷一二《故葉令劉君遺愛碑》、元好問《中州集》卷六《劉御史從益》所記數目均與此有出入。施國祁《金史詳校》卷一〇認爲，“七”當改爲“二”。

[3]大司農：司農司長官。掌勸課天下力田之事，兼采訪公事。正二品。

[4]四千餘家：“四”，《中州集》作“二”。

[5]尚書省：官署名。海陵王罷中書、門下兩省後成爲金最高

政務機關，下屬機構有吏、户、禮、兵、刑、工六部及左、右司。長官爲尚書令，正一品。

從益博學强記，精於經學。[1]爲文章長於詩，五言尤工，有《蓬門集》。

[1]經學：訓解或闡述儒家經典之學，又稱經義學。

子祁字京叔。[1]爲太學生，甚有文名。值金末喪亂，作《歸潛志》以紀金事，[2]修《金史》多采用焉。

[1]祁：即劉祁。本書見於卷四四、一一一、一一五、一二六。

[2]《歸潛志》：筆記。共十四卷，前六卷爲金末諸人小傳，於金代遺事記述頗詳。

吕中孚字信臣，冀州南宫人。[1]張建字吉甫，蒲城人。[2]皆有詩名。中孚有《清漳集》。建，明昌初，授絳州教官，[3]召爲宫教、應奉翰林文字。[4]以老請致仕，章宗愛其純素，不欲令去，授同知華州防禦使，[5]仍賜詩以寵之。自號"蘭泉"，[6]有集行于世。

[1]冀州：治所在今河北省冀州市。　南宫：縣名。治所在今河北省南宫市西北。

[2]蒲城：縣名。治所在今陝西省蒲城縣。

[3]絳州教官：州官名。絳州，治所在今山西省新絳縣。

[4]宫教：原作"官教"，今從中華點校本改。從本書卷六四《李師兒傳》的記載來看，這是教宫女們讀書識字的官。本書《百

官志》無載。

[5]同知華州防禦使：同知防禦使事爲防禦使佐貳，協助防禦使處理本州政務。正六品。華州，州名，治所在今陝西省華縣。

[6]蘭泉：《中州集》卷七《蘭泉先生張建》："自號蘭泉老人。"

李純甫字之純，弘州襄陰人。[1]祖安上，[2]嘗魁西京進士。[3]父采，[4]卒於益都府治中。[5]純甫幼穎悟異常，初業詞賦，及讀《左氏春秋》，大愛之，遂更爲經義學。[6]擢承安二年經義進士。爲文法莊周、列禦寇、左氏、《戰國策》，後進多宗之。又喜談兵，慨然有經世心。章宗南征，兩上疏策其勝負，上奇之，給送軍中，後多如所料。宰執愛其文，薦入翰林。及大元兵起，又上疏論時事，不報。宣宗遷汴，[7]再入翰林。時丞相高琪擅威福柄，[8]擢爲左司都事。[9]純甫審其必敗，以母老辭去。既而高琪誅，復入翰林，連知貢舉。正大末，[10]坐取人踰新格，出倅坊州。[11]未赴，改京兆府判官。[12]卒於汴，年四十七。

[1]弘州：大定七年（1167）改永寧縣置。治所在今河北省陽原縣。　襄陰：縣名。治所在今河北省陽原縣。

[2]安上：本書僅此一見。

[3]西京：京路名。治所在今山西省大同市。

[4]采：本書僅此一見。

[5]益都府治中：府官名。益都府，治所在今山東省青州市。治中爲府尹屬官，本書《百官志》不載。據本書卷八五《永功傳》，"家奴王唐犯罪至徒，永功曲庇之。平陽治中高德裔失覺察，

笞四十”，則此官當是負責本府司法工作。據本書卷一二八《孫德淵傳》，“歷大興治中、同知府事”，《武都傳》，“調太原治中，復爲都轉運副使”，《紇石烈德傳》，歷“大名治中、安、曹、裕三州刺史”，同知府事爲從四品，都轉運副使爲正五品，刺史爲正五品，則此官當爲五品官。

[6]經義：科舉考試科目之一。以經書中文句爲題，應試者作文闡述其中的義理。始於宋。

[7]宣宗：廟號。即完顔吾睹補，漢名珣。1213年至1223年在位。　汴：京路名。即北宋舊都汴梁。治所在今河南省開封市。

[8]高琪：女真人。即术虎高琪，一作高乞。本書卷一〇六有傳。

[9]左司都事：尚書省屬官。掌本司受事付事，檢勾稽失、省署文牘、兼知省内宿直，檢校架閣之事。定員二人，正七品。《中州集》卷四《屏山李先生純甫》作“右司都事”。

[10]正大：金哀宗年號（1224—1232）。據張子和《儒門事親》，李純甫死於“元光春”，此處“正大末”似應改爲元光春。

[11]坊州：治所在今陝西省黄陵縣西南故邑。

[12]京兆府判官：府官名。爲府尹佐貳，掌諮議參佐，糾正非違，紀綱衆務，分判吏、禮、工案事。從五品。京兆府，治所在今陝西省西安市。

純甫爲人聰敏，少自負其材，謂功名可俯拾，作《矮柏賦》，以諸葛孔明、王景略自期。[1]由小官上萬言書，援宋爲證，甚切，當路者以迂闊見抑。中年，度其道不行，益縱酒自放，無仕進意。得官未成考，旋即歸隱。日與禪僧士子游，以文酒爲事，嘯歌袒裼出禮法外，或飲數月不醒。人有酒見招，不擇貴賤必往，往輒醉，雖沉醉亦未嘗廢著書。然晚年喜佛，[2]力探其奧義。

自類其文，凡論性理及闢佛老二家者號“内稿”，其餘應物文字爲“外稿”。又解《楞嚴》《金剛經》《老子》《莊子》《中庸集解》《鳴道集解》，號“中國心學、西方文教”，[3]數十萬言，以故爲名教所貶云。

[1]諸葛孔明：諸葛亮，字孔明。《三國志》卷三五有傳。王景略：即王猛，字景略。見《晋書載記》。

[2]晚年喜佛：《中州集》作“三十歲後遍觀佛書”。

[3]文教：“文”，原作“父”。從中華點校本改。

王鬱字飛伯，大興人。[1]儀狀魁奇，目光如鶻。少居鈞臺，[2]閉門讀書，不接人事久之。爲文法柳宗元，[3]閎肆奇古，動輒數千言。歌詩俊逸，効李白。嘗作《王子小傳》以自叙。

[1]大興：府名。治所在今北京市西城區。

[2]鈞臺：地名。原作“釣臺”，殿本作“鈞臺”。張元濟《金史校勘記》：“按河南許州陽翟縣南有鈞臺陂，釣臺在清州。下文汴京被圍，挺身突出，則疑鈞臺爲是。”《歸潛志》卷三正作“均臺”。據改。

[3]柳宗元：唐文學家、哲學家。《新唐書》卷一六八與《舊唐書》卷一六〇有傳。

天興初元，[1]汴京被圍，上書言事，不報。四月，圍稍解，挺身突出，爲兵士所得。其將遇之甚厚，鬱經行無機防，爲其下所忌，見殺。臨終，懷中出書曰：“是吾平生著述，可傳付中州士大夫曰，王鬱死矣。”年三十餘。同時以詩鳴者，雷琯、侯册、王元粹云。[2]

[1]天興：金哀宗年號（1232—1234）。

[2]雷琯、侯册、王元粹：本書均僅此一見。《中州集》卷七有小傳。

宋九嘉字飛卿，夏津人。[1]爲人剛直豪邁，少游太學，[2]有能賦聲。長從李純甫讀書，爲文有奇氣，與雷淵、李經相伯仲。[3]中至寧元年進士第。[4]歷藍田、高陵、扶風、三水四縣令，[5]咸以能稱。入爲翰林應奉。[6]正大中，以疾去。没于癸巳之難。[7]

[1]夏津：縣名。治所在今山東省夏津縣。

[2]太學：官署名。國子監下屬機構。設博士四人，正七品，縣教四人，正八品。

[3]雷淵：字希顔，一字季默。本書卷一一〇有傳。　李經：字天英。本卷有傳。

[4]至寧：金衛紹王年號（1213）。

[5]藍田、高陵、扶風、三水四縣令：皆爲縣官名。藍田縣，治所在今陝西省藍田縣。高陵縣，治所在今陝西省高陵縣。扶風縣，治所在今陝西省扶風縣。三水縣，治所在今陝西省旬邑縣北畔村後隴川堡。

[6]翰林應奉：即應奉翰林文字。

[7]癸巳之難：《歸潛志》卷一："得風疾引去，遭亂北還，道病歿，年未五十。"

龐鑄字才卿，遼東人。[1]少擢第，仕有聲。南渡後，爲翰林待制,[2]遷户部侍郎。[3]坐游貴戚家,[4]出倅東平,[5]改京兆路轉運使,[6]卒。博學能文,工詩,造語奇健不凡,世多傳之。

[1]遼東人:《中州集》卷五《龐都運鑄》作“大興人”,“明昌五年進士”。

[2]翰林待制:翰林學士院屬官。分掌制撰詞命,分判院事,凡應奉文字,銜内帶“同知制誥”。正五品。

[3]户部侍郎:尚書户部屬官。正四品。

[4]坐游貴戚家:本書卷九《章宗紀一》,大定二十九年(1189)九月“制强族大姓不得與所屬官吏交往,違者有罪”,王寂《遼東行部志》稱此禁令爲“禁謁”。

[5]東平:府名。治所在今山東省東平縣。

[6]京兆路轉運使:轉運司長官。掌税賦錢穀,倉庫出納及度量之制。正三品。

李獻能字欽叔,河中人。[1]先世有爲金吾衛上將軍者,[2]時號“李金吾家”。迨獻能昆弟皆以文學名,從兄獻卿、獻誠、從弟獻甫相繼擢第,[3]故李氏有“四桂堂”。

[1]河中:府名。治所在今山西省永濟市西南蒲州鎮。

[2]金吾衛上將軍:武散官。爲正三品中階。

[3]獻卿、獻誠:本書皆僅此一見。　獻甫:本書卷一一〇有傳。

獻能苦學博覽,於文尤長於四六。貞祐三年,[1]特賜詞賦進士，廷試第一人，宏詞優等。授應奉翰林文字。在翰苑凡十年，出爲鄜州觀察判官。[2]用薦者復爲應奉，俄遷修撰。正大末，以鎮南軍節度副使充河中帥府經歷官。[3]大元兵破河中，奔陝州，[4]行省以權左右司郎中，[5]值趙三三軍變遇害，[6]年四十三。

[1]貞祐：金宣宗年號（1213—1217）。

[2]鄜州觀察判官：州官名。節度州屬官。負責處理觀察使司庶務，分判吏、户、禮案事，掌通檢推排簿籍。正七品。鄜州，治所在今陝西省富縣。

[3]鎮南軍節度副使：州官名。爲節度州屬官。從五品。鎮南軍設在蔡州，治所在今河南省汝南縣。　河中帥府經歷官：爲首領官之長，掌衙門案牘和管轄官員，處理官府日常公務。金於都元帥府、樞密院等處設經歷官，秩正七品至從五品。

[4]陝州：治所在今河南省三門峽市西舊陝縣。

[5]行省：官署名。金末地方有征伐時，設行尚書省以分任軍民之事，簡稱行省。爲中央尚書省的派出機構，非定制，兵罷則取消，故本書《百官志》不載。　權左右司郎中：指行尚書省左司郎中、右司郎中，分别爲行尚書省左司、右司的負責人，掌本司奏事，兼帶修起居注。左司郎中總察吏、户、禮三部受事付事，右司郎中總察兵、刑、工三部受事付事。皆正五品。《歸潛志》卷二："奔陝，又爲陝府經歷官。"

[6]趙三三：一名趙偉。事詳本書卷一一六《徒單兀典傳》。

獻能爲人眇小而墨色，頗有髯。善談論，每敷説今古，聲鏗亮可聽。作詩有志於風雅，又刻意樂章。在翰院，應機敏捷號得體。趙秉文、李純甫嘗曰："李獻能天生今世翰苑材。”故每薦之，不令出館。

家故饒財，盡於貞祐之亂，在京師無以自資。其母素豪奢，厚於自奉，小不如意則必訶譴，人視之殆不堪憂，獻能處之自若也。時人以純孝稱之。嘗謂人云：“吾幼夢官至五品，壽不至五十。”後竟如其言。

王若虚字從之，槀城人也。[1]幼穎悟，若夙昔在文字間者。擢承安二年經義進士。調鄜州録事，[2]歷管城、門山二縣令，[3]皆有惠政，秩滿，老幼攀送，數日迺得行。用薦入爲國史院編修官，[4]遷應奉翰林文字。奉使夏國，[5]還授同知泗州軍州事，[6]留爲著作佐郎。[7]正大初，《宣宗實録》成，[8]遷平凉府判官。[9]未幾，召爲左司諫，[10]後轉延州刺史，[11]入爲直學士。[12]

[1]槀城：縣名。治所在今河北省槀城市。

[2]鄜州録事：州官名。録事即録事參軍，金仿宋制設此官，掌州院庶務，糾諸曹延誤、違失。

[3]管城、門山二縣令：皆縣官名。管城縣治所在今河南省鄭州市。門山縣治所一般認爲在今陝西省延長縣東南。但本書卷二六《地理志下》延安府門山縣下所載安定、安寨、萬安、德安、招安等寨堡却都在今陝西省子長縣與安寨縣西，則門山縣治不可能在延長縣的東南。疑門山縣在今陝西省安塞縣以西。

[4]國史院編修官：國史院屬官。位在監修國史、修國史、同修國史之下，負責國史的編寫工作，正員八人，女真、漢人各四名。正八品。

[5]夏：指党項族建立的西夏政權（1038—1227）。

[6]同知泗州軍州事：州官名。防禦使屬官，即同知泗州防禦使事。協助防禦使處理本州政務，專掌通檢推排簿籍。正八品。泗

州，治所在今江蘇省盱眙縣北。

[7]著作佐郎：著作局屬官。掌修日曆。正七品。

[8]《宣宗實録》：金朝實録之一。王若虚等主修，成書於正大五年（1228）。原文宣宗前有“章宗”二字，從中華點校本。

[9]平涼府判官：府官名。府掌諮議參佐，糾正非違，紀綱總府衆務，分判吏、禮、工案事。從五品。平涼府，治所在今甘肅省平涼市。

[10]左司諫：諫院屬官。從五品。

[11]延州刺史：貞祐三年（1215）升延津縣置。治所在今河南省延津縣西，一説在今河南省延津縣。

[12]直學士：翰林學士院屬官。掌制撰詞命，凡應奉文字，銜内帶“知制誥”，不限員。從四品。

天興元年，哀宗走歸德。[1]明年春，崔立變。[2]群小附和，請爲立建功德碑，翟奕以尚書省命召若虚爲文。[3]時奕輩恃勢作威，人或少忤則讒構，立見屠滅。若虚自分必死，私謂左右司員外郎元好問曰：[4]“今召我作碑，不從則死。作之則名節掃地，不若死之爲愈。雖然，我姑以理諭之。”迺謂奕輩曰：“丞相功德碑當指何事爲言。”奕輩怒曰：“丞相以京城降，活生靈百萬，非功德乎？”曰：“學士代王言，功德碑謂之代王言可乎。且丞相既以城降，則朝官皆出其門，自古豈有門下人爲主帥誦功德，而可信乎後世哉。”奕輩不能奪，迺召太學生劉祁、麻革輩赴省，[5]好問、張信之喻以立碑事，[6]曰：“衆議屬二君，且已白鄭王矣，[7]二君其無讓。”祁等固辭而别。數日，促迫不已，祁即爲草定，以付好問。好問意未愜，迺自爲之，既成以示若虚，迺共删定數字，然止直叙其事而已。後兵入城，不果立也。

[1]哀宗：廟號。即完顔守緒。1224年至1233年在位。　歸德：府名。天會八年（1130）改應天府置。治所在原河南省商丘縣南。

[2]崔立：本書卷一一五有傳。

[3]翟奕：本書僅此一見。

[4]左右司員外郎：指尚書省左司員外郎、右司員外郎。爲尚書省屬官，皆正六品，掌本司奏事，兼帶修起居注。左司員外郎總察吏、户、禮三部受事付事，右司員外郎總察兵、刑、工三部受事付事。　元好問：本卷有傳。

[5]太學生：太學生員的簡稱。爲國子監下屬機構太學的在讀生，一般爲無官職人，但有一定的特權。　劉祁：見本卷《劉從益傳》。　麻革：本書僅此一見。

[6]張信之：見於此及本書卷一一五。

[7]鄭王：崔立兵變後自稱太師、軍馬都元帥、尚書令、鄭王。

金亡，微服北歸鎮陽，[1]與渾源劉郁東游泰山，[2]至黄峴峰，憩萃美亭，顧謂同游曰："汨没塵土中一生，不意晚年迺造仙府，誠得終老此山，志願畢矣。"迺令子忠先歸，[3]遣子恕前行視夷險，[4]因垂足坐大石上，良久瞑目而逝，年七十。所著文章號《慵夫集》若干卷、《滹南遺老》若干卷，傳於世。

[1]鎮陽：地名。本書衹此一見。蔡松年真定人，所居鎮陽别墅有蕭閑堂。王若虚稾城人，屬真定。真定於唐時爲鎮州，鎮陽則

指真定，在今河北省正定縣。

[2]劉郁：本書僅此一見。　泰山：五岳之一。在今山東省泰安市。

[3]忠：本書僅此一見。

[4]恕：本書僅此一見。

王元節字子元，弘州人也。祖山甫，[1]遼户部侍郎。[2]父詡，[3]海陵朝左司員外郎。元節幼穎悟，雖家世貴顯，而從學甚謹。渾源劉撝愛其才俊，以女妻之，遂傳其賦學。登天德三年詞賦進士第。[4]雅尚氣節，不能隨時俯仰，故仕不顯。及遷密州觀察判官，[5]既罷，即逍遥鄉里，以詩酒自娱，號曰“遯齋”。[6]年五十餘卒。有詩集行於世。

[1]山甫：本書僅此一見。

[2]户部侍郎：遼官名。爲尚書省户部屬官，位在户部尚書之下，户部郎中、户部員外郎之上。

[3]詡：本書僅此一見。

[4]天德：金海陵王年號（1149—1152）。

[5]密州觀察判官：州官名。節度州屬官。正七品。密州治所在今山東省諸城市。

[6]遯齋：《中州集》卷七《王元節》作“號遯齋老人”。

弟元德，[1]亦第進士。有能名於時，終南京路提刑使。[2]

[1]元德：曾以大理卿使宋。本書見於卷九、六一、一二六。

［2］南京路提刑使：南京路提刑司長官。掌審察刑獄，糾察濫官污吏之事，後改爲按察司。正三品。

孫，國綱，字正之。業儒术，尤長吏事。爲人端重樂易，或有忤者略不與校，亦未嘗形于怒色。大安三年，試補尚書吏部掾，[1]未幾，轉御史臺令史。[2]宣宗聞其材幹，興定三年，[3]特召爲近侍奉職承應，[4]甚見寵遇，勒留凡三考，出爲同知申州事。[5]無何，召爲筆硯直長，[6]擢監察御史，秩滿，勑留再任，蓋知其材器故也。

［1］尚書吏部掾：指尚書省吏部所屬副職官員。

［2］御史臺令史：御史臺辦事員。掌文書案牘之事，爲無品級小官。定員二十八人，女真十三人，漢人十五人。

［3］興定：金宣宗年號（1217—1222）。

［4］近侍：官署名。即殿前都點檢司下屬機構近侍局。掌侍從，承勑令，轉進奏帖。長官爲提點，正五品。　奉職：殿前都點檢司下屬機構近侍局屬官。舊名不入寢殿小底，又名外帳小底，大定十二年（1172）更今名。定員三十人。此處指宣宗親點王國綱爲近侍局奉職，中華點校本將近侍與奉職承應點斷，誤。

［5］同知申州事：州官名。申州，治所在今河南省南陽市。

［6］筆硯直長：秘書監下屬機構筆硯局長官。掌御用筆墨硯等事。正八品。泰和七年（1207）以女直應奉兼。

開興元年，[1]關陝完顔總帥屯河中府，[2]與大元軍戰，敗績，哀宗遣國綱乘上廐馬，徑詣河中問敗軍之由，[3]還至中途，值大兵，見殺，時年四十四。

[1]開興：金哀宗年號（1232）。

[2]完顔總帥：本書僅此一見。

[3]徑：原作"經"，此從殿本改。

麻九疇字知幾，易州人。[1]三歲識字，七歲能草書，作大字有及數尺者，一時目爲神童。章宗召見，問："汝入宮殿中亦懼怯否?"對曰："君臣，父子也。子寧懼父耶?"上大奇之。弱冠入太學，有文名。

[1]易州：治所在今河北省易縣。《中州集》卷六《麻徵君九疇》及《大金國志》卷二九皆爲莫州人，治所在今河北省任丘市。

南渡後，寓居郾、蔡間，[1]入遂平西山，[2]始以古學自力。博通《五經》，于《易》《春秋》爲尤長。興定末，試開封府，[3]詞賦第二，經義第一。再試南省，復然。聲譽大振，雖婦人小兒皆知其名。及廷試，以誤出，[4]士論惜之。已而，隱居不爲科舉計。正大初，門人王説、王采苓俱中第，[5]上以其年幼，怪而問之，迺知嘗師九疇。平章政事侯摯、翰林學士趙秉文連章薦之，[6]特賜盧亞牓進士第。[7]以病，未拜官告歸。再授太常寺太祝，[8]權博士，[9]俄遷應奉翰林文字。

[1]郾：縣名。治所在今河南省郾城縣南。　蔡：州名。治所在今河南省汝南縣。

[2]遂平：縣名。治所在今河南省遂平縣。

[3]開封府：治所在今河南省開封市。

［4］出：施國祁《金史詳校》卷一〇認爲當作“黜”。中華點校本改爲“絀”。

［5］王說：本書僅此一見。　王采苓：本書僅此一見。

［6］侯摯：初名師尹，字莘卿。本書卷一〇八有傳。　翰林學士：翰林學士院屬官。正三品。《中州集》卷六：“正大三年，右相侯蕭公、趙禮部連章薦知幾可試館職。”

［7］盧亞牓：盧亞，正大四年（1227）進士第一。

［8］太常寺太祝：太常寺屬官。掌奉祀神主。從八品。

［9］權博士：太常寺屬官。掌檢討典禮，定員二人。正七品。

九疇性資野逸，高蹇自便，與人交，一語不相入，則逕去不返顧。自度終不能與世合，頃之，復謝病去。居郾城，天興元年，大元兵入河南，[1]挈家走確山，[2]爲兵士所得，驅至廣平，[3]病死，年五十。

［1］河南：指南京路。

［2］確山：縣名。治所在今河南省確山縣。

［3］廣平：縣名。治所在今河北省廣平縣。

九疇初因經義學《易》，後喜邵堯夫《皇極書》，因學算數，又喜卜筮、射覆之術。晚更喜醫，與名醫張子和游，[1]盡傳其學，且爲潤色其所著書。爲文精密奇健，詩尤工緻。後以避謗忌，持戒不作。明昌以來，稱神童者五人，太原常添壽四歲能作詩，[2]劉滋、劉微、張漢臣後皆無稱，[3]獨知幾能自樹立，耆舊如趙秉文，以徵君目之而不名。

[1]張子和：張從正，字子和。本書卷一三一有傳。

[2]太原：府名。治所在今山西省太原市。　常添壽：本書見於卷九五及此。

[3]劉滋：本書僅此一見。　劉微：本書僅此一見。《中州集》卷八《劉神童微》："字伯祥，益都人，七歲能文，道陵召入宫，賦《鳳皇來儀》二首，稱旨，賜經童出身。係籍太學，後登貞祐二年第。"　張漢臣：本書僅此一見。

李汾字長源，太原平晋人。[1]爲人尚氣，跌宕不羈。性褊躁，觸之輒怒，以是多爲人所惡。喜讀史。工詩，雄健有法。避亂入關，京兆尹子容愛其材，[2]招致門下。留二年，去之涇州，[3]謁左丞張行信，[4]一見即以上客禮之。

[1]平晋：縣名。治所在今陝西省太原市。

[2]京兆尹：府長官。正三品。京兆即京兆府。　子容：本書僅此一見。

[3]涇州：治所在今甘肅省涇川縣。

[4]左丞：執政官。爲宰相之貳，佐治省事。正二品。　張行信：字信甫，本名行忠，因避諱改。本書卷一〇七有傳。按，本傳，張行信此時官職爲彰化軍節度使兼涇州管内觀察使，此處稱左丞，當在此後，係其任内的最高官銜。

元光間，[1]游大梁，[2]舉進士不中，用薦爲史館書寫。書寫，特抄書小史耳，凡編修官得日録，纂述既定，以稿授書寫，書寫録潔本呈翰長。[3]汾既爲之，殊不自聊。時趙秉文爲學士，雷淵、李獻能皆在院，刊修之際，汾在旁正襟危坐，讀太史公、左丘明一篇，[4]或數百言，音吐洪暢，旁若無人。既畢，顧四坐漫爲一語云“看”。秉筆諸人積不平，而雷、李尤切齒，迺以嫚罵官長訟于有司，然時論亦有不直雷、李者。尋罷入關。

[1]元光：金宣宗年號（1222—1223）。

[2]大梁：指南京開封府。

[3]翰長：“長”，原爲“表”，從施國祁《金史詳校》卷一〇改爲“長”。翰長指翰林學士院長官翰林學士承旨。正三品，貞祐三年（1215）升從二品。

[4]太史公、左丘明：此處指司馬遷所著《史記》與左丘明所著《左氏春秋》。

明年來京師，上書言時事，不合，去客唐、鄧間。[1]恒山公武仙署行尚書省講議官。[2]既而，仙與參知政事完顔思烈相異同，[3]頗謀自安，懼汾言論，欲除之。汾覺，遁泌陽，[4]仙令總帥王德追獲之，[5]鎖養馬平，[6]絶食而死，年未四十。[7]

汾平生詩甚多，不自收集，世所傳者十二三而已。

[1]唐：州名。治所在今河南省唐河縣。　鄧：州名。治所在今河南省鄧州市。

[2]恒山公：封爵名。金封建九公之一。興定四年（1220），爲抵抗蒙古軍的進攻，金在河北地區封建九公，皆兼宣撫使，階銀青榮禄大夫，賜號“宣力忠臣”，總帥本路兵馬，署置官吏，徵斂賦税，賞罰號令皆得以便宜行之。　武仙：本書卷一一八有傳。

行尚書省講議官：行尚書省屬官。金末地方有征伐時，設行尚書省以分任軍民之事，簡稱行省，爲中央尚書省的派出機構，非定制，兵罷則取消，故本書《百官志》不載。

[3]完顏思烈：女真人。本書卷一一一有傳。

[4]泌陽：縣名。治所在今河南省唐河縣。

[5]總帥王德：本書僅此一見。

[6]馬平：地名。本書僅此一見。

[7]年未四十：《中州集》卷一〇載李汾感寓、述史、雜詩五十首。引曰"正大庚寅，予行年三十有九"。《歸潛志》載汾卒於金亡之後。金亡於天興三年（1234），上距正大庚寅爲五載。此云"年未四十"當有誤。

元德明，[1]系出拓拔魏，太原秀容人。[2]自幼嗜讀書，口不言世俗鄙事，樂易無畦畛，布衣蔬食，處之自若，家人不敢以生理累之。累舉不第，放浪山水間，飲酒賦詩以自適。年四十八卒。有《東嵓集》三卷。子好問，最知名。

[1]元德明：元德明兄弟皆以一字爲名。其弟名"格"、名"升"，升字德清。《先君東嵓傳》載，格字德明，蓋因父諱而不傳名。

[2]秀容：縣名。治所在今山西省忻州市。

好問字裕之。七歲能詩。年十有四，從陵川郝晋卿學，[1]不事舉業，淹貫經傳百家，六年而業成。下太行，[2]渡大河，爲《箕山》《琴臺》等詩，禮部趙秉文見之，以爲近代無此作也。於是名震京師。

[1]陵川：縣名。治所在今山西省陵川縣。　郝晋卿：郝天挺字晋卿。本書卷一二七有傳。

[2]太行：山脉名。位於今河北省與山西省交界處。

中興定五年第，歷内鄉令。[1]正大中，爲南陽令。[2]天興初，擢尚書省掾，頃之，除左司都事，轉行尚書省左司員外郎。金亡，不仕。

[1]内鄉令：縣長官。内鄉，縣名，治所在今河南省西峽縣。

[2]南陽令：縣長官。南陽，縣名，治所在今河南省南陽市。

爲文有繩尺，備衆體。其詩奇崛而絶雕劌，巧縟而謝綺麗。五言高古沈鬱。七言樂府不用古題，特出新意。歌謡慷慨挾幽、并之氣。其長短句，揄揚新聲，以寫恩怨者又數百篇。兵後，故老皆盡，好問蔚爲一代宗工，四方碑板銘志盡趨其門。其所著文章詩若干卷、《杜詩學》一卷、《東坡詩雅》三卷、《錦機》一卷、《詩文自警》十卷。

晚年尤以著作自任，以金源氏有天下，典章法度幾及漢、唐，國亡史作，己所當任。時《金國實録》在順天張萬户家，[1]迺言於張，願爲撰述，既而爲樂夔所沮而止。[2]好問曰："不可令一代之迹泯而不傳。"乃構亭於家，著述其上，因名曰"野史"。凡金源君臣遺言往行，采摭所聞，有所得輒以寸紙細字爲記録，至百余萬言。今所傳者有《中州集》及《壬辰雜編》若干卷。[3]

年六十八卒。纂修《金史》，多本其所著云。

［1］《金國實録》：金官修實録的總稱。《祖宗實録》，記載金正式建國前始祖以下十帝事迹，共三卷，皇統元年（1141）成書；《太祖實録》二十卷，皇統八年（1148）成書，皆爲完顔勗等撰。太宗與睿宗二朝實録卷數不詳，紇石烈良弼等撰，分别於大定七年（1167）、十一年成書。《熙宗實録》成書於大定二十年，完顔思敬、完顔守道等修。《海陵庶人實録》鄭子聃所修。《世宗實録》爲夾谷清臣、党懷英所修，成書於明昌四年（1193）。《章宗實録》一百二十卷，高汝礪等所修，成書於興定四年（1220）。《宣宗實録》爲王若虚等所修，成書於正大五年（1228）。衛紹王一代無實録，哀宗、末帝實録因金亡，未修。蒙古軍破汴梁後，《金國實録》爲張柔所得，後元朝修本書，賴《實録》得以完成。　順天：府名，治所在今北京市。亦爲路名，治所在今河北省保定市。　張萬户：張柔。《元史》卷一四七有傳。

［2］爲樂夔所沮而止：施國祁以爲，元好問在庚戌年（1250）往順天府張萬户家觀《實録》。金毓黻《中國史學史》認爲："好問既在順天張萬户家得見金《實録》，則《壬辰雜編》所記載者，必多出於實録。"與此異。

［3］《中州集》：書名。元好問編，十卷，附《中州樂府》一卷。集録金二百四十九人詩詞，並分别撰有小傳，記述生平始末，兼評其詩，或一傳附見數人，借詩以存史。前有元好問自述。　《壬辰雜編》：書名。元好問所著，又名《金源君臣言行録》，百餘萬言，已佚。

贊曰：韓昉、吴激，[1]楚材而晋用之，亦足爲一代之文矣。蔡珪、馬定國之該博，[2]胡礪、楊伯仁之敏贍，[3]鄭子聃、麻九疇之英俊，[4]王鬱、宋九嘉之邁往。[5]三李卓犖，[6]純甫知道，汾任氣，獻能尤以純孝見稱。王庭筠、党懷英、元好問自足知名異代。[7]王競、劉從益、王若虛之吏治，[8]文不掩其所長。蔡松年在文藝中，[9]爵位之最重者，道金人言利，興黨獄，殺田瑴，[10]文不能掩其所短者歟？事繼母有至行，其死家無餘資，有足取云。

[1]韓昉：本書卷一二五有傳。　吳激：本書卷一二五有傳。

[2]蔡珪：本書卷一二五有傳。　馬定國：本書卷一二五有傳。

[3]胡礪：本書卷一二五有傳。　楊伯仁：本書卷一二五有傳。

[4]鄭子聃：本書卷一二五有傳。　麻九疇：本卷有傳。

[5]王鬱：本卷有傳。　宋九嘉：本卷有傳。

[6]三李：指李純甫、李汾、李獻能。本卷皆有傳。

[7]王庭筠：本卷有傳。　党懷英：本書卷一二五有傳。　元好問：本卷有傳。

[8]王競：本書卷一二五有傳。　劉從益：本卷有傳。　王若虛：本卷有傳。

[9]蔡松年：本書卷一二五有傳。

[10]田瑴：本書卷八九有傳。

金史 卷一二七

列傳第六十五

孝友

温迪罕斡魯補　陳顏　劉瑜　孟興　王震　劉政

孝友者人之至行也，[1]而恒性存焉。有子者欲其孝，有弟者欲其友，豈非人之恒情乎。爲子而孝，爲弟而友，又豈非人之恒性乎。以人之恒情責人之恒性，而不副所欲者恒有焉。有竭力於是，豈非難乎。天生五穀以養人，五穀之有恒性也。服田力穡以望有秋，農夫之有恒情也。五穀熟，人民育，豈異事乎。然以唐、虞之世，[2]"黎民阻飢"不免以命稷，[3]"百姓不親、五品不遜"不免以命契，[4]以是知順成之不可必，猶孝友之不易得也。是故"有年"、"大有年"以異書於聖人之經，[5]孝友以至行傳於歷代之史，[6]劭農、興孝之教不廢於歷代之政，孝弟、力田自漢以來有其科。[7]章宗嘗言：[8]"孝義之人，素行已備，雖有希覬，猶不失爲行善。”庶幾帝王之善訓矣。夫金世孝友見於旌表、載於史册者僅六人焉。作《孝友傳》。

[1]孝友：孝順父母，友愛兄弟。

[2]唐、虞之世：唐，陶唐氏。傳説中遠古部族，堯爲其領袖，居平陽（今山西臨汾市西南）。虞，有虞氏。傳説中遠古部族，舜爲其領袖，居蒲阪（今山西省永濟市西蒲州鎮）。

[3]黎民阻飢：語出《尚書·舜典》。僞孔疏：“衆民之難，在於飢也。”　稷：后稷，亦稱棄。傳説他是開始種稷和麥的人，堯舜時代的農官，周族的始祖。

[4]百姓不親、五品不遜：語出《尚書·舜典》。五品，亦稱五常，即義、慈、友、恭、孝。　契：傳説簡狄呑玄鳥卵而生契。其爲商之始祖，舜時爲司徒，掌管教化。

[5]有年：豐收之年。　大有年：大豐收之年。　經：此指《春秋》。

[6]傳於歷代之史：如《晋書》有《孝友傳》，列李密等十四人傳記。

[7]孝弟、力田：弟通“悌”。漢代自惠帝始，選拔官吏科目，有“孝弟、力田”。至文帝時，與“三老”同爲郡縣中掌教化的鄉官。

[8]章宗嘗言：章宗，廟號。指金代第六位皇帝完顔璟，1189年至1208年在位。其言見本書卷九《章宗紀一》明昌三年（1192）三月。

温迪罕斡魯補，西北路宋葛斜斯渾猛安人。[1]年十五，居父喪，不飲酒食肉，廬于墓側。母疾，刲股肉療之，疾愈。詔以爲護衛。[2]

[1]西北路：置招討司於桓州，治所初在今内蒙古自治區正藍旗南黑城子，後北遷三十里建新桓州城，在今内蒙古自治區正藍旗北四郎城。　宋葛斜斯渾猛安：女真行政建置名。本書《地理志》作“宋葛斜忒渾猛安”，在桓州支郡柔遠。女真語謂山之大而峻者曰“斜魯”，“斜斯渾”或“斜忒渾”爲“斜魯”的不同譯寫。“宋葛”，即上京附近的宋瓦江，即今松花江。此猛安原在今黑龍江省阿城市附近，後遷至今河北省張北縣一帶。

[2]護衛：有皇帝護衛、東宫護衛、妃護衛、東宫妃護衛之分，均由殿前左、右衛將軍與衛尉司掌領。選取五品至七品官子孫及宗室並親軍、諸局分承應人，以有才行及善射者充任。

陳顔，衛州汲縣人。[1]世業農。父光，宋季擢武舉第，調壽陽尉，[2]未赴。值金兵取汴，[3]光病圍城中。顔間關渡河，[4]往省其父，因扶疾北歸。光家奴謀良不可，誣告光與賊殺人。光繫獄，榜掠不勝，因自誣服。顔詣郡請代父死，太守徐某哀之，[5]不敢决，適帥臣至郡，以其狀白，帥曰：“此真孝子也。”遂併釋之。天會七年，[6]詔旌表其門閭。

[1]衛州汲縣：治所在今河南省衛輝市。

[2]壽陽尉：縣官名。縣尉，武官，領巡捕事。壽陽，縣名，治所在今山西省壽陽縣。

[3]汴：北宋都城，今河南省開封市。

[4]間關：“間”，原作“艱”，從北監本、殿本、局本改。

[5]太守徐某：當是降金的衛州行政長官。太守，郡行政長官。唐以後，爲刺史或知府的别稱。

[6]天會：金太宗年號（1123—1135），金熙宗初年沿用不改

（1135—1137）。

劉瑜，棣州人。[1]家貧甚，母喪不能具葬，迺質其子以給喪事。明昌三年，[2]詔賜粟帛，復其終身。[3]

[1]棣州：治所在今山東省惠民縣。

[2]明昌：金章宗年號（1190—1196）。

[3]復其終身：免除終身賦税勞役。本書卷九《章宗紀一》，明昌三年（1192）三月"辛卯，詔賜棣州孝子劉瑜、錦州孝子劉慶祐絹、粟，旌其門閭，復其身"。

孟興，[1]蚤喪父，[2]事母孝謹，母没，喪葬盡禮。事兄如事其父。明昌三年，詔賜帛十匹、粟二十石。

[1]孟興：據本書卷九《章宗紀一》明昌三年（1191），孟興爲雲内州（今内蒙古自治區土默特左旗西北）人，本傳失載。

[2]蚤：同"早"。

王震，寧海州文登縣人。[1]爲進士學。母患風疾，刲股肉雜飲食中，[2]疾遂愈。母没，哀泣過禮，目生翳。服除，[3]目不療而愈，皆以爲孝感所致。特賜同進士出身，詔尚書省擬注職任。[4]

[1]寧海州文登縣：治所在今山東省文登市。

[2]刲（kuī）股肉雜飲食中：中華點校本據《永樂大典》卷一二〇一五《孝友》引文謂，"中"作"進"。

[3]服除：中華點校本據《永樂大典》卷一二〇一五《孝友》

引文謂，“除”下有“日”字。

[4]特賜同進士出身，詔尚書省擬注職任：本書卷九《章宗紀一》明昌三年（1192）謂，八月“丁未，以有司奏寧海州文登縣王震孝行，以嘗業進士，并試其文，特賜同進士出身，仍注教授一等職任”。又據本書卷八三《張汝霖傳》、卷八七《僕散忠義傳》載，大定間，王震曾任中都轉運副使與知登聞檢院。

劉政，洺州人。[1]性篤孝，母老喪明，政每以舌舐母目，逾旬，母能視物。母疾，晝夜侍側，衣不解帶。刲股肉啖之者再三。母死，負土起墳，鄉隣欲佐其勞，政謝之。葬之日，飛鳥哀鳴，翔集丘木間。廬於墓側者三年。防禦使以聞，[2]除太子掌飲丞。[3]

[1]洺：防禦州。治所在今河北省永年縣東南。

[2]防禦使：掌防捍不虞，禦制盜賊，宣風導俗，總判府事。從四品。此指洺州防禦使。

[3]太子掌飲丞：東宮官。掌飲令副使，承奉太子賜茶及酒果之事。正九品。大定十三年（1173）四月，特授洺州孝子劉政太子掌飲丞。

隱　逸

褚承亮　王去非　趙質　杜時昇　郝天挺　薛繼先
高仲振　張潛　王汝梅　宋可　辛愿　王予可

孔子稱逸民伯夷、叔齊、夷逸、朱張、柳下惠、少連，[1]其立心造行之異同，各有所稱謂，而柳下惠則又嘗仕於當世者也。長沮、桀溺之徒，[2]則無所取焉。後世凡隱遁之士其名皆列於史傳，何歟？蓋古之仕者，其志將以行道，其爲貧而仕下列者，猶必先事而後食焉。後世干禄者多，[3]其先人尚人之志與嘆老嗟卑之心，[4]能去是者鮮矣。故君子於士之遠引高蹈者特稱述之，庶聞其風猶足以立懦廉頑也。[5]作《隱逸傳》。

[1]伯夷、叔齊：商末孤竹君之二子。《論語·微子》稱二人"不降其志，不辱其身"。　夷逸、朱張：《論語·微子》稱虞仲、夷逸，"隱居放言，身中清，廢中權"。　柳下惠：展氏，名獲。春秋魯國人，食邑在柳下，謚惠。　少連：東夷人。《論語·微子》稱柳下惠、少連"降志辱身，言中倫，行中慮"。

[2]長沮、桀溺：皆楚國葉人之避世隱居者。

[3]干禄：求官。

[4]先人：先於别人。　尚人：超出别人。　嘆老嗟卑：感嘆年老位卑。

[5]立懦廉頑：指志節之士的風範作用。《孟子·萬章下》有云："故聞伯夷之風者，頑貪之夫更思廉潔，懦弱之人更思有立義之志也。"

褚承亮字茂先，真定人。[1]宋蘇軾自定武謫官過真定，[2]承亮以文謁之，大爲稱賞。宣和五年秋，[3]應鄉試，同試者八百人，承亮爲第一。明年登第，調易州户曹，[4]未赴，會金兵南下。

[1]真定：府名。治所在今河北省正定縣。

[2]蘇軾：《宋史》卷三三八有傳。　定武：即定州博陵郡定武軍，後復爲府。治所在今河北省定州市。

[3]宣和：宋徽宗年號（1119—1125）。

[4]易州：治所在今河北省易縣。　户曹：即曹官户部參軍，簡稱司户。掌户籍、賦税、倉庫出納或分典獄訟。

天會六年，[1]斡離不既破真定，[2]拘籍境内進士試安國寺，[3]承亮名亦在籍中，匿而不出。軍中知其才，嚴令押赴，與諸生對策。策問"上皇無道、少帝失信"。[4]舉人承風旨，極口詆毁。承亮詣主文劉侍中曰：[5]"君父之罪豈臣子所得言耶！"長揖而出。劉爲之動容。餘悉放第，凡七十二人，遂號七十二賢榜。狀元許必仕爲郎官，[6]一日出左掖門，[7]墮馬，首中闑石死，[8]餘皆無顯者。劉多承亮之誼，[9]薦知棗城縣。[10]漫應之，即棄去。年七十終，門人私謚曰"玄貞先生"。

[1]天會六年："六年"當作"五年"。本書卷五一《選舉志一》，太宗天會"五年，以河北、河東初降，職員多闕，以遼、宋之制不同，詔南北各因其素所習之業取士，號爲南北選"。又本書卷三《太宗紀》，天會五年（1127）六月"庚辰，右副元帥宗望薨"，據卷七四《宗望傳》，本名"又作斡離不"。斡離不於天會五年已卒。

[2]斡離不：漢名宗望，太祖子。本書卷七四有傳。

[3]安國寺：佛教寺院。在真定。

[4]上皇無道、少帝失信：指天會四年正月，宋太上皇徽宗趙佶出奔，少帝欽宗趙桓割地、增幣、稱姪後，於二月復使其將來襲宗望營。

[5]主文：又稱主司，即主考官。　劉侍中：佐宗望軍的侍中劉彥宗。本書卷七八有傳。其父霄在遼官至中京留守。

[6]許必：人名。本書僅此一見。　郎官：尚書省各部司的郎中和員外郎，統稱郎官。

[7]左掖門：汴京宮門，位檢院東。

[8]閫石：門檻石。

[9]多：贊許。　誼：通"議"，議論。

[10]稾城縣：隸真定府，治所在今河北省藁城市。

子席珍，[1]正隆二年進士，[2]官州縣有聲。

[1]席珍：本書僅此一見。

[2]正隆：金海陵王年號（1156—1161）。

王去非字廣道，平陰人。[1]嘗就舉，不得意，即屏去，督妻孥耕織以給伏臘。[2]家居教授，束脩有餘輒分惠人。弟子班帖貧不能朝夕，[3]一女及笄，去非爲辦資裝嫁之。北隣有喪，忌東出，西與北皆人居，南則去非家，去非壞蠶室使喪南出，[4]遂得葬焉。大定二十四年卒，年八十四。[5]

[1]平陰：縣名。治所在今山東省平陰縣。

[2]以給伏臘：指供給日常生活之需。伏臘，時令名。

[3]班帖：南監本、北監本、殿本、局本並作"班忱"。

[4]蠶室：飼養桑蠶的房屋。

[5]大定二十四年卒，年八十四：党懷英《醇德王先生墓表》謂："大定二十四年十二月二十二日終於家，享年八十有四。"又

謂：“先生歿，門人議謚之。皆曰先生之德，所謂大醇者非耶！乃名曰醇德。”大定，金世宗年號，章宗即位後延用一年（1161—1189）。

趙質字景道，遼相思温之裔。[1]大定末，舉進士不第，隱居燕城南，[2]教授爲業。明昌間，章宗游春水過焉，聞絃誦聲，幸其齋舍，見壁間所題詩，諷詠久之，賞其志趣不凡。召至行殿，命之官。固辭曰：“臣僻性野逸，志在長林豐草，金鑣玉絡非所願也。况聖明在上，可不容巢、由爲外臣乎。”[3]上益奇之，賜田畝千，復之終身。泰和二年卒，[4]年八十五。

[1]趙質：《秋澗集》載其家傳作趙植，易名質。　思温：盧龍（今河北省盧龍縣）人。遼會同二年（939）卒，贈太師，封魏國公。《遼史》卷七六有傳。

[2]燕城：即金之中都城，在今北京市。

[3]巢、由：古隱士，即巢父和許由。相傳堯先後要把君位讓於他兩人，皆被拒絶。

[4]泰和：金章宗年號（1201—1208）。

杜時昇字進之，霸州信安人。[1]博學知天文，不肯仕進。承安、泰和間，[2]宰相數薦時昇可大用。時昇謂所親曰：“吾觀正北赤氣如血，東西亘天，天下當大亂，亂而南北當合爲一。消息盈虚，[3]循環無端，察往考來，孰能違之。”是時，風俗侈靡，紀綱大壞，世宗之業遂衰。[4]時昇迺南渡河，隱居嵩、洛山中，[5]從學者甚衆。

大抵以“伊洛之學”教人自時昇始。[6]

[1]霸州信安：信安，霸州屬縣。治所在今河北省霸州市東信安鎮。

[2]承安：金章宗年號（1196—1200）。

[3]消息盈虚：一消一長互爲更替。《易·豐》：“天地盈虚，與時消息。”《莊子·秋水》：“消息盈虚，終則有始。”

[4]世宗：廟號。本名烏禄，漢名雍。1161 年至 1189 年在位。本書卷六至卷八有紀。

[5]嵩：州名。以嵩山得名。治所在今河南省嵩縣。　洛：即洛陽，河南府倚郭縣，以洛水得名。治所在今河南省洛陽市。

[6]伊洛之學：指北宋元祐間程顥、程頤的理學。二程講學於伊水與洛水之間，故稱其學爲“伊洛之學”。“大抵以‘伊洛之學’教人自時昇始”，指金朝而言。

正大間，[1]大元兵攻潼關，[2]拒守甚堅，衆皆相賀。時昇曰：“大兵皆在秦、鞏間，[3]若假道於宋，出襄、漢入宛、葉，[4]鐵騎長驅，勢如風雨，無高山大川爲之阻，土崩之勢也。”頃之，大元兵果自饒峰關涉襄陽出南陽，[5]金人敗績于三峰山，[6]汴京不守，[7]皆如時昇所料云。正大末，卒。

[1]正大：金哀宗年號（1224—1231）。

[2]潼關：關隘名。在今陝西省潼關縣境。

[3]秦：州名。治所在今甘肅省天水市。　鞏：州名。治所在今甘肅省隴西縣。

[4]襄：襄陽，府名。治所在今湖北省襄樊市。　漢：漢陽。

宋軍州名。治所在今湖北省武漢市。　宛：陳州之宛丘縣。治所在今河南省淮陽縣。　葉：汝州的葉縣。治所在今河南省葉縣。

[5]饒峰關：也作饒風關，在今陝西省石泉縣西北。　南陽：鄧州屬縣。治所在今河南省南陽市。

[6]三峰山：本書卷二五《地理志中》作三封山，在鈞州陽翟，即今河南省禹州市。

[7]汴京：時稱南京，在今河南省開封市。

郝天挺字晋卿，澤州陵川人。[1]早衰多疾，厭於科舉，遂不復充賦。太原元好問嘗從學進士業，[2]天挺曰："今人賦學以速售爲功，六經百家分磔緝綴，或篇章句讀不之知，幸而得之，不免爲庸人。"又曰："讀書不爲藝文，選官不爲利養，唯通人能之。"[3]又曰："今之仕多以貪敗，皆苦飢寒不能自持耳。丈夫不耐飢寒，一事不可爲。子以吾言求之，科舉在其中矣。"或曰："以此學進士，無迺戾乎？"天挺曰："正欲渠不爲舉子爾。"

[1]澤州陵川：陵川，澤州屬縣。治所在今山西省陵川縣。

[2]太原：府名。治所在今山西省太原市。　元好問：字裕之，號遺山。忻州秀容人（與太原府相鄰），本書卷一二六有傳。

[3]通人：學識淵博的人。

貞祐中，[1]居河南，往來淇、衛間。[2]爲人有崖岸，耿耿自信，寧落魄困窮，終不一至豪富之門。年五十，[3]終于舞陽。[4]

[1]貞祐：金宣宗年號（1213—1217）。　淇：即淇水，今河南

省淇河。

［2］衛：州名。治所在今河南省衛輝市。

［3］年五十：《中州集》卷九《郝天挺傳》及《遺山文集》卷二三《郝先生墓銘》，皆作“年五十七”。本文“五十”之下，當脱“七”字。

［4］舞陽：裕州屬縣。治所在今河南省舞陽縣。

薛繼先字曼卿。南渡後，隱居洛西山中，課童子讀書。事母孝，與人交，謙遜和雅，所居化之。子純孝，字方叔，有父風。有詐爲曼卿書就方叔取物者，曼卿年已老，狀貌如少者，客不知其爲曼卿而以爲方叔也，而與之書，曼卿如所取付之。

監察御史石玠行部過曼卿，[1]曼卿不之見。或言君何無鄉曲情，曼卿曰：“君未之思耳。凡今時政未必皆善，御史一有所劾，將謂自我發之。同惡相庇，他日并鄰里必有受禍者。”其畏慎皆此類。[2]壬辰之亂，[3]病没宜陽。[4]

［1］監察御史：掌糾察内外非違、刷磨諸司察帳並監祭禮及出使之事。正七品。　石玠：河中人。崇慶二年（1213）進士，官至汝州防禦使行侍郎。天興二年（1233）七月，謀歸蔡州，爲武仙追殺。　行部：巡視部屬，考察刑政。

［2］其畏慎皆此類：“慎”，原作“甚”，據南監本、北監本、殿本、局本改。

［3］壬辰之亂：壬辰，天興元年。是年元兵圍汴，哀宗出走，史稱“壬辰之亂”。

［4］宜陽：河南府屬縣。治所在今河南省宜陽縣。

高仲振字正之，遼東人。[1]其兄領開封鎮兵，[2]仲振依之以居。既而以家業付其兄，挈妻子入嵩山。博極群書，尤深《易》《皇極經世》學。[3]安貧自樂，不入城市，山野小人亦知敬之。嘗與其弟子張潛、王汝梅行山谷間，人望之翩然如仙。或曰仲振嘗遇異人教以養生術，[4]嘗終日燕坐，骨節戛戛有聲，所談皆世外事，有扣之者輒不復語云。

[1]遼東：泛指今遼寧省東南部遼河以東之地。

[2]開封：府名。治所在今河南省開封市。

[3]《易》：書名。《易經》。　《皇極經世》：書名。宋邵雍撰。述堯至後周顯德末年治亂興亡的歷史，以卦象推算古往今來治亂的盛衰。

[4]或曰："曰"，原作"自"，從南監本、北監本、殿本、局本改。

張潛字仲升，武清人。[1]幼有志節，慕荆軻、聶政爲人，[2]年三十始折節讀書。時人高其行誼，目曰："張古人。"[3]後客崧山，[4]從仲振受《易》。年五十，始娶魯山孫氏，[5]亦有賢行，夫婦相敬如賓，負薪拾穗，行歌自得，不知其貧也。鄰里有爲潛種瓜者，及熟讓潛，潛弗許，竟分而食之。嘗行道中拾一斧，夫婦計度移時，迺持歸訪其主還之。里有兄弟分財者，其弟曰："我家如此，獨不畏張先生知耶。"遂如初。天興間，[6]潛挈家避兵少室，[7]迺不食七日死，孫氏亦投絶澗死焉。

[1]武清：大興府屬縣。治所在今天津市武清區西北。

[2]荆軻：戰國末年衛國人。燕王喜二十八年（前227），入秦刺秦王政，不中，被殺。《史記》卷八六有傳。　聶政：戰國時軹人。爲嚴仲子刺殺韓相俠累後，毁形自盡。《史記》卷八六有傳。

[3]張古人：《續夷堅志》稱張古人，即張潛。

[4]崧山：即嵩山。在河南省登封市北。

[5]魯山：汝州屬縣。治所在今河南省魯山縣。

[6]天興：金哀宗年號（1232—1234）。

[7]少室：山名。嵩山東爲太室山，西爲少室山。

王汝梅字大用，大名人。[1]始由律學爲伊陽簿，[2]秩滿，遂隱居不仕。性嗜書，動有禮法。生徒以《法經》就學者，[3]兼授以經學。[4]諸生服其教，無敢爲非義者。同業嘗憫其貧，時周之，皆謝不受。後不知所終。

[1]大名：府名。治所在今河北省大名縣。

[2]律學：修刑事法律之學。金取士之目有七，律科爲其一，中選者曰舉人。　伊陽簿：縣官名。縣主簿，領巡捕事。正九品。伊陽，嵩州屬縣，治所在今河南省嵩縣。

[3]《法經》：刑書名。戰國時魏文侯師李悝編纂的法典。

[4]經學：研究經書之學，或爲諸經作訓詁，或發揮經中義理。《中州集》，“經”作“理”。

宋可字予之，武陟人。[1]其姑適大族槀氏，貞祐之兵，[2]夫及子皆死於難。姑以白金五十笏遺可，[3]可受不辭。其後姑得槀氏疏族立爲後，挈之省外家。[4]可迺置酒會鄉鄰，謂姑曰：“姑往時遺可以金，可以槀氏無子故受之。今有子矣，此金槀氏物，非姑物也，可何名取之。”因呼妻子舁金歸之，鄉里用是重之。

[1]武陟：懷州屬縣。治所在今河南省武陟縣。

[2]貞祐之兵：指貞祐二年（1214），蒙古諸軍會於中都北，宣宗南遷，由此引起的兵亂。

[3]白金五十笏：古稱銀爲白金。鑄金銀爲條版，形似笏，一笏爲五十兩，相當於後世的一錠。五十笏爲二千五百兩。

[4]外家：女子出嫁後，稱娘家爲外家。

未幾，北兵駐山陽，[1]軍中有聞可名者，訪知所在，質其子，使人招之曰：“從我者禍福共之，不然，汝子死矣。”親舊競勸之往，可皆謝不從，曰：“吾有子無子，與吾兒死生，皆有命焉。豈以一子故，併平生所守者亡之。”後竟以無子。

[1]北兵：指蒙古大軍。　山陽：縣名。興定四年（1220）以修武縣重泉村爲山陽縣，隸輝州。治所在今河南省修武縣東北。

辛愿字敬之，福昌人。[1]年二十五始知讀書，取白氏《諷諫集》自試，[2]一日便能背誦。迺聚書環堵中讀之，至《書·伊訓》《詩·河廣》頗若有所省，[3]欲罷不能，因更致力焉。由是博極書史，作文有繩尺，詩律精嚴有自得之趣。

[1]福昌：嵩州屬縣。治所在今河南省洛寧縣、宜陽縣間的韓城鎮西南。

［2］《諷諫集》：書名。白居易的諷諭詩詩集。今有宋、明刻本。白居易，《新唐書》卷一一九及《舊唐書》卷一六六皆有傳。

［3］《書·伊訓》：《尚書》篇名之一，傳爲伊尹作。《尚書》，相傳乃經由孔子編選的上古典章文獻彙編。　《詩·河廣》：《詩經·衛風》中的篇名，凡二章，章四句。《詩》，書名，《詩經》。

性野逸，不修威儀，貴人延客，麻衣草屨、足脛赤露，坦然於其間，劇談豪飲，傍若無人。嘗謂王欝曰：[1]"王侯將相，世所共嗜者，聖人有以得之亦不避。得之不以道，與夫居之不能行已之志，是欲澡其身而伏於厠也。是難與他人道，子宜保之。"其志趣如此。

［1］王欝：大興人。本書卷一二六有傳。

後爲河南府治中高廷玉客。[1]廷玉爲府尹温迪罕福興所誣，[2]愿亦被訊掠，幾不得免，自是生事益狼狽。

［1］河南府治中：府官名。治中，不見《百官志》記載。金世宗後期，逐漸以治中取代府少尹，掌通判府事，官品當與少尹同。正五品。河南府治所在今河南省洛陽市。　高廷玉：本書僅見於此。

［2］府尹：掌宣風導俗，肅清所部，總判府事。正三品。　温迪罕福興：女真人。本書僅見於此。

愿雅負高氣，不能從俗俯仰，迫以飢凍流離，往往見之于詩。有詩數千首，常貯竹橐中。正大末，歿洛下。其詩有云："黃、綺暫來爲漢友，[1]巢、由終不是唐臣。”真處士語也。

[1]黄、綺：人名。漢初商山四皓中的夏黄公與綺里季。事載《史記·留侯世家》。

王予可字南雲，河東吉州人。[1]父本軍校，予可亦嘗隸籍。年三十許，大病後忽發狂。久之，能把筆作詩文，及説世外恍惚事。南渡後，居上蔡、遂平、郾城之間，[2]遇文士則稱“大成將軍”，[3]於佛前則稱“諦摩龍什”，[4]於道則稱“鶵天玄俊”，[5]於貴游則稱“威錦堂主人”。[6]

[1]河東吉州：吉州屬河東南路。舊名慈州，天德間改耿州，明昌初更名吉州。治所在今山西省吉縣。

[2]上蔡：蔡州屬縣。治所在今河南省上蔡縣。　遂平：蔡州屬縣。治所在今河南省遂平縣。　郾城：許州屬縣。治所在今河南省郾城縣。

[3]大成將軍：宋代尊孔子爲“大成至聖”，以其廟殿爲“大成殿”，故而王予可對文人則稱“大成將軍”。

[4]諦摩龍什：諦即真諦，摩即達摩，皆僧人名。龍什，即羅刹。

[5]鶵天玄俊：以德高的道人自稱。

[6]貴游：無官職的王公貴族。　威錦堂主人：自以富貴之人稱號。

爲人軀幹雄偉，皃奇古。[1]戴青葛巾，項後垂雙帶若牛耳，一金鏤環在頂額之間。兩頰以青涅之爲翠靨。

衣長不能掩脛。落魄嗜酒，每入城，市人争以酒食遺之。夜宿土室中，夏月或尸穢在傍、蛆蟲狼藉，不恤也。人與之紙，落筆數百言，或詩或文，散漫碎雜，無句讀，無首尾，多六經中語及韻學家古文奇字，[2]字畫峭勁，遇宋諱亦時避之。或問以故事，其應如響，諸所引書皆世所未見。談説之際稍若有條貫，則又以誕幻語亂之。麻九疇、張穀與之游最狎，[3]言其詩以百分爲率，可曉者才二三耳。

[1]皃：古“貌”字。

[2]六經：也稱六藝，指《詩》《書》《禮》《樂》《易》《春秋》。　韻學：專門辨析漢字聲、韻、調的發音和類別，並研究其古今流變。

[3]麻九疇：易州人。本書卷一二六有傳。　張穀：本書僅此一見。

壬辰兵亂，爲順天將領所得，[1]知其名，竊議欲挈之北歸，館於州之瑞雲觀。予可明日見將領自言曰：“我不能住君家瑞雲觀也。”不數日卒。後復有見於淮上者。

[1]順天：府名。元兵入亳州，改州爲順天府。治所在今安徽省亳州市。

贊曰：金世隱逸不多見，今於簡册所有，得十有二人焉。其卓爾不群者三人。褚承亮宋人，勒試進士，主司發策問宋徽、欽之罪，承亮長揖而去之。方金人重舉業，杜時昇居山中，首以“伊洛之學”教後進。宋可不願仕，人執其子爲質，寧棄而不就，遂以無子。雖制行過中，[1]豈不賢於殺妻以求大將者乎。[2]大夫士見善明，用心剛，故能爲人所難爲者如此。

[1]中：不偏不倚，無過不及。

[2]殺妻以求大將者：指吴起。見《史記》卷六五《吴起傳》。